RING

LA FRANCE DJIHADISTE

ALEXANDRE MENDEL

LA FRANCE DJIHADISTE

document

ring.fr

ÉDITIONS RING

Collection
DOCUMENT
-
RING

www.ring.fr
-

À mes parents,
ces humanistes *kouffar*.

AVANT PROPOS – VOYAGE EN DJIHADIE

Règle I : Hais l'Occident.

De la France, terre de perversion, de nudité et de débauche. Rap prémonitoire. De la vengeance des *victimes*. Voilé-e-s. Des émeutes de banlieue. De ramadan à Dieudonné. Le débarquement des salafistes. De la haine de la France, des homos, des juifs et des *kouffar*. Les paumés savent où ils sont. *M'sieur, je suis un cas sociaux, je vous décapiterai en dernier.*

Règle II : Imite Raqqa.

Sur le marché à Molenbeek. Pharmacie *halal* et moutonnerie. L'ours préféré des musulmans. La Mosquée d'Ayoub el-Khazzani. Les restos du Tahwid. Jean-Louis Le Rigolo. La planque idéale. Coiffe-toi comme Mahomet. Moureaux, roi du Maroc bis. Dérapage antisémite à Vilvorde. Le record de Lunel. Le boucher retire ses cochons. Un responsable de mosquée en délire. Des jeunes polis et discrets. Un pub irlandais *halal.* Le maire des *Dents de la mer*. La Courneuve vote Gaza. Roubaix, la ville aux six mosquées. Visite à la mosquée Abou Bakr, le Dubaï Center à Lyon. *Si ça continue, on va faire la* hijra ! À Toulouse, Le Mirail, pétaudière de l'islamisme. Chouffeurs aux Izards. À Nice, salade, tomates, oignons, circoncision. Les *jilbabs* d'Avignon. La politesse des salafistes. Prière de rue à Marseille. *Nous sommes une* Oumma. *Tu dois être dans l'action. Je moi pas parler bien français*. Marseille, terre de kalach'. Mosquée de garage. *Écrivez-moi un bon reportage*. Les arsenaux des quartiers Nord. *Intifada made in France.*

Règle III : Compte sur ta famille.

Une carte de crédit oubliée. *Papa, j'ai un ami. On préférerait qu'il meure*. Une fierté déplacée. *Maman, je suis parti.* La mère de Merah. De l'esprit clanique. Loyal au bled. Le père poule. La fratrie avant la dynastie. Maman, les Juifs et les Américains. Des PME familiales.

Règle IV : Convertis.

Il était une fois dans l'Oued. Du mimétisme proliférant. Stéphanie Djato, la niqabée. *Sharia4Belgium* au secours des convertis. Le bataillon des reconvertis. *De la mécréance faisons table rase. Une seule phrase suffit.* Aux non-croyants. Une conversion au Yémen, d'autres au McDo. Les nouveaux Doriot. Les foyers de la conversion. *Anti-Darwin, tu perds ton sangfroid.* De l'endurance. *Inch'llah,* j'irai en prison.

Règle V : Mens aux mécréants.

Méfie-toi des modérés. Extorsions de condamnations. *Ne parle pas des radicaux de ta mosquée.* Des communiqués copiés-collés. Les imams « bisounours ». *Ne manifeste pas contre les tiens.* Médias, thé & pâtisseries. *Tous des bons gars.* Tenanciers de bar. La marche des « collabeurs ».

Règle VI : Ré-informe.

Cheikh Google. Cybercalifat et propagande. Mon *newsfeed* sur Telegram. Abou Leyna, l'imam gore du Web. Vis ma vie de djihadiste sur Facebook. *Lolcatz* et djihadistes. Tor, béni d'Allah. Kelkal n'avait pas Internet. *Va voir ce site.* Guerre de propagande sur le Net. Dans un kebab, à Liège. *T'en penses quoi de ma vidéo ?* La GoPro de Merah. 852 euros la kalach'. *#BaqyaFamily. On s'est lâché après le Bataclan.* Hackers sous-doués.

Trouve-toi un parrain. Approprie-toi les codes de l'Ouest. Les « twittos » du Califat ressuscitent. Pharos. *C'était conte le tourisme sexuel.* La Silicoran Valley.

Règle VII : Entraîne-toi.

Mens insana in alcorano sano. Parcours sportif à Lunel. L'US Barbus. Paintball à Saint-Etienne. Crapahutage dans les Cévennes. Jogging aux Buttes Chaumont. Escapade irlandaise. Pistolet et bâtons souples. *Home sweet djihad home.* De l'art de tirer à l'arc. Le manuel du sniper. À coups de Taser. Saute-moutons en Syrie. Esthétisme martial. Tatami *halal.* Boxer avec Chachou à Toulouse. Préférer le combat au sol. Coaching *halal. Muslim fit.* Vestiaires-mosquées. Amphèt' en pharmacie. Apprends avec l'armée. – L'endurance avant tout !

Règle VIII : Constitue un butin.

Prostitution à La Guillotière. Bahiad, le mac. « Maghrébine en chaleur ». Désorganiser l'économie mécréante. Braquage au Lidl. Casse les DAB pour Dabiq. Du cash à Cannes. Merah, banquier du *djihad.* Fausses Nike chez les Kouachi. Du *shit* pour les billets d'avion. *Shit* à Molenbeek. Les poteries de l'Émir blanc. *Ne vous inquiétez pas de l'image de l'islam.* Le mois de ramadan en liquide Allah-Davidson. Se venger de la colonisation. Fiscalité *dhimmie.* De la fraude au RSA. À la recherche du CPAS. Sac-*jackings* tchétchènes à Bruxelles. Kebab, sauce blanchiment. Coulibaly et Cofidis. L'Espagne, centrale de *hawala*.

Règle IX : Fornique.

Cucul-la-praline sur Facebook. Raides dingues de Mahomet. Abaaoud, le Che islamiste. *C'est pas mon côôôôpain !* Amoureuse du cousin. Arbalète en couple. Sourcils non épilés. Le repos du guerrier. *Coaching* pour ménage heureux. Nymphoplastie. Dépucelage si nécessaire. Un homme doit être un homme. Les mineures de Nîmes. Le Califat à la maison. Promiscuité dans les dortoirs pour sœurs. La mère maquerelle. *Salafi speed dating*. Mettre bas des lionceaux. *Pas pour les tapettes.* Les putains, un butin.

Règle X : Sois brave au Califat.

Ma parole, il sent le musc ! La Terre promise des fous d'Allah. Ras la *djellaba*. Les Tchétchènes, ces modèles. De l'impossibilité de trouver du Nutella. Kebabs et tourista. Les djihadistes, ces sales colons. Les SDF de Raqqa. Retard dans les soldes. Confiscation d'iPhones. Balle dans le dos à la frontière. Uniquement de corvées de chiottes ? Tirer sur les sunnites. Un aimant à sadiques. Dommages collatéraux. Faux repentis. Tourisme en Afghanistan. L'*oumma* qui dort. Indiana Djihadijones.

Règle XI : Joue-toi des frontières.

Juncker, le nouveau Daladier. Merci Schengen. Le délirant périple d'Abdeslam. De la traite djihadiste. D'Algésiras au Thalys. Marché létal à Charleroi. Shopping à Istanbul. *Low-cost*. L'absence de répertoire européen. De la complaisance des Turcs. Les spas qui débordent. Ironie mimétique. Comme en Erasmus. Le droit impuissant. *Stop over* en Europe centrale. *Per Caelum et terram*. Exil sans passeport. En se confiant à « Sonia ». Pénétration terroriste. Où sont les femmes ? *(Re)reconquista*. Ces sondages ignorés. Jamais sans ma *charia*.

Règle XII : Joue-toi des services de sécurité.

La France, c'est zéro. Tous connus ou presque. Ceux qu'on ne condamne pas. Libres à leur procès. De la fin des attentats ciblés. Sourire bravache. La Belgique, « un État faible ». Ni vu, ni connu, en prison. Gruyères à cartes SIM. De l'inutilité des aumôniers. La prison s'amuse. Des dangers du regroupement des salafistes. Faire ses poubelles à la mosquée. La douce vie des assignés.

Règle XIII : Prépare l'avenir.

Un village en Lozère et l'Ouradour-sur-Glane islamiste. Pogrom anti-Français. Fans de *Scarface*. Des plaquettes de Daesh. *Écrasez-lui la tête*. Des faiblesses du loup solitaire. Anders Breivik musulman. Artisans mais pas amateurs. De la RATP à la Syrie. La chimie, c'est trop compliqué. *On se fait du souci pour notre maman.* De l'imprécision du lance-roquette. Le rendement, plus fort que tout. Le « surattentat » à venir. De la conception aisée des bombes. Alimenter la peur. Les merveilles de l'imprimante 3D. La *charia*, c'est maintenant. *Plus on sera à terre, plus on prendra des coups.* Les Coulibaly du futur. Nouveaux horizons en Libye. Pas d'armistice avec l'apostat.

Règle XIV : Espère la guerre civile.

Contre le *Shaitan*. Du meurtre. Renverser des militaires. Expédition punitive en Corse. Une haine de sécession. *Forsane Alliza* en pays nantais. *Mangez vos porcs ! Une sorte de Coluche.* Collecte d'armes dans les quartiers. Faire payer pour la sécurité des frères. Des allures de soulèvement. 16 % d'opinion favorable pour Daesh. Rupture du pacte de paix. La zone grise. À coups de machette. Un attentat contre une mosquée de modérés. *Dans quel camp irai-je me battre ? One, two, three, viva* l'Algérie. Cible contagieuse. Pegida en puissance. Le siège de l'Élysée.

Règle XV : Remercie les aveugles.

Des mots contre les préjugés. Tous des Schindler. Ils se gaussent de nos bons sentiments. Au café citoyen de Béziers. *Oh là là... Quelle tolérance ! Taisez-vous.*

Hollande, grand mufti de France. Lang, lèche-babouches. Des délires du syndicat de la magistrature. Cocos, BDS et écolos. Des soirées babyfoot. Les trésors cachés de Lunel. Les miettes d'optimisme en sauce. Ce qui est bon pour les gosses des autres. *Peace and love* à Molenbeek. Allah vs. Freud. *Ils auront des surprises*. De l'à-plat-ventrisme. Bouzar, une affaire qui roule. Rideaux de fumée. *Vivre ensemble World tour*. Djihadistes mais pas benêts. L'islam pour tous.

PRÉFACE DE THIBAULT DE MONTBRIAL

AVOCAT AU BARREAU DE PARIS

PRÉSIDENTDUCENTREDERÉFLEXIONSURLASÉCURITÉINTÉRIEURE(CRSI)

Autant vous prévenir : quelles que soient les connaissances et les convictions préalables qui sont les vôtres sur l'objet de ce livre, sa lecture constitue une expérience très particulière.

Dans une démarche aussi salutaire que courageuse, Alexandre Mendel a sillonné pendant plusieurs mois les quartiers les plus islamisés de France et de Belgique.

Ses rencontres, tant dans les mosquées ou les associations que dans des cellules familiales souvent amputées par le départ d'un jeune pour le *djihad*, sont édifiantes. S'agirait-il d'un simple témoignage sur la force de l'implantation communautariste musulmane sur notre territoire, il serait déjà impressionnant. Mais l'auteur a dépassé le stade du constat et révèle l'ampleur de la « zone grise » que constitue, au sein de cette communauté musulmane, le nombre de ceux qui ont tissé une relation plus qu'ambiguë avec le mouvement djihadiste.

Pour tout lecteur de bonne foi, ce livre sera un dynamitage en règle du déni qui, telle une gangue mortifère, enserre encore la plupart des médias et des intellectuels français, les poussant à toujours refuser l'évidence : oui, le djihadisme est bien une idéologie politique intégrée dans une religion, qui repose sur un socle doctrinal identifié et vise à imposer une société régie par la *charia* conformément au dessein du sunnisme le plus pur.

À cet égard, les mécanismes de communication, notamment victimaires, d'associations qui se présentent comme représentant la communauté musulmane, y sont particulièrement bien décrits – ainsi, hélas, que l'écho compatissant trouvé auprès des naïfs et des idéalistes.

Le rôle de ceux que Boualem Sansal appelle les « idiots utiles » est analysé avec lucidité et leur aveuglement, pour ne pas dire leur lâcheté, est exposé de manière implacable. Non, la formidable expansion de l'islam radical et du djihadisme n'est pas un phénomène sectaire, ni l'œuvre de déséquilibrés mentaux. Il s'agit bel et bien d'un projet politique de conquête, et le récit de l'auteur montre combien, sur notre territoire, il séduit bien au-delà des 11 700 islamistes fichés « S » par le renseignement français.

De la Seine-Saint-Denis aux Yvelines, du Mirail à Toulouse, à La Guillotière à Lyon, de Roubaix à Lunel, des Moulins à Nice, au quartier Saint-Jean d'Avignon, l'auteur nous plonge dans des espaces publics qui sont déjà régis par une organisation parallèle et concurrente à celle de l'État. Il aurait pu poursuivre sa route dans bien d'autres points chauds du djihadisme en France, comme la banlieue de Grenoble.

À travers ses rencontres, Alexandre Mendel expose la manière dont la proclamation du Califat par Abou Bakr al-Baghdadi, le 29 juin 2014, a constitué un tournant. Bien qu'il y eût de nombreux départs pour le *djihad* dès la fin de l'année 2012, le Califat a proposé aux milliers de jeunes concernés un objectif concret et leur a offert des moyens structurés considérables pour l'atteindre. Mais il ne faut pas s'y tromper, et l'auteur l'a parfaitement compris : si l'État islamique constitue aujourd'hui le catalyseur de ces jeunes français qui en sont venus à détester notre pays et son mode de vie, il n'est pas la cause de cette haine. Dès lors, il est crucial de comprendre que l'éventuelle destruction de Daesh dans les mois ou les années qui viennent ne supprimera pas la force de la vague musulmane radicale issue du terreau communautariste qui a commencé à déferler sur notre pays, ni la violence de sa détermination.

Cette violence s'est déjà installée *de facto* sur notre territoire. Nombreux sont ceux qui ont critiqué l'utilisation du terme de « guerre » par le Premier ministre Manuel Valls dans son discours à l'Assemblée nationale, le 13 janvier 2015, après les attentats des 7, 8 et 9 janvier contre *Charlie Hebdo*, la policière municipale Clarissa Jean-Philippe, et l'Hyper Cacher de la porte de Vincennes.

Le moment est pourtant venu de comprendre que les définitions classiques doivent être adaptées à la réalité contemporaine.

Les premières guerres asymétriques sont apparues au cours de la deuxième moitié du XXe siècle et opposaient des mouvements de guérilla à des armées régulières. Il s'agissait alors de guerres menées par des organisations dont l'objectif consistait à libérer un territoire en y expulsant une armée considérée comme occupante. Aujourd'hui, le schéma s'est inversé : les formations irrégulières attaquent les États souverains sur leur propre territoire.

Pour prendre l'édifiante mesure de ce phénomène, qu'on se souvienne des attaques ou tentatives d'attaques menées sur le seul territoire de la République française ces quinze derniers mois.

Dans la stratégie des islamistes, il est important de distinguer entre les deux types d'attaques auxquelles nous sommes exposés.

Les attaques les plus spectaculaires sont commanditées et organisées. Elles sont l'œuvre d'un groupe de terroristes plus au moins nombreux à être impliqués dans la chaîne d'organisation, et dont le nombre d'assaillants sur le terrain a varié entre un et neuf. Les attentats concernés sont les attaques de janvier 2015 évoqués *supra*, la tentative avortée contre deux églises de Villejuif le 19 avril 2015, l'attaque du Thalys le 21 août 2015, ainsi que, bien évidemment, les opérations menées à Saint-Denis et dans le centre de Paris dans la soirée du 13 novembre 2015. On peut y ajouter les projets d'attaques plus ou moins avancés, déjoués par la DGSI, en particulier à Toulon ou dans la région d'Orléans, ainsi que les attentats prévus dans les Hauts-de-Seine à la Défense, le jeudi 19 novembre 2015, par les survivants des assaillants du 13 novembre, empêchés par l'intervention du Raid menée la veille à Saint-Denis.

La seconde catégorie d'attaques résulte des incitations permanentes contenues dans les messages de l'État islamique relayés sur les réseaux sociaux, dont Alexandre Mendel rappelle d'ailleurs les termes. Ils visent à susciter des initiatives de passages à l'acte individuels dont Daesh pourra récupérer le succès éventuel au bénéfice de sa propagande.

Ces attaques ont été fort nombreuses depuis la fin décembre 2014 : d'abord le commissariat de Joué-Lès-Tours, puis ces voitures percutant des civils à Dijon et Nantes. Entrent ensuite dans cette catégorie : l'agression des militaires survenue à Nice le 3 février 2015 ; la décapitation suivie d'une tentative de faire exploser une cuve chimique survenue le 26 juin 2015 à Saint-Quentin-Fallavier ; l'intrusion sur le site militaire des Invalides à Paris d'un véhicule qui a cherché à renverser deux gendarmes avant d'être stoppé par le tir d'un troisième, le 16 décembre 2015 ; la percussion par un véhicule de quatre militaires de l'opération Sentinelle lors d'une patrouille à Valence, le 1er janvier 2016 ; l'attaque du commissariat de la Goutte d'Or dans le XVIIIe arrondissement à Paris, le 7 janvier 2016, un an – presque à la minute près – après la funeste expédition des frères Kouachi contre la rédaction de *Charlie Hebdo* ; ou encore la tentative d'assassinat à coups de machette d'un jeune enseignant juif sauvé par sa Torah, survenue le 11 janvier 2016 à Marseille.

Enfin, en dépit de l'impressionnant silence médiatique qui l'a entouré, il ne faut pas oublier le mystérieux attentat commis le 14 juillet à l'aube dans une zone classée Seveso située près de l'étang de Berre, quand deux cuves de produits chimiques éloignées de cinq-cents mètres ont concomitamment été dégradées à l'explosif sans causer plus de dégâts qu'un spectaculaire incendie.

Pour les islamistes, ce type d'attaques ne présente que des avantages. Il ne leur coûte rien, et ne nécessite aucune infrastructure logistique quelle qu'elle soit. Faute de communication et de rencontres, elles sont quasiment impossibles à anticiper de la part des services de renseignements et très difficiles à parer pour des forces de sécurité, qui, ainsi exposées à une menace permanente, souffrent de plus en plus d'un phénomène d'usure.

Récapituler les violences de ces derniers mois permet de comprendre qu'il ne s'agit pas d'un phénomène ponctuel, auquel une enquête policière rigoureuse permettrait de mettre fin, comme ce fut le cas pour les vagues d'attentats de 1985-1986 ou de 1994-1995. Nous sommes, au contraire, confrontés à une dynamique qui s'intensifie, mue par des milliers d'individus nés sur notre sol et décidés à nous combattre.

D'un point de vue tactique, le livre expose parfaitement le parallèle entre le mode opératoire des attentats qui ont commencé à frapper notre pays et l'exposent à des épreuves bien plus rudes encore dans les mois et les années qui viennent, et les actes de terreur observés pendant la guerre civile algérienne au milieu des années 90. Tout juste aimerais-je partager la confiance avec laquelle l'auteur présente comme improbables des attaques nécessitant une technologie plus poussée que des fusils d'assauts ou de simples explosifs. Nombreux sont en effet les spécialistes du Renseignement et de la Défense à considérer au contraire comme possible le recours à des armes non conventionnelles, telles que les bombes sales, ou à des missiles anti-aériens.

En toute hypothèse, ce livre place le lecteur face à une réalité dont tous, politiques, médias, fonctionnaires, chefs d'entreprises, confrontés au prosélytisme, notamment dans le cadre syndical, et simples citoyens auraient bien tort de ne pas prendre l'exacte mesure, car nous n'allons pas tarder à en percevoir les effets concrets dans notre vie quotidienne.

Ce risque existe bel et bien que la conjonction entre des attentats de plus en plus violents, et un communautarisme toujours plus fort, n'aboutisse à l'engrenage souhaité par nos ennemis, et qu'elle précipite notre pays dans une spirale d'affrontements violents. Et ce n'est certes pas du contexte international qu'il faut attendre un quelconque apaisement, puisque l'influence militaire des islamistes a désormais très largement débordé le théâtre d'opérations syro-irakien : prévisible depuis la catastrophique aventure de 2011, la prolifération islamiste se poursuit en Libye, éprouve la Turquie, et ébranle le Maroc qui a déjoué deux séries d'attentats multiples le 31 décembre 2015 et le 18 février 2016. Quant à l'Algérie, elle est considérablement affaiblie par les incertitudes liées à la succession du président Bouteflika, et rendue vulnérable par l'effondrement des prix du pétrole.

Pour éviter le pire, il faut adapter notre appareil de sécurité en conséquence, non pas dans une logique de simple renforcement de ce qui était suffisant dans le temps de la paix révolue, mais en anticipant l'inévitable multiplication des violences auxquelles nous serons confrontés à l'avenir. Très franchement, nous sommes beaucoup plus proches d'un recours à l'article 16 de la Constitution, que de ce qu'il y a deux ans encore, on aurait appelé « un retour à la normale ».

Si la paix est hélas bien derrière nous, il existe donc encore une chance de préserver, au moins en partie, notre territoire du chaos qui le menace. Toute autre posture qu'une détermination sans faille sera perçue comme de la faiblesse par un ennemi habité par son combat, par un rapport serein à la mort et par la haine de ce que nous sommes. Cela sera rendu possible non par de vaines incantations, mais par un drastique changement d'état d'esprit, et une véritable révolution de notre logiciel de pensée collective sur ces questions. Tout commence par une prise de conscience de la réalité. Non pas celle que nous souhaiterions mais celle qui se présente à nous, et que ce livre a l'immense mérite de décrire sans fard.

Seul ce mélange de force et de lucidité permettra à la France de traverser les épreuves à venir comme elle en a traversé d'autres par le passé, et d'asseoir le triomphe de ses valeurs.

« Pour des raisons religieuses, politiques, économiques et même personnelles, le combat dans le sentier de Dieu (al-jihâd fî sabîl Allâh) est l'un des principaux éléments du projet de Muhammad. Ce dernier considère sa communauté comme le nouvel Israël auquel Dieu a promis une domination universelle et le salut éternel grâce à une nouvelle alliance. »

Nabil Mouline, *Le Califat, Histoire politique de l'islam.*

« C'est le peuple qui s'asservit et qui se coupe la gorge ; qui, pouvant choisir d'être soumis ou d'être libre, repousse la liberté et prend le joug ; qui consent à son mal, ou plutôt qui le recherche. »

Étienne de La Boétie, *Discours de la servitude volontaire.*

AVANT-PROPOS

VOYAGE EN DJIHADIE

« Tue les apostats que le diable a égarés,
Avec les gens du faux, la guerre est déclarée,
Plus de polémique ni de philosophie,
Soit tu les tues, soit ils te tuent, que du profit.
Quiconque s'oppose à la charia *est perdu,*
Même lorsqu'il prétend pratiquer la vertu,
Alors coupe les têtes de l'ignorance,
Coupe les têtes des soldats de l'errance. »
Avance, avance.

Nachid[1] de l'État islamique traduit en français.

1 Un *nachid* est un chant islamique, chanté acapella.

Octobre 2014.

Saïd, électricien de quarante-neuf ans, me tuyaute en pleine minute de silence, dans une mosquée de Montpellier, en hommage à Hervé Gourdel, première victime à la sauce Youtube du terrorisme islamiste 2.0.

« Vous devriez aller à Lunel. Quinze jeunes ont foutu le camp en Syrie. »

Saïd en a marre. Marre des radicaux qui fréquentent *sa* mosquée, dans *sa* ville. Il me parle d'une rumeur qui se murmure entre deux pastis dans les bistrots de Lunel, et me dit :

« Vous n'imaginez pas à quel point les fous ont pris le contrôle de la mosquée. »

Je connais bien cette petite ville du sud de la France. Mon grand-père est lunellois. Dans les années quatre-vingts, quand j'étais enfant, il m'emmenait assister à des courses camarguaises. On se serrait les coudes dans les gradins. On ne tuait pas le taureau. Le spectacle n'était pas sanglant. C'est là, dans les arènes, que j'ai pris mes premières photos. C'est peut-être en suivant mon grand-père, qui m'avait offert cet appareil reflex, que, sans le savoir, je commençais à faire du journalisme.

Le dimanche, c'était jour de fête. Les Montpelliérains parcouraient trente kilomètres pour aller au marché s'approvisionner en olives noires, acheter des chemises de gardian, de la viande de taureau. Je dévorais mes fougasses sur le chemin du retour. C'était la Petite Camargue des cartes postales. Des chevaux, des vignes, du soleil. Les anciens ne savaient pas vraiment ce qu'était l'islam. On s'aimait. Les Maghrébins étaient devenus les stars des arènes et s'étaient fait accepter par des Camarguais pourtant réputés peu enclins à la tolérance. La ville n'était pas forcément attrayante ; les enfants d'immigrés portugais et espagnols se supportaient. Les cas sociaux faisaient profil bas.

Lunel, c'était le vieux rêve d'Alphonse Allais : la campagne à la ville. Tranquille. Éloigné de la délinquance. Éloigné du bruit. Éloigné des journaux télévisés. C'était un leurre : tout commençait à s'écrouler. Trente ans plus tard, et après plus de dix ans d'absence dans le sud de la France, je devais renouer avec la ville de mon enfance à la faveur des confidences de ce Marocain écœuré par sa propre communauté.

Le lendemain de ma rencontre avec Saïd, je me rendais à la mosquée, histoire de vérifier, sur place, si ce petit électricien, si bien intégré à la France, avait la berlue. Comment se pouvait-il qu'un tel cortège de fous d'Allah ait pu, dans une ville qui ne compte que vingt-cinq-mille habitants, partir en Syrie ? Ce fut mon premier rendez-vous en tête-à-tête avec l'islam radical. Le premier d'une longue liste. Une espèce de voyage dans une France parallèle que j'ignorais presque intégralement. Ma connaissance de l'islamisme s'arrêtait à mon bar de quartier où, de temps en temps, un salafiste venait demander au patron algérien de ne pas servir ses coreligionnaires avant de se faire jeter dehors.

Je connaissais les sympathies extrémistes de certains jeunes. D'une certaine façon, je les mettais sur le compte d'une intégration réussie. On était dans le sud et, après tout, j'imaginais qu'ils avaient assimilé, à leur sauce, les codes de conduite locale : l'exagération, les fanfaronnades, le cancan, aussi. Trois jeunes criant *Allahu akbar* ? Du langage de méditerranéen en colère, revisité par les circonstances. J'avais tout faux. Sur toute la ligne. Mon ignorance était celle d'un journaliste essayant de se convaincre que tout allait bien, « tranquilleuh, quoi ! » comme on dit dans le sud.

C'était pire que ce que Saïd m'avait murmuré. Le président de la mosquée me confirmait les départs.

« Tous ont choisi de faire de l'humanitaire dans le sentier d'Allah. »

En octobre 2014, les responsables de lieux de culte musulman ne prenaient pas encore de précautions oratoires. Il fallait aider la Syrie, l'extirper du cauchemar que lui infligeaient nuit et jour Assad, le boucher de Damas, et ses sbires « qui n'étaient pas de bons musulmans puisqu'ils tuaient d'autres musulmans ».

J'avoue avoir été fasciné par le bonhomme. Par sa faconde. Par sa tentative de séduction d'un journaliste consistant à lui montrer des vidéos sur Youtube pour défendre l'État islamique.

Quelle figure ! C'est vrai, les reporters préfèrent discuter avec des personnages. Tout était démesuré chez lui. Ce n'était pas une logorrhée, c'était un geyser giclant sans interruption des absurdités. Un volcan de haine islamique. Une caricature parfaite s'incarnait. Tout y était : le conspirationnisme, la haine de la France et, en même temps, ce ton paternel, sorte de mélange de sincérité, de doctes recommandations et de détachement de *celui qui sait*, mieux que tout le monde, et surtout mieux qu'un infidèle. Je me rappelle lui avoir demandé :

« Mais enfin, vous ne pouvez pas empêcher les fidèles de regarder ce genre de vidéos de propagande ? »

Pour lui, ce n'était pas de l'endoctrinement, c'était la vérité. Il m'a répondu avec un grand sourire, sur le ton du sermon :

« Monsieur, quand vous regardez des films pornos sur Internet, est-ce que vous demandez l'autorisation à votre mère ? Est-ce que votre mère est derrière votre épaule à vous autoriser à regarder ou pas ? »

J'avais beaucoup apprécié ce sens de l'humour. Je prenais ça pour de l'esprit. J'ignorais que les musulmans intégristes ne faisaient pas de bouffonnerie volontaire. Ils exècrent au moins autant la rigolade que la musique.

À mes yeux, c'était de la provocation. Je pensais rire avec lui. Il riait en fait de moi. Je le prenais pour un cas à part. Je me disais :

« Génial, je servirai ces deux ou trois phrases aux lecteurs, ça ira... »

Je me trompais. Ils sont des milliers comme lui.

Avant les attentats de *Charlie Hebdo*, ils parlaient librement. Ils ne craignaient pas d'être assignés à résidence. Quand on titillait un peu trop leur religion, il y avait toujours un imam pour dire :

« Attention, ce n'est pas ça, l'islam ! »

Et quand on n'est pas soi-même islamologue, pourquoi ne pas croire un imam ?

Une semaine après, le scandale éclatait dans la presse. Oui, une quinzaine de Lunellois étaient bel et bien partis[1]. Et quelques-uns avaient fini en pièces détachées. Cadeau des avions d'Assad, qui nous disait, entre les lignes :

« Regardez : notre merde, c'est votre merde ! Prenez ça. Voilà, vous les avez vos terroristes. »

1 Le chiffre est monté à vingt-cinq. La moitié d'entre eux seraient morts.

Coup dur.

Lunel se réveillait avec la gueule de bois. Les chaînes du monde entier débarquaient. Je me souviens de scènes surréalistes. La camionnette d'un journaliste, cible d'un caillassage. De barbus qui expliquaient, face caméra, qu'on ne pouvait pas comprendre. Que ces jeunes « étaient venus aider le peuple syrien ». Je voyais débarquer les premiers agités du Coran, habillés comme à Peshawar, un jour de noces.

Du délire ! On courait dans tous les sens. On voulait leurs identités. On appelait les élus. On cherchait à revoir le président de la mosquée. On s'arrêtait dans les bars avec des questions qui, franchement, maintenant, me paraissent bien risibles :

« Vous les connaissiez ? Ils étaient comment ?

– Bah, gentils, normaux, quoi ! »

Ah, en voilà un scoop : ils étaient normaux.

On visitait aussi leur quartier. Je tombais sur des adolescents fascinés par les exploits de leurs camarades. Un jeune rappeur me disait :

« Franchement, quand j'entends les vidéos de Daesh, ça me donne des frissons. Je suis à nouveau fier d'être musulman. Dommage que j'aime trop la vodka, sinon... »

Sinon quoi ?

« Ah... Je suis trop lâche pour partir ! »

Je percevais assez mal que cette guerre, si lointaine, était installée sur notre sol. Je me souviens d'un individu qui ne m'avait pas lâché. Il tenait à m'expliquer pourquoi « les chiites n'étaient pas des musulmans ». Il l'avait entendu à la mosquée. Hallucination absolue... Il voyait des chiites partout !

Je le répète : tous les journalistes découvraient, à Lunel, sorte d'épicentre du séisme de la réalité brute du djihadisme français, la vérité crue d'un pays qu'on n'habitait plus.

J'ai honte de l'écrire, mais il y avait chez moi un petit côté touriste dans cette ville qui n'était visiblement plus celle de mon enfance. C'est un peu comme si vous visitiez la maison où vous aviez grandi. Vous allez reconnaître des choses. Les murs, la balançoire du jardin, la porte d'entrée. Et pourtant, tout a changé. Plus rien n'est pareil. C'est exactement le sentiment que j'ai éprouvé : ça ressemble à ce que j'ai connu, mais plus rien n'est identique. Le marché et ses stands de *hijabs* avaient remplacé les étals de tissu provençal. Les jeunes avaient troqué leurs survêts pour des *djellabas*. La barbe se portait longue. Le *hijab* était majoritaire. Le folklore afghan s'était substitué au folklore camarguais.

Un jeune, au bar Le Mistral, voulait me faire payer une visite des hauts-lieux du djihadisme : vingt-cinq euros pour aller voir « les endroits où vivaient ceux qui sont morts dans le chantier [*sic*] d'Allah ».

Les politiques restaient muets. Assommés par la nouvelle : et si on remettait en cause leurs compétences ? Cependant que la jeunesse se frottait le ventre : gloire aux martyrs !

On allait trouver les parents. Ceux qui voulaient témoigner étaient rares. Ils n'avaient rien vu arriver, bien sûr. Tous n'étaient pas des cas sociaux. Loin s'en faut. Ex-délinquants et enfants de bonne famille avaient fait alliance pour Allah, quittant le pays pour se battre. Les journalistes étaient abasourdis : comment avions-nous pu passer à côté de ça ? C'était sous nos yeux !

De mon côté, j'allais trouver d'autres imams. D'autres responsables de mosquées. Avec toujours cette même question :

« Vous aussi, vous avez vu des jeunes partir ? »

Je tapais aux portes. Littéralement. Je patientais après les prières. Je m'invitais dans un univers que je ne connaissais pas. Les radicaux me disaient :

« Nous, on n'a rien à voir avec ça. Merci bien et au revoir. »

Les modérés jouaient davantage le jeu. Certains – et qu'ils en soient ici remerciés – me balançaient toutes les infos qu'ils avaient. Beaucoup étaient des taupes des renseignements, souvent pour le compte de leur pays d'origine.

Puis un jour de janvier 2015, deux frères qui n'avaient pas beaucoup d'humour ont voulu rendre visite, à leur façon, à ceux qui avaient osé caricaturer leur héros. Rue Nicolas-Appert, à Paris, deux frères, deux enfants de la DDASS sont allés « venger leur prophète », à coups de mitraillette. Peur sur la France. Les djihadistes étaient parmi nous. Deuxième choc : il y avait ceux qui partaient, ceux qui étaient partis et qui étaient revenus, et ceux qui opéraient depuis la France. Nos compatriotes ! On avait laissé pousser, sur notre sol, des djihadistes qui ne supportaient plus rien de leur pays. Pour qui appliquer la *charia* valait de se faire trouer la peau par le GIGN. Pour qui la justice coranique justifiait la vengeance. Le lendemain, un de leurs comparses s'en prenait à une grande surface cacher.

On allait en bouffer de la kalachnikov. Pour longtemps.

Quatre jours après les tueries, la France marchait. Elle était *#Charlie*. Elle était *#NoFear*. Elle était *#WeAreTheWorld*. Main dans la main, les Français chantaient la fraternité. Juifs, musulmans, policiers, journalistes et élus se serraient les coudes. *#PlusJamaisÇa*. Les terroristes allaient voir ce qu'ils allaient voir. La liberté plus forte que les balles !

Des imams expliquaient que *ce n'était pas ça, l'islam.* Je m'interrogeais. Et si, finalement, l'islam c'était ça ? Et si l'islam, c'était ces jeunes qui n'étaient pas *#Charlie*, ces musulmans chauffés à blanc depuis des années par les salafistes, par Tariq ramadan et par Dieudonné ?

Pendant qu'une France communiait, une autre s'organisait. Des musulmans continuaient à faire leurs valises pour la Syrie. Des imams refusaient d'embrasser la nouvelle religion *#Charlie*. Des chrétiens, juifs ou athées embrassaient l'islam.

Je m'interrogeais : est-ce qu'à force de fermer les yeux, on n'a pas déjà perdu la guerre ? A-t-on compris qu'on était entré dans un cycle dont le schéma ressemble à celui d'une guerre civile : un pays contre un autre, sur un même territoire ?

J'avais assez bu les paroles des imams modérés. Beaucoup étaient sincères. Beaucoup n'y pouvaient rien. Mais ils n'étaient pas suivis. Les jeunes les fuyaient. Les *chibanis*[1] ne les comprenaient pas. Ils prêchaient dans le désert. Dans les quartiers, on les moquait. Des Lunellois, à défaut d'être partis en Syrie, exigeaient des imams encore plus radicaux. Ils prêchaient seuls. Se déclaraient imams du jour au lendemain. Vomissaient la République dans des quartiers qui n'avaient plus rien à voir, de près ou de loin, avec la France. Plus il y avait de vidéos de l'État islamique, plus les candidats au départ étaient nombreux. Ils voyaient des mécréants partout, des ennemis à tous les coins de rue. Ils n'en auraient pas à Raqqa.

Après les attentats contre *Charlie Hebdo*, la France se croyait en paix. Les frères Kouachi ou Amedy Coulibaly n'étaient que

1 En arabe, « ceux qui ont les cheveux grisonnants ». Immigrés maghrébins de la première génération arrivée en France pour travailler, dans les années 60, et qui ont fait le choix, la retraite venue, de ne pas rentrer.

des exceptions, des fondus. En 2012, ils avaient oublié Mohamed Merah très rapidement. Ils avaient oublié aussi vite, le temps d'une marche fraternelle, les tueurs. Les fiches « S[1] » s'empilaient au ministère de l'Intérieur. Des imams, à Brest, Montpellier, Stains, Roubaix, Nice, continuaient de souffler sur les braises.

L'incendie de nos bonnes consciences est finalement survenu un 13 novembre 2015. Un soir de match de football, entre les deux nations d'Europe qui se sont le plus haïes pendant un siècle, la France et l'Allemagne, qui couraient fraternellement derrière une balle. Trois kamikazes essayaient d'accomplir un carnage au Stade de France. Leurs complices, aux mains plus heureuses, arrosaient de 7.62 la jeunesse parisienne des terrasses de café et d'une salle de concert. Cent-trente morts ! Des centaines de blessés. Il ne s'agissait plus de venger le prophète. Il ne s'agissait plus d'ouvrir le feu contre des Juifs dont on soupçonnait une sympathie pour Israël. Il s'agissait de liquider tout ce que la France comptait d'ennemis de l'islam : tous les mécréants qui écoutaient du *hard rock*, trinquaient dans les bars, soutenaient, drapeaux en main, leur équipe de football.

Gueule de bois des *#Charlie*. Le lendemain, ceux qui appelaient dix mois auparavant à aimer son prochain, commençaient à douter. Et si c'était plus grave que deux couillons en voitures de location ? Et si on était en guerre depuis plus longtemps que prévu ? Et si l'État islamique avait ouvert des succursales un peu partout en France qui, telles des grains de maïs chauffés à blanc, s'apprêtaient à péter comme du pop-corn, partout dans le pays ?

Le pays, qui séchait ses larmes, avait pris du retard. Son envie de fraternité l'avait ralenti. Il apprenait que trois-mille-cinq-cents de

1 Les fiches « S » comportent seize niveaux. De 16 (le moins dangereux) à 1 (le plus dangereux).

ses compatriotes étaient dûment fichés comme islamistes capables de passer à l'action. Ça la foutait mal.

C'est ça, l'islam de France, finalement ? C'est ça, la facture d'années d'aveuglement ? Ceux qui attendaient des manifestations de musulmans pour condamner Daesh sont restés sur leur faim : cinquante personnes au Trocadéro. Risible.

Je décidai de partir.

Aussi crétin que cela puisse paraître, je m'achetais une petite carte plastifiée de France, celle de mon enfance, dont on se servait à l'école pour dessiner les contours, à une époque où on ne discutait pas de l'opportunité de servir du *halal* à certains élèves – parce que personne ne savait ce que c'était. J'y mis des gommettes de couleur. Ici, telle mosquée salafiste. Là, tel foyer radical. Là encore, tel quartier connu pour abriter des extrémistes. J'appelais les quelques imams modérés qui souhaitaient encore parler. Ceux qui n'avaient pas encore été menacés par leurs fidèles drogués au Coran. Je fichai le camp pour voir si d'autres Lunel existaient. Mon éditeur m'avait demandé de « dézoomer le plus possible ».

J'ai dézoomé.

Et je n'ai pas été déçu.

Nice et ses quartiers abandonnés aux extrémistes. Monaco et sa mosquée salafiste. Lyon, Toulouse, Bruxelles. J'enchaînais. D'avion en avion, de voitures de location en voitures de location, d'appartement en appartement, je visitais. Tintin chez les islamistes. Je me souviens du propriétaire du logement loué à Molenbeek, Rachid, un Belgo-Marocain de cinquante ans, qui me demandait :

« Vous ne venez quand même pas pour les terroristes ?

– Euh, si...

– Oh… Non, n'en parlez pas. Molenbeek, ce n'est pas ça. »

Et le père d'un djihadiste me raccompagnant à sa voiture :

« Dites bien que l'islam, c'est la paix, hein ! Ce n'est pas ça ! »

Toujours la même rengaine. Partout. Dans les librairies islamistes de la région lyonnaise, partant avec sous le bras de la littérature appelant à la haine, combien de fois ai-je entendu à la caisse : « Ce n'est pas ça » ?

Je me souviens d'un libraire, alors que je partais sous le bras avec *La Voie du musulman*, me guettant à la sortie pour me dire :

« Vous ne préférez pas la biographie du prophète, hein ? C'est ce qu'on a donné aux Français après *Charlie.* »

Drôle de voyage. Dans les salles de sports, les cafés, les restaurants, les MJC, les mosquées clandestines, les associations de quartier, plus ou moins déclarées, les salles de prière à la campagne, chez des policiers et des gendarmes écœurés, débordés, incompris. Je ne sais pas exactement à combien d'imams j'ai parlé, ni combien de musulmans déguisés en Talibans j'ai croisé. Une mosaïque de la haine.

Combien de fois me suis-je dit : « Mais qu'est-ce que je fous ici ? » Comme dans une mosquée du Bourget où l'imam est venu me chercher *manu militari* sur le tapis de prière, alors que je discutais avec un « nouveau » musulman… En Belgique, on a voulu me convertir. À Toulouse, on a refusé de serrer la main du mécréant que je suis. À Saint-Denis, de me servir à manger. À Lyon, dans une mosquée clandestine, on m'a demandé de faire mes ablutions avec un bidon d'eau et une bassine alors que je ne venais pas prier.

L'islam radical avait poussé partout en France. Une éruption d'acné sur le visage de la République ou de ce qu'il en restait. De Bruxelles à Nice, la loi du silence prévalait. Jusqu'aux attentats du

13 novembre, tout le monde avait fermé les yeux. Des politiques complaisants avaient transformé leur clientèle électorale en petits vizirs de quartiers qui avaient des allures au mieux de petits Rabat, au pire de petits Raqqa.

C'était de la faute des Français. Ils n'avaient qu'à pas bombarder les frères syriens. Bien fait !

« Et vous, vous n'avez pas décapité pendant la colonisation de l'Algérie ? »

Ou le fameux :

« La question n'est pas de condamner ou pas, mais il faut comprendre que... »

Combien de temps encore va durer cette comédie ? Combien de temps d'avance est-on prêt à leur céder, encore ? Combien de territoires allait-on leur abandonner ?

Je n'avais jamais vu autant de vidéos de décapitations, d'exécutions, de crucifixions depuis que je communique avec quelques djihadistes partis en Syrie. Merci Internet d'avoir mondialisé l'horreur en temps réel. On n'a jamais été aussi bien informés qu'en communiquant sur les réseaux cryptés de Tor ou de Telegram.

De mes petites conversations avec eux, j'ai beaucoup appris. Les bourreaux de l'État islamique sont des gens presque normaux. Leurs parents me l'avaient dit. Ils n'aiment rien tant qu'Allah, c'est vrai. Mais ils apprécient aussi les soirées pizza, le Redbull, le sport. Tout ce qu'ils veulent, c'est qu'on les respecte. La France et la Belgique ne trouveront grâce à leurs yeux que le jour où ces deux pays consentiront à appliquer la *charia*. Que le jour où nous nous convertirons. Nous qui avions « pillé leur pays pendant des années». Nous qui « empêchions leurs sœurs de s'habiller comme elles voulaient » [*sic*] étions des coupables : nous ne suivions pas l'islam, nous irions en enfer. Mais, pire encore, avec

« notre science du mensonge », nous interdisions « aux véridiques » de vivre selon les vœux du prophète. Nous, avec « notre président, le roi du mariage gay ».

« M'sieur, je suis un cas sociaux » [*sic*], m'a raconté un de ces enfants du *djihad*. À Raqqa, c'est un petit héros de la guerre du bien contre le mal. On lui a proposé une femme. Il réfléchit. Chez lui, en Belgique, il restait des heures enfermé à dormir. Nous aussi, nous dormions. Nous aussi, nous étions enfermés dans notre bulle de bien-pensance. À imaginer que les Frères musulmans de Tariq ramadan étaient des interlocuteurs d'un islam de France imaginaire. À imaginer qu'on pouvait fraterniser avec des gens qui prônent le tout ou rien : la *charia* ou l'épée – enfin… la kalach'. À imaginer que nos banlieues n'étaient peuplées que de victimes, pour qui les seules représailles contre cette société qui leur voulait tellement de mal consistaient à voter socialiste tous les cinq ans. À imaginer que « l'islam, ce n'est pas ça ». Ah ! L'erreur ! Et on recommençait dans la foulée. On persistait dans l'erreur. Les Syriens réfugiés : tous des victimes. Forcément, ils fuyaient l'État islamique. Forcément, ils n'avaient aucune sympathie pour le terrorisme. On a ouvert nos frontières. On a accueilli de futurs héros de l'islam. Assad doit bien se marrer. Lunel, territoire abandonné. Molenbeek annexé. Paris martyrisé. Et on en redemande. La blague ! Elle commence bien, tiens, cette guerre.

Et puis un soir, il y eu cet incident.

Il en dit long sur la mentalité des islamistes et sur la difficulté d'écrire à leur sujet sans qu'ils ne se montrent menaçants.

Il en dit long sur leur *tolérance*.

Un de ceux que j'avais interrogés m'a repéré alors que je faisais des courses dans un centre commercial de Lunel. Il s'est calmement approché de moi et s'est répandu en insultes, avant de conclure :

« Toi, je t'ai dans le viseur. »

C'était sa contribution au dialogue, à l'ouverture, au *vivre ensemble.*

De l'intimidation.

Une modeste manière de terroriser.

Tous n'ont pas un fusil d'assaut en bandoulière. Il y a les salopards ordinaires qui ne sont pas partis en Syrie. Pour l'instant, ils se contentent de peu pour insuffler la peur et instaurer une ambiance délétère où qu'ils posent le pied. Ils semblent avoir été efficaces jusqu'à présent.

Ils signifient ainsi aux mécréants que, le moment venu, par-delà les fanfaronnades et les poses, ils seront du côté des mitraillettes. Ils ne peuvent encore passer à l'action. Mais ils jouissent d'ores et déjà à l'idée d'être aux commandes et de nous avoir à leur merci.

Ils en sont convaincus : leur Califat à eux, leur *djihad*, il se fera en France. Confectionné dans certaines mosquées au contact d'imams et de responsables islamiques, leur programme de haine est explicite. Leur logiciel guerrier est à jour. Dès lors qu'ils n'auront plus que des démissionnaires à affronter, tous anciens #*Charlie* forcenés, il ne suffira plus de le lancer, de le faire tourner.

Parlons aussi « politique » – cette chose grossière à laquelle il est pourtant impossible de refuser son attention, comme disait Stendhal.

Ce livre n'est pas courtisan. Il ne cherche pas à plaire, plaire à la droite, la gauche, plaire à l'extrême droite ou même l'extrême centre.

Je ne sais que trop bien que, de tous bords, l'amour et la haine de l'islam reposent tous deux sur un même et unique biais : malveillants ou bienveillants envers cette entité, tous gardent bien à distance, géographiquement ou par la pensée magique, ce qu'ils chérissent ou ce qu'ils détestent.

Moi, je vis en plein milieu, et j'y vis les yeux grands ouverts.

Et l'un d'eux fait un clin d'œil à ces journalistes qui, bien que ne partageant pas les mêmes idées, habitent pourtant souvent les mêmes quartiers. Leur idée réelle du *vivre ensemble*, qu'ils en fassent l'éloge ou qu'ils la conspuent, est la suivante : c'est bon pour les autres.

Ce livre n'est pas l'énième bouquin d'un islamologue, ou d'un spécialiste du *djihad*. C'est un parcours. C'est le résultat de dizaines de conversations. C'est la vision d'un mécréant sur la France de son grand-père, celle qui, insouciante, ne voyait pas la catastrophe éclater. Celle de l'après-guerre, trop persuadée que la paix était incarnée par les matches de foot entre la France et l'Allemagne. Trop persuadée qu'on avait tout à gagner à se montrer obligeant avec l'étranger. C'est le parcours d'un journaliste dans des quartiers où l'on ne prend plus la peine de sortir de sa voiture. Ce sont les leçons que j'en ai tirées.

Malheur à moi : je ne suis même pas arrivé à devenir islamophobe. À Manhattan, j'avais vécu les attentats du 11 septembre 2001. Je n'avais pas réussi à épouser le délire de certains Américains qui voulaient s'en prendre à tous les chauffeurs de taxis barbus de New York. J'ai vu, là-bas, des démocrates devenir du jour au lendemain pires que Donald Trump aujourd'hui.

Je sais bien qu'une très grande partie des musulmans français n'ont rien à voir avec les salauds de *Charlie Hebdo* et du Bataclan. Et je dis à ces amis :

Parlez ! Dénoncez ! Manifestez !

Puisque vous me racontez qu'ils salissent votre religion, boutez-les hors de France. Boutez-les hors du paradis qu'Allah leur a promis. Cessez de dire que l'islam est une religion de paix, si vous concédez qu'il existe une frange de vos coreligionnaires prêts à nous faire la peau.

Menez la guerre à ceux qui nous font la guerre. Ici, en France. Ne pas tolérer l'intolérable ne doit plus être une option, ce doit être une obligation.

L'islam est une religion, ce n'est pas une mafia.

Ne vous réfugiez plus dans la victimisation.

Vous n'êtes pas des victimes.

Les victimes sont mortes au Bataclan, à *Charlie Hebdo*, à Manhattan.

Dénoncez les mosquées-caves où l'on prêche la haine.

Acceptez les règles du pays qui vous a reçus.

Cessez l'*omertà*.

Nous, on s'engage à peine à briser le silence. Nous nous échauffons.

RÈGLE I

HAIS L'OCCIDENT.

« Cela fait plaisir de voir de temps en temps du sang de mécréant couler car nous avons été éduqués, nous avons grandi en voyant par la télé et dans le monde entier – en voyant le sang des musulmans couler depuis des décennies. »

Abdelhamid Abaaoud, ancien élève du collège catholique Saint-Pierre de Bruxelles.

Soudainement, la vérité s'est abattue sur la France. Comme un missile largué dans une salle de concert. Nous n'allions dès lors plus jamais parler de *vivre ensemble*, de métissage, de fusion des communautés, de tolérance et de respect de l'autre. Jusqu'ici, nous faisions semblant de ne pas voir la fracture.

Le mensonge tenait lieu de psychotrope au pays qui se taisait. Un vieux pays, certain que la haine n'existait de manière insignifiante que dans les bas-fonds, obscurs et anonymes des réseaux sociaux, découvrait qu'on lui faisait la guerre, que l'ennemi était parmi nous, et depuis longtemps. Et nous ne l'avions pas vu. Pire : nous ne voulions pas le voir.

La haine se résumait aux banlieues où plus personne, policiers comme journalistes, ne mettait les pieds. C'était le titre d'un film, que seuls les plus pessimistes croyaient prémonitoire. *La Haine*. La haine de l'Occident. La haine du berceau, que les mosquées, les imams et les rappeurs ont donné au biberon comme un médicament qu'on rote.

Nous aurions dû voir. Nous aurions dû comprendre qu'une armée se découvrait chaque jour une nouvelle raison de détester le pays qui l'avait accueillie sur son sol.

« La France, mère de la nudité, de la perversion et de la débauche » était à « genoux ». Équivoque des revendications post-attentats : à genoux à éponger le sang de ses victimes ; à genoux soumise devant l'ennemi ; à genoux, comme ceux que les djihadistes européens décapitent pour les chaînes vidéo de Daesh.

Ils sont dix-mille musulmans, en France, à être considérés comme dangereux. Trois-mille à pouvoir passer à l'acte. La plupart fichés par les services de renseignement. Beaucoup n'en sont encore qu'au stade d'admirateurs de l'État islamique, emplis de bienveillance à l'égard d'un groupe totalitaire qui, enfin, leur donne des raisons d'être fiers. Fiers de leurs racines, fiers de leur religion, fiers d'en vouloir à la France, terre de mécréance, ancienne puissance coloniale, mère de tous les maux, mère nourricière.

Depuis le 13 novembre, les Français commencent à ouvrir leurs yeux. Le mensonge du multiculturalisme idéologisé, source fantasmée d'une fraternité bienveillante, commence – enfin ! – à se fissurer sous le poids d'une réalité incontestable, celle de la mort d'innocents, victimes d'une guerre que lui mène un ennemi intérieur qui, lui, nous connaît bien et nous avait pourtant prévenus.

Nous avons perdu du temps, c'est indéniable. La violence meurtrière était annoncée. Ses signes avant-coureurs étaient nombreux. Nous les avons négligés. Il n'y a pas si longtemps encore, nous encouragions même certains de ces présages les plus éloquents. Le rap le plus haineux était de l'art ; les drapeaux algériens sortis au moindre match de foot, l'expression d'une diversité féconde ; la haine des juifs, une manière de se solidariser avec les Palestiniens – lointains cousins des conquêtes arabo-musulmanes ; la haine des blancs, la réponse à une islamophobie rampante.

Reconnaissons-le : il y a dans le phénomène djihadiste la manifestation d'un malaise vis-à-vis de l'Occident, d'un malaise civilisationnel.

« Aussi sachez que l'air est chargé d'électricité, alors pas de respect, pas de pitié escomptée. Vous aurez des regrets car jamais par la répression vous n'obtiendrez la paix, la paix de l'âme, le respect de l'homme. »

Il ne s'agit pas du texte de revendication d'un attentat commis par l'État islamique mais de paroles extraites de *Police*, du groupe NTM, sorti il y a vingt-trois ans déjà. Mélange de menaces et de prospective, il n'y a finalement que peu de différences entre le contenu de ces paroles et les *leitmotive* martelés par Daesh :

« Vous n'aurez pas la paix » et, en prime, « vous aurez des regrets ».

On croirait relire les témoignages des survivants ayant entendu, au fond de la fosse de la salle du Bataclan, leurs bouchers.

NTM, comme tous les bons artistes, voyait juste, sans mesurer encore la portée internationale de ses chansons pour ados en rébellion contre la France.

« Respect ! » comme on dit les quartiers. « Pas de respect, pas de pitié. » Six mots qui valent bien des analyses de la Direction de la surveillance du territoire[1].

« Raccourci ! » disent les bien-pensants qui, à l'appui de leur aveuglement bienveillant, évoquent l'interdiction de la musique dans le Coran.

Yo ! Pour l'instant, aucun rappeur français n'est parti faire ses classes en Syrie. Il y a bien eu Jérémie-Louis Sydney, apprenti djihadiste, qui avait blessé un Juif dans un attentat à la grenaille contre une épicerie cacher de Sarcelles, mais sa mort, à Strasbourg, lors

1 La DST, devenue depuis cette époque la DCRI (Direction centrale du Renseignement intérieur), puis la DGSI (Direction générale de la Sécurité intérieure).

d'un assaut donné par le GIPN local, en octobre 2012, a écourté la carrière artistique et militaire de cet homme de trente-trois ans qui chantait :

« Le 11-Septembre n'est que la face cachée de l'iceberg. *Allahu akbar* ! »

On aurait mieux fait de l'écouter avant de l'abattre.

Il y en a bien eu quelques-uns, notamment, en Grande-Bretagne, le fameux Djihadi John, bourreau télégénique des clips de l'État islamique, ou en Tunisie, avec Emino, sous-produits du conflit de culture, mais pas encore en France. Nous voilà rassurés ! Il ne s'agissait que d'une petite rancune envers la République française, rien de bien méchant.

Mais cette culture revendicative, revancharde, violente, ultra-identitaire et mâtinée d'islam authentique est à bien des égards la même que celle de Daesh. En France, elle puise son inspiration dans la victimisation, la volonté de faire payer au pays d'accueil ses souffrances, parfois réelles, souvent supposées. Booba, disque d'or et ami de l'ancienne ministre de la Culture Aurélie Filippetti, a très sobrement résumé les revendications de cette France des laissés-pour-compte :

« Quand j'vois la France les jambes écartées j'l'encule sans huile. »

Il ne suffit pas de se plaindre. Le temps est venu pour les djihadistes de sodomiser la France. Pratique pourtant réprouvée par le Coran. Mais *Allahu akbar*[1] n'est plus une *punchline* récurrente dans des couplets dépourvus d'imagination ; c'est devenu un point final : Dieu est plus grand que ta République, que tes flics, que ta justice, que ton école, que tes prisons.

On nous aura prévenus.

1 « Allahu akbar », presque toujours mal traduit en « Allah est le plus grand » ou « Allah est grand », signifie littéralement, en arabe, « Allah est plus grand ».

Presque tous les experts datent la montée du djihadisme en France à l'intervention américaine en Irak. C'est la vision de Charles Saint-Prot, par exemple, spécialiste du Moyen-Orient, et ancien conseiller aux affaires internationales de Saddam Hussein.

« La guerre qu'on mène, partout dans le monde, aux musulmans, a eu un retentissement dans les banlieues qui, finalement, n'attendaient qu'une cause pour s'enflammer. »

Charles Saint-Prot n'est pas un gauchiste droit-de-l'hommiste. Il sait bien que l'immigration de masse, à travers le regroupement familial, n'aide pas à faire de jeunes à moitié illettrés les champions de la République de demain. Sa vision est celle d'un spécialiste de la géopolitique : on touche aux musulmans quelque part sur la planète et des Français de confession musulmane ont tôt fait, dans leurs cités, de s'y identifier, de hurler à la mort, d'abord, à la vengeance, ensuite, et de voir, par exemple, dans les fonctionnaires de police, les équivalents en Renault Mégane diesel, des GI dans leurs Humvees. Les lave-linge qu'on balance depuis les balcons d'Aubervilliers sur les pompiers sont les armes du pauvre contre l'occupant : nous.

Les réactions de joie à la vue du World Trade Center s'écroulant, en cendres et en colonnes de fumée, dans la pointe sud de Manhattan, préfiguraient ce que la rue française attendait : on allait enfin passer aux choses sérieuses.

Le *kafir* qui nous avait humiliés par sa colonisation, sa condescendance à nous construire des tours hideuses dans des banlieues reculées, allait voir de quoi l'opprimé était capable. Et s'il fallait hurler *Allahu akbar*, on allait s'y mettre. Le Coran n'était pas qu'une série de sourates. C'était aussi un manuel de combat. Fini les mimiques à deux balles et les rimes pauvres des clips de rap.

Le bourgeois-gentilhomme faisait de la prose sans le savoir. Le bourgeois-racaille fait de la politique sans le savoir. Les voyous étaient des guerriers. Nous n'avions rien compris.

« J'parle pour moi, ou hak Allah j'aurais envie d' faire un carnage
Haine pour haine, balles perdues et plus ;
Palestiniens dans les rues, Israéliens dans des bus
Le mal par le mal, venger les tiens,
Tu n'peux plus rien enlever à ceux qui n'ont plus rien
Plus d'accord de paix, ni de cessez-le-feu. »

Sniper, rappeur disque de platine.

« On ne peut nier le fait que le conflit israélo-palestinien ait été catalyseur du ressentiment à l'égard de l'Occident », dit Charles Saint-Prot[1].

Un catalyseur, sans doute : la haine du Juif, ancestrale, mêlée à la haine du colonisateur, intériorisée par les cités. Un modèle en plus : c'est une haine peu chère ; elle est islamique, elle est celle des opprimés, celle soutenue par la gauche, celle qui envahit la rue, défoule et console. Elle est violente pour une cause abstraite mais qui, au moins, justifiait enfin les moyens.

La concomitance, à quelques années près, de l'invasion américaine de l'Irak et de la deuxième *intifada* a surtout été le catalyseur des prétextes pour la jeunesse musulmane d'Occident qui découvrait, à l'époque, la guerre en direct, sur Internet, sur les forums, ancêtres des réseaux sociaux, mais aussi progressivement dans les mosquées, à mesure que cette jeunesse adaptait sa haine de la France à son désir identitaire, désir refoulé d'être l'égale des victimes palestiniennes ; celles, tout d'abord, d'Israël, ensuite, des États-Unis, et celles, finalement, de la France.

1 Entretien avec l'auteur.

Les nombreuses polémiques relatives au port du voile succédant au vote, après quinze ans de tergiversation, d'une loi l'interdisant à l'école, en 2004, étaient autant d'occasions de s'afficher comme victimes d'un système oppressant les musulmans. Quand on est victime, c'est qu'il y a un coupable. Le coupable, c'est la France laïque, proche cousine de la France coloniale. On défilait donc pour ses sœurs obligées d'être têtes nues. Victimes et donc martyres ! On mettait les tournantes dans les caves en veilleuse. On demandait à la frangine d'arrêter de s'habiller comme une vulgaire *tassepé*. La pudeur islamique, c'était déjà de la résistance. Tour de chauffe : l'islam, d'abord, l'islam maintenant ! De la haine des mécréants à l'application de la *charia*. Tout l'islam, rien que l'islam.

Pendant ce temps, la France comptait ses premiers vrais djihadistes. Ceux qui revenaient de Bosnie-Herzégovine, les précurseurs des *moudjahidin* d'aujourd'hui. En Afghanistan, leurs aînés avaient vaincu l'URSS. Ils avaient vaincu – avec l'aide notamment de la France – les Serbes. Ils avaient mis à genoux un pays qui n'avait pas lésiné sur les moyens lorsqu'il s'agissait de les écraser. Ils pouvaient bien mettre à genoux la France.

Ils ont failli le faire, à l'automne 2005, avec les émeutes des banlieues françaises. Une révolte qui n'avait rien, à proprement parler, d'islamiste. Ces « flambées de violence » – expression, devenue poncif, utilisée alors par les médias – auraient pourtant dû alerter la France. Mais voilà, Malek Chebel l'avait dit :

« Les émeutes sont le fait d'anarchistes, pas d'islamistes. »

Comme si les deux, du reste, étaient incompatibles. Comme si installer le chaos n'était pas, déjà en soi, une façon de mener le *djihad*. Admettons que les « émeutes » – les journalistes anglo-saxons les qualifiaient, eux, de *muslim riots* – n'aient pas été, en soi, l'expression d'un islam de guerre. Elles étaient, au moins, l'expression de la prise de conscience que cette jeunesse, unie, était une force de frappe suffisante pour ébranler la République

Derrière les émeutes, se profilait le choc des civilisations. Le salafisme, presque inconnu en France jusqu'au début des années 1990, n'avait plus qu'à souffler sur les braises. Lentement. Les prédicateurs, bien contents que les appels du Conseil français du culte musulman pour mettre fin aux violences n'aient pas trouvé de réel écho, y ont vu un marché rêvé pour diffuser – presque sans effort – leur refus des valeurs occidentales, leur volonté d'imposer la loi coranique et leur envie d'en découdre comme au temps du prophète. Un combat commun se dessinait entre, d'un côté, la racaille et, de l'autre, les savants de l'islam. Nitro rencontrait Glycérine. Le salafisme unifiait ces Marocains qui ne supportaient pas ces Algériens, qui eux-mêmes n'appréciaient pas les Tunisiens, et mettait à bas toute trace de patriotisme hérité des parents.

Dans ce foutoir, Tariq ramadan émerge doucement, sorte d'hybride improbable entre Malcom X et Hassan el-Banna, son grand-père, fondateur du mouvement des Frères musulmans en Égypte. Cet universitaire suisse, s'exprimant aussi bien en français qu'en anglais, soucieux de son image au point de s'être fait greffer des implants capillaires, est l'archétype de ces musulmans *borderline*, maniant à merveille le double discours, soutenant la lapidation des femmes mais demandant en même temps un moratoire, ou appelant au calme en français et à la violence en arabe. Le renouveau musulman, c'est lui. La fierté arabe retrouvée, c'est lui. L'unité, c'est lui. Une sorte de calife intellectuel – déjà ! – qui a su consolider une identité éclatée entre communautés, à grands coups de lutte contre l'islamophobie. Son génie absolu étant d'avoir désigné un ennemi commun, socle essentiel à la création d'un imaginaire collectif puissant, fondé sur la victimisation. Les jeunes filles qu'on empêchait de porter le voile dans les établissements scolaires devenaient les semblables contemporaines de prisonnières palestiniennes, et des instruments de propagande et de recrutement pour le *djihad* à venir.

Les musulmans maghrébins, pourtant traditionnellement de l'école malikite[1], découvraient un islam pur et dur, d'inspiration wahhabite[2], à des milliers de kilomètres de celui que pratiquaient leurs parents, quand ils le pratiquaient. La mondialisation des islams donnait naissance à l'*oumma*, la communauté des croyants, futur peuple du Califat. Il n'y avait plus de Français beurs, il n'y avait plus que des musulmans. Ils n'étaient plus quelques millions en France parmi soixante millions de mécréants, ils étaient les frères de plus d'un milliard de fidèles.

Ça en jetait. L'islam était devenu une nationalité, une identité. S'esquissaient alors de nouvelles frontières pour le *Dar al-Islam*[3], de Djakarta à Roubaix, en passant par Sarajevo, Molenbeek et Bagdad.

C'est l'époque où les jeunes de quartier commencent à faire leurs classes en Bosnie, en Afghanistan et au Pakistan, où ils apprennent le maniement des armes dans des campements aussi sordides que les *madaris* où leur sont débités des *hadiths*[4]. Une sorte de grosse « colo » pour le bien de l'*oumma*, la seule patrie qui ne s'embarrasse pas de compatibilité avec la République.

Les cités françaises recensaient leurs recrues. La délinquance teintée d'islamisme pouvait vomir sa propagande. Bien avant les connexions à haut débit et l'Internet pour tous, apparaissaient les

1 Une des quatre écoles de l'islam sunnite, la plus représentée en France.

2 Mouvement théologico-politique extrêmement conservateur, issu d'une des quatre écoles sunnites, le hanbalisme, et dominant en Arabie saoudite.

3 Selon la théologique musulmane, subdivision du monde où règne l'islam, par opposition au *Dar al-Harb*, « domaine de la guerre », où l'islam n'a pas d'emprise.

4 Propos attribués au prophète de l'islam.

premiers prédicateurs qui pratiquaient le porte-à-porte dans les barres d'immeuble. À La Courneuve, on venait s'enquérir :

« Es-tu un bon musulman, mon frère ? Qu'as-tu fait pour l'*oumma* ? »

Presque du Kennedy :

« Ne te demande pas ce que l'*oumma* peut faire pour toi. Demande-toi ce que tu peux faire pour l'*oumma*. »

À Toulouse, plus de dix ans avant Mohamed Merah, les mosquées des quartiers de Bellefontaine et de La Reynerie voient débarquer, à la fin des années 1990, un curieux personnage, qui se fait appeler Olivier Corel, plus connu sous le sobriquet d'Émir blanc. De son vrai nom Abdel Ilat Al-Dandachi, ce Syrien est arrivé en France en 1973, persécuté par Assad père. Son statut de réfugié islamiste laissait présager ironiquement ce que la France allait être capable d'accepter comme fous d'Allah sur son sol dans les années à venir. C'est lui qui envoya les premiers bataillons de Français en Irak, parmi lesquels les frères Clain, dont l'aîné, Fabien, a revendiqué les attentats du 13 novembre. C'est lui, encore, qui a servi de mentor à Mohamed Merah. C'est lui qui créa une communauté salafiste à Artigat, en Ariège, appelé par les villageois « le clan des Belphégor », en raison du grand nombre de femmes portant le *niqab* dans un hameau reculé de la commune.

La justice n'a jamais réussi à prouver que la baraque pourrie qu'occupe encore Olivier Corel, entre deux camping-cars esquintés et des canassons mâchonnant leur paille à la lumière des torches des gendarmes, avait servi à préparer des attentats. Nous savons, en revanche, qu'il a élaboré le terreau idéologique de la France djihadiste. De son expérience d'opposant syrien sous Hafez el-Assad, l'Émir blanc a développé un véritable savoir-faire, celui d'un homme discret, vivant en marge avec sa femme Nadia et ses nombreux adeptes, sans jamais se faire pincer. Sans l'ombre d'un doute, le meilleur d'entre eux. Comme dans toutes les mafias, le parrain, à l'écart, est rarement coincé. Tant qu'il n'agite que des idées. Après tout, le cabinet du ministre de l'Intérieur, Bernard Cazeneuve, l'a dit lui-même :

« Ce n'est pas un délit de prôner le *djihad* ; ce n'est pénalement pas répréhensible. »

Personne ne peut être condamné parce qu'il hait la France.

Ce n'était pas non plus pénalement répréhensible de défiler, comme durant l'été 2014, avec des bandeaux de martyrs du Hamas ou des drapeaux, déjà, de l'État islamique[1].

Comment ne pas voir, pourtant, de corrélation entre les démonstrations de force antisémites, prenant pour prétexte la guerre engagée contre les terroristes du Hamas par Israël, et la poussée djihadiste française ? Ces émeutes urbaines avaient tout de la guerre de religion. Les Juifs trinquent d'abord. Les autres ont suivi. Entre la mise à sac d'épiceries juives et le massacre de l'Hyper Cacher, il ne s'est écoulé qu'un peu plus d'un an.

« Sionistes, fascistes, c'est vous les terroristes ! »

Que disent les djihadistes, sur les réseaux sociaux,
justement, sinon que la France est un pays terroriste ?

« Les Palestiniens résistent,
les Palestiniens existent
J'ai rarement vu un peuple si courageux
Sa fierté brille comme le soleil même par temps
orageux
J'peux pas me désolidariser
Juste en temps qu'être humain je peux pas ne pas me
positionner

1 La déclaration de renaissance du Califat par le groupe terroriste date du 29 juin 2014.

C'est un appel à partager leurs peines
Mais les ignorants diront que c'est un appel
à la haine
On ne nourrit pas l'injustice en la dénonçant mais
en la taisant
Quoi qu'ils disent j'écris avec le cœur
et la raison
[...]
Les sanctions de l'ONU ne sont applicables qu'à
l'Irak
On ne compte plus les orphelins
Les balles qui se sont perdues dans
les poitrines de gamins
Combien de nourrissons sous
les décombres
Des familles entières décimées
par les bombes
D'assassinats dit « ciblés » foudroyants les civils
D'emprisonnements arbitraires
Dites-moi, pensez-vous que je devrais
me taire ?
J'suis censé vivre dans une démocratie
Pourtant j'ai peur quand je relis
ce que j'écris
Tout est basé sur des faits mais je crains quand même
l'orage
J'écris avec le cœur, la raison
et le courage... »

Kery James, rappeur disque d'or.

La démocratie ? Elle ne sert plus à la rigueur qu'à s'assurer que le pouvoir en place veuille bien consentir, à intervalles réguliers, à verser ses aides mensuelles. Notre *zakat*[1] à nous, notre contribution au maintien de la paix sociale. Pour le reste, on peut se brosser. C'est un concept de mécréant. Une innovation, disent les salafistes, qui n'existait pas du temps du prophète. Une règle pour mécréants qui dans la pyramide normative est tout entière écrasée par la *charia*. La démocratie, c'est bon pour ce traître de Mohamed Morsi.

A-t-on vu le calife al-Baghdadi faire campagne contre un laïc ? Se rabaisser à une loi qui ne soit pas celle d'Allah ? À quoi bon voter pour une France qui, de toute façon, est tout entière vouée à des intérêts étrangers, sionistes évidemment, et donc foncièrement antimusulmans ?

Qu'on le veuille ou non, la haine du djihadiste est finalement notre produit. Il est l'enfant lointain d'un pays qui s'est amusé à jouer avec les sentiments d'une jeunesse qui aurait pourtant pu s'intégrer. Le djihadiste est le dernier étage d'une fusée que nous avons construite de toute pièce ; un Meccano meurtrier qu'il ne manquait plus qu'à allumer. L'islam s'en est chargé.

SOS racisme et ses nombreux avatars ont contribué à la victimisation. Dieudonné et ses perroquets ont contribué à la désignation d'un coupable : l'Occident, incarné par le Juif. Le salafisme a poussé au refus de la civilisation et au rejet des solutions étatiques non fondées sur le Coran. Voici les pièces du Meccano.

En une génération seulement, nous sommes passés de la main jaune de SOS racisme, gracieusement épinglée au revers de la boutonnière, à autre chose.

1 L'aumône, troisième pilier de l'islam sunnite. Il s'agit aussi d'un impôt dans la plupart des pays musulmans, fondé sur la contribution et à la redistribution aux plus pauvres.

De « Touche pas à mon pote » à « Touche pas à mon prophète », de la marche des beurs à la fuite des frères Abdeslam.

Le djihadisme n'est que le résultat de ce mélange. Il n'est pas un ingrédient de plus, il est le cocktail lui-même, le produit fini de notre société. Nous aurions dû voir que partout où il y a des victimes, il y aura de la vengeance.

Nous voudrions croire – encore maintenant malgré cent-cinquante morts en un an, en France – qu'il n'y a que des paumés, des demeurés et des cas sociaux chez les djihadistes. Que le *djihad*, c'est l'arme du faible, du cancre, du crétin. C'est oublier que sur les mille-deux-cents Français partis en Syrie, auxquels on peut ajouter quatre-cents Belges, il n'y a pas que des repris de justice – loin s'en faut. Plus de la moitié des départs recensés sont le fait de personnes inconnues des services de police.

« Plus encore, le nombre de jeunes djihadistes parfaitement intégrés, comme en témoignent les profils d'adolescents aux résultats scolaires satisfaisants ou de jeunes adultes diplômés et bien insérés dans la vie active, n'est pas négligeable. Cette évolution correspond à l'augmentation des profils issus de classes moyennes, souvent enfants d'enseignants ou encore de médecins. Ces éléments battent en brèche l'idée que la perméabilité à la propagande salafiste découlerait avant tout d'une forme de misère intellectuelle et de manquements éducatifs », relève un rapport du Sénat présenté en avril 2015 par le socialiste Jean-Pierre Sueur[1].

Il n'y a pas davantage de jeunes paumés en Syrie qu'il y en a dans les salles de classe des banlieues dites difficiles. Mais, comme si nous étions toujours contaminés par le mal qui, justement, a produit ses monstres, nous ne pouvons nous empêcher de présenter

1 Rapport fait au nom de la commission d'enquête sur l'organisation et les moyens de la lutte contre les réseaux djihadistes en France et en Europe.

le djihadiste comme un semi-débile, une cible idéale pour mouvement sectaire, ce que n'est absolument pas Daesh, qui jouit, même sans reconnaissance internationale, des attributs d'un État, théocratique certes, mais dont l'administration fonctionne, avec sa justice, sa monnaie, sa loi divine et sa police.

Nous voudrions tant que les djihadistes ne soient pas d'ordinaires fonctionnaires d'Allah, comme les nazis furent de formidables serviteurs de Hitler. Nous souhaiterions tant trouver au calife al-Baghdadi un testicule en moins ou une enfance difficile[1], pour expliquer sa barbarie, et pouvoir s'exclamer :

« Regardez, ils sont tous fous ! »

Nous avons encore du mal à considérer en ces criminels autre chose que des victimes de secte. Victimes, toujours victimes, même avec une tête de mécréant dans les mains, servant de ballon de football. A-t-on déjà expliqué le banal parcours d'Adolf Eichmann en affirmant :

« Après tout, le parti nazi n'est qu'une secte » ?

Où sont les Hannah Arendt qui expliqueront que ces guerriers ne sont ni plus bêtes ni moins bêtes que leurs coreligionnaires restés au pays, et qu'ils ont juste adopté l'islam pur comme doctrine politique ?

Et puis, n'ayons pas peur de le dire : le *djihad*, c'est le meilleur des creusets. Si l'on excepte le fait que tous les *moudjahidin* sont musulmans, il n'y a pas, depuis le service militaire supprimé par Jacques Chirac, de plus grand brassage social que sous les tentes de l'État islamique. Qu'un fils de bourgeois, dont la mère exerce la profession de pédopsychiatre, puisse combattre aux côtés

1 D'après Hisham al-Hashimi, expert irakien de la lutte contre Daesh, la vie d'al-Baghdadi, né Hamid Daoud al Zawi, n'est qu'une longue marche vers la radicalité : né dans une famille modeste d'un terreau soufi, il s'intéresse à l'idéologie des Frères musulmans à l'adolescence, avant de tomber dans le salafisme à l'université.

d'ex-trafiquants de drogue, il n'y a plus que l'islam extrémiste qui propose cela depuis que la République a démissionné et renoncé à la défense de l'identité et de l'unité nationales[1].

En débutant ce récit, je me suis mis en quête de djihadistes francophones avec qui échanger sur Internet. Le procédé peut paraître saugrenu mais je me suis fait passer pour un enseignant de français s'interrogeant sur l'islam. Un jeune niçois s'est présenté à moi, après m'avoir insulté sur Facebook, en message privé – « Dégage, fous-moi la paix ! » – avant de s'excuser. Campant mon rôle de professeur de français, je l'ai complimenté sur son expression écrite. Voici ce qu'il m'a répondu :

« M'sieur, je suis un cas sociaux. » [*sic*]

Lui-même croit dur comme fer à ce verbiage issu des conseils de classe.

Il est un héros en Syrie mais sur Facebook, il reste toujours victime de la société française. Cas social à Nice ; héros à Ramadi.

Les associations antiracistes leur ont tellement martelé qu'ils étaient différents, qu'ils étaient des cas irrécupérables, que les djihadistes – en tout cas ceux de banlieues difficiles – ont réussi à développer deux cerveaux, s'alimentant mutuellement de haines recuites. Le premier est celui du « cas soc' ». Le second, celui qui a trouvé Allah. Enlevez l'un de ces cerveaux, et vous empêcherez le second de fonctionner. Trop content d'avoir trouvé en moi un allié mécréant – « Promis, m'sieur, je vous décapiterai en dernier, lol[2] ! » –, Samy me raconte qu'à Nice, à vingt-et-un ans, il n'avait aucun projet et restait toute la journée chez lui « à s'emmerder » et « à boire du Redbull ».

1 Le cas s'est présenté à Lunel. Le fils d'un pédopsychiatre, très bien intégré, a fichu le camp en Syrie accompagné de ses nouveaux compagnons ex-trafiquants de drogue.

2 Acronyme de l'argot d'Internet pour *Laughing Out Loud*, et qui indique le rire ou l'amusement.

Marre d'être une victime, marre d'être un « cas soc' » alimentant les socialistes en suffrages, il s'est recréé une vie, des copains, de tous horizons et de tous pays. Une machine à tuer de Babel, une publicité Benetton avec mitraillettes en bandoulière, un drapeau de la République califale où la brute côtoie le faible, sans que la Ligue des droits de l'homme ou Dounia Bouzar ne leur tendent un bavard miroir :

« Regarde, comme tu es socialement inepte. Ce n'est pas de ta faute, mon petit. »

Et nous nous étonnons encore qu'ils aient eu des envies de revanche, aussi sanguinaires soient-elle, sur cette France qui, de la CAF à Pôle Emploi, en passant par la justice, les a infantilisés ?

Nous nous étonnons encore que l'État islamique ait pu choisir, le 13 novembre, des lieux fréquentés le soir par ces mêmes bobos diurnes qui les couvaient de fraternité et d'amour depuis tant d'années, les émasculant de fait, leur faisant vomir l'Occident ?

Seule la génération du *LOL* et de la kalach' a compris ce clin d'œil adressé à cette fraternité condescendante de l'antiracisme, tout à la fois aveugle aux problèmes de la France et méprisante à l'égard d'une jeunesse qu'elle croyait captive de sa fraternité surjouée.

Ceux qui, hier, les désignaient comme victimes, tout en les maintenant dans leurs ghettos où ils étaient tout juste bons à brailler du rap, ont été abattus froidement. Comme si les animaux allaient se faire justice contre les gardiens du zoo. Une sorte de parricide. Un fusil d'assaut dans une main, l'autre étant occupée à leur adresser un doigt d'honneur.

Le djihadiste carbure à la frustration. Rien ne nourrit davantage son aversion pour l'Occident que ses filles en mini-jupes, cheveux au vent, et dont le consentement sexuel n'est pas automatique. Que le mot « gay » soit le plus tapé sur les moteurs de recherche au Pakistan et en Arabie saoudite donne la mesure de ce qu'a pu créer une bien trop grande rigidité religieuse : certains sont capables de jeter d'un toit un homosexuel, soupçonné ou avéré, et le soir venu, de se délecter devant un porno gay où de beaux et musculeux Européens s'adonnent à des plaisirs défendus.

Dialectique de la privation.

« Prêche la morale, mais arrange-toi avec tes pulsions. »

Eros et Thanatos mécréants !

En février 2016, la police a ainsi interpellé cinq islamistes – quatre hommes et une femme –, en possession de billets de bus pour la Bulgarie, qu'ils devaient ensuite quitter pour la Syrie. Originaires de la région lyonnaise, ils étaient sur écoute depuis qu'une source avait alerté la sous-direction anti-terroriste de leurs projets d'action violente contre un club libertin – suite naturelle du carnage du Bataclan pour ce petit groupe qui se réunissait dans la salle de prière de la gare de Lyon-Part-Dieu : après des jeunes écoutant du *hard rock*, après la musique qui « transforme en singes et en porcs », des jeunes forniquant collectivement dans des saunas.

« N'approchez pas de la fornication : c'est une turpitude et quel mauvais chemin ! » – sourate 17, verset 32.

Ou alors, approchez-vous en avec une mitraillette. Quel délire que ce dogme qui autorise la polygamie mais voue à la mort celui qui la pratique sexuellement sous les néons blafards d'un bar à coquins ! Quelle absolue tartufferie islamique, tirer sur ce spectacle que soixante-douze vierges promises vous offriront, au ciel, en l'échange de votre martyre ! Qu'aurait été la réaction à un si brutal *coitus interruptus* ? On imagine un défilé de clercs modérés contraints de bredouiller devant les caméras :

« *#JeSuisUnClubÉchangiste* ! *#JeSuisUnGodemiché* ! »

« Votre président, c'est le président des pédés », me dit Samy. Il croit me choquer. Lui qui appartient désormais à un État qui jette les homosexuels du haut des tours, qui crucifie les sodomites, se marre bien. Il ne comprend pas que la France puisse marier des gens du même sexe, mais comprend que cela ne sent pas bon pour la France. Il y voit – et c'est un discours mystique qui revient de manière obsessionnelle dans le discours djihadiste – « les signes de la fin des temps », censés annoncer le Jour Dernier.

Il me recontacte, après la révélation – tardive – des agressions sexuelles, le jour de l'An, à Cologne[1] :

« Voyez, bientôt vous n'aurez plus que ça. Vous l'avez voulu, hein, ce genre de société. Voyez ce que vous récoltez. »

La fin des temps, vous dis-je.

1 Au total, mille-cinquante-quatre plaintes ont été déposées, dont plus de quatre-cent-cinquante qui concernent des cas de violences sexuelles. Cinquante-huit suspects ont été arrêtés. Vingt-cinq Algériens, vingt-et-un Marocains, trois Tunisiens, trois Allemands et deux Syriens. Il s'est écoulé plusieurs jours avant que les médias prennent au sérieux cette affaire et ne se décident, devant l'ampleur de l'événement, à en parler.

RÈGLE II

IMITE RAQQA

« Ils traînent dans les places et dans les souks, bien habillés et très élégants mais leur tréfonds est vide. Ils s'occupent des coupes à la mode, des tenues vestimentaires branchées, des habits dans l'air du temps. Ils portent atteinte à l'honneur des musulmans. »

Khaled Arrached, *Attention, ne sois pas comme nous !*

Ah ! Les charmes du marché de Molenbeek ! Quelques semaines avant les attentats du 13 novembre, des locaux y distribuaient encore de la propagande salafiste, sans que cela n'émeuve grand monde avec l'habitude de vivre dans un berceau du djihadisme. C'est là que réside l'intérêt des voyages dans le centre de Bruxelles puisqu'il offre un aperçu *in vivo* de ce que serait la France dans vingt ou trente ans : une constellation de territoires abandonnés et de désolation – sans même une annexion par la force et sans que la population indigène ait à s'accommoder des transformations opérées par l'occupant puisqu'elle a fui.

La presse a beaucoup commenté l'aspect multiculturel de ce quartier du centre de la capitale belge, l'un des plus densément peuplés d'Europe. À la recherche du passé des frères Abdeslam ou de celui d'Abaaoud, les médias du monde entier ont installé leurs caméras dans cette ville qu'on croirait, malgré ses façades flamandes, arrachée aux faubourgs de Casablanca. Les reporters japonais n'en revenaient pas ; ils étaient tout à la fois dans la capitale de l'Europe et dans une ville du monde arabo-musulman. Et le multiculturalisme s'arrête bel et bien au décor.

Ici, même les apothicaires promettent des médicaments *halal*, à l'image de la pharmacie Aïcha où, bien sûr, tout le personnel féminin est voilé. Il n'y a guère plus d'endroits pour se poser et boire une gueuze ; même obtenir un *expresso* relève de l'aventure dans ce quartier où les serveurs ne proposent plus que du café à la marocaine, aussi épais que de la glaise et allongé de lait.

Molenbeek est en réalité une ville salafiste de presque cent-mille habitants – peut-être la première du monde ? L'artère principale – la chaussée de Gand – n'est plus qu'une succession de boutiques maghrébines, plus ou moins originales, et les magasins de mode y proposent *niqabs* et *hijabs*. Au milieu, les classiques : agences Western Union d'où partent, via des prête-noms, des virements vers la Syrie, taxiphones proposant des abonnements téléphoniques à tarifs réduits vers le Moyen-Orient et l'Afrique du Nord, « moutonneries[1] », coiffeurs et boutiques coraniques. Le tout saupoudré de fameuses « associations sans but lucratif », invention d'un royaume non laïc pour les mosquées non reconnues par l'État, c'est-à-dire non subventionnées. Une trentaine se partage le marché de la radicalisation. Les mosquées officielles, elles, prêchent dans le désert, pour les rares personnes âgées qui les fréquentent encore.

Les librairies ne font pas dans la dentelle et proposent ce qu'il y a de pire en matière d'ouvrages appelant à la haine. On y trouve même, en très bonne place, *Le Protocole des sages de Sion*, entre un lot de poupées voilées et le dernier ours en peluche qui fait réciter aux gosses le Coran, « le préféré des enfants musulmans », dit l'emballage. Le vendeur lui-même se demande si tout cela n'est pas une innovation qu'aurait réprouvée le prophète :

« C'est vrai, dans l'islam, on n'a pas le droit de représenter les êtres vivants. Mais on sait s'adapter. *Mash'Allah* ! »

Du jouet *halal*, pour la bonne cause. Il faut bien cela pour distraire les enfants qui fréquenteront l'une des quatre mosquées officielles et la vingtaine d'autres organisées en « association sans but lucratif »...

1 Le nom belge des boucheries *halal*.

Quant aux salles de prières, qui sait où elles se trouvent vraiment ? Dans des appartements, des cafés privatisés ou tel vestiaire d'un club de sport ; du moment qu'il y a assez de tapis et un imam autoproclamé, tout est bon pour prêcher.

Petite visite au sein de la mosquée Luqman que fréquentait Ayoub El Khazzani, l'assaillant du Thalys, stoppé dans sa tentative de massacre par trois Américains. Un panneau bourré de fautes d'orthographe demande aux fidèles de ne pas filmer les prêches ! On ne peut être plus clair. L'imam me reçoit, ravi de parler de la star terroriste de sa salle de prière exiguë et crasseuse.

« Ah ! Ayoub ? Un bon fidèle ! Un bon gars ! On a été étonné qu'il parte dans le Thalys, me raconte, mort de rire, l'imam, d'origine burundaise. Y en a qui sont faits pour l'islam, d'autres non ! Allez, vous voulez vous convertir ? Venez, ça dure pas longtemps, chez nous ! Trois minutes et vous irez au paradis ! Ah, ah, ah ! »

Sympathique bonhomme qui ne craint pas de dire tout le bien qu'il pense de Jean-Louis Denis, plus connu sous le pseudonyme de « Jean-Louis Le Soumis », fondateur des Restos du Tawhid, pseudo-organisation caritative qui, sous couvert de venir en aide aux plus nécessiteux de la communauté musulmane en distribuant des repas, recrutait à tour de bras des radicaux.

« Il voulait la *charia*. Oh... Ah, ah, ah ! Un rigolo, ce type ! Mais gentil, oui, vraiment. »

Adepte du salafisme djihadiste, provocateur, et disposant d'une chaîne Youtube – qui cartonnait –, c'est lui, notamment qui arrosait de tracts les marchés pour expliquer aux adultes qu'il fallait « refuser la démocratie » et aux enfants que le Père Noël était une invention de Satan. Soupçonné d'avoir aidé au départ de plusieurs djihadistes, ce « rigolo » est actuellement en prison.

Molenbeek est un terroir du terrorisme en roue libre où le mythe du *vivre ensemble* s'est écroulé en même temps que le nom complet de cette commune de Bruxelles : Molenbeek-Saint-Jean. Comme si Saint-Jean n'avait plus rien à faire sur ce territoire conquis, sans usage de la force, par l'islam. D'Abdessatar Dahmane, l'assassin du commandant Massoud, à Hassan El Haski, commanditaire des attentats de Madrid, en passant par Abdelhamid Abaaoud, cerveau du carnage du 13 novembre, presque tout ce que l'Europe a compté de terroristes musulmans est passé par cette ville.

Plus qu'un quartier général, Molenbeek est la planque idéale. Les voyous s'y fondent parmi les voyous. Les islamistes, parmi les islamistes. Et les deux groupes marchent main dans la main. En face de la mosquée Al Nasr, les délinquants guettent l'arrivée de la police.

Les tags sont éloquents : « Mort aux balances », « Nique la justice, seul Allah peut me juger ».

La *charia* y a *de facto* déjà remplacé la loi fédérale belge. L'envie de ressembler au prophète est si forte qu'elle agace jusqu'aux salons de coiffure.

« De plus en plus de jeunes demandent un lissage brésilien. Ils disent que c'est comme ça que Mohamed était coiffé ! » se lamente un barbier du centre de Molenbeek.

L'annexion de ces quartiers par l'islam extrémiste fut l'œuvre conjointe des radicaux et des politiques.

Chez les islamistes, on trouve la célèbre association *Sharia4Belgium*, groupuscule de fanatiques créé en mars 2010 et dissous en octobre 2012, dont le fondateur Fouad Belkacem, ex-braqueur, s'était illustré pour avoir « défendu » une convertie qui avait refusé d'ôter son *niqab* lors d'un contrôle d'identité[1]. Celui qu'on appelait alors Abu Imran aimait convoquer la presse dans

1 Voir Règle IV.

un appartement de Molenbeek, faisant office de quartier général, afin de diffuser sa propagande et son appel à mener la guerre contre les mécréants.

Il aura fallu le massacre du Bataclan pour qu'enfin l'on s'intéressât sérieusement à cette commune bruxelloise. Sous le règne du maire socialiste Philippe Moureaux, de 1992 à 2012, Molenbeek s'est mué en succursale de la haine islamique. Celui que les habitants appellent encore « le roi du Maroc bis » a longtemps fermé les yeux sur le contenu des discours des associations islamistes, développant dans le même temps un véritable dispositif clientéliste au profit de la communauté musulmane.

Sa première spécialité : voir l'islamophobie partout. Lorsque la RTBF s'était intéressée au fait que la loi sur la *burqa* n'était pas respectée à Molenbeek, Philippe Moureaux avait comparé le journaliste responsable du propos à Goebbels ! C'était trois ans avant les attentats de Paris. Tout allait bien dans le monde de Molenbeek : on pouvait y haïr l'Europe, vendre des kalachnikovs sous le manteau et se promener comme à Raqqa derrière des voiles intégraux. Le bourgmestre ne trouvait rien à redire et épousait une Marocaine de trente-cinq ans sa cadette, tout en embrassant l'islam pour qui il avait tant œuvré. La paix sociale en son royaume, la guerre pour les autres ; c'était là le prix de sa popularité.

Sa seconde spécialité : favoriser le regroupement familial, quitte à fermer les yeux sur les nombreux mariages blancs avec des clandestins. Celui qui, cyniquement, clamait en 1993 : « Je le dis clairement et durement : nous sommes totalement incapables d'intégrer de nouvelles vagues d'immigration ! » a vu en quinze ans la population de sa commune augmenter de plus de 30 % !

Hélas, Molenbeek est à l'avant-garde de ce que l'Europe multiculturelle tend à devenir. Il serait faux de croire que l'exemple de cette commune belge est unique sous prétexte qu'il ne serait qu'un cas d'école.

Vilvorde, à quinze kilomètres de Bruxelles, a vu une trentaine de ses jeunes rejoindre la Syrie. Cette ville, l'un des anciens bastions de Renault, ne s'est jamais vraiment relevée de la chute de ses industries. Trois communautés coexistent : les Flamands, les Wallons et les Maghrébins, la plupart d'origine marocaine.

Sur les quarante-six prévenus du procès *Sharia4Belgium*, jugés pour appartenance à un groupe terroriste, sept étaient originaires de Vilvorde, ville bouffée par l'islamisme au moins autant sinon davantage que l'est de Lunel en France.

L'imposante mosquée Annasr, bâtiment sans charme planté au milieu de la cité ouvrière, est fréquentée par des milliers de musulmans. Son président, Mimoun Aquichouch, petit bonhomme affable, à la fine barbe blanche, est considéré comme un modéré, un partisan du dialogue interreligieux. Bref, une sorte de croyant modèle très fréquentable pour les médias et les politiques.

Il me reçoit dans son bureau en foutoir ce jour-là, après al-Asr, la prière de l'après-midi, et se veut rassurant et plein de leçons de morale à me prodiguer, d'autant que je reviens d'une friterie dont les propriétaires m'ont décrit le lieu comme une sorte de succursale de Kaboul.

La conversation est hallucinante. Mélange d'incontinence verbale, de confidences et d'antisémitisme parfaitement assumé.

La voici retranscrite :

« J'ai accepté de parler aux journalistes belges. Pas de problèmes avec eux. Mais pas avec les journalistes français. Vous êtes le premier avec qui je discute depuis les attentats de Paris. Vous ne m'avez pas laissé le choix, vous étiez déjà dans la mosquée. Les reporters veulent faire le *show*. En alimentant le côté négatif. Mais au fond d'eux-mêmes, ils savent qu'ils mentent. Bon, je vais vous raconter. Ça a commencé, ici à Vilvorde, avec des voyous. Au début, ils étaient une poignée, dans le parc [*il désigne de la main le parc à côté*], à aller voir les délinquants pour prêcher le *djihad*. Le tout autour d'un joint. Bon, c'est mal tombé la guerre en Syrie. Le radicalisme a toujours existé. Et ça existera toujours. Sauf qu'avec la Syrie, c'est devenu apparent. Les radicaux sont les seuls à être allés parler aux jeunes. En Syrie, ils sont toujours en contact avec leurs copains ici, grâce à Twitter et Facebook [*il prononce ces mots avec un accent américain*]. Ils ne leur parlent que du côté positif : les gros 4x4, le mariage avec plusieurs femmes et la viande qu'ils mangent.

– Et vous, ils vous ont approché pour vous demander votre avis ? – On me dit : « Je suis pas du genre à partir » puis après une semaine vous apprenez qu'il est parti... C'est de la faute d'Internet !

– Je sais comment déradicaliser les gens. Mais les journalistes ne veulent pas me croire. Ils ne le disent pas directement. C'est pour ça que je les refuse. Mais bon, je vous le dis : tous ceux qui commettent des attentats, ce sont des voyous !

– Et celui de Grenoble, qui a décapité son patron, et qui n'avait jamais eu de problème avec la justice ?

– Oh, lui, c'est pas pareil, c'était par vengeance. Il a voulu donner un sens pour ne pas paraître être un assassin et pour se faire passer pour un martyr... Pour voler le mot. »

Il poursuit en se mélangeant les pinceaux, en essayant de m'expliquer le *djihad*, sous la forme d'un blabla à peine intelligible :

« Un *djihad*, ce n'est pas de la vengeance. C'est la réponse à une invasion. Mais vous ne pouvez pas attaquer sans être attaqué. Si la Belgique est envahie, il y aura des musulmans pour se défendre. Et on les appellera par les meilleurs noms... Mais bon, ceux qui sont partis ne connaissent rien de la religion, ni les prières ni les ablutions. »

Je pense alors : « Et tous ces départs, en fait, c'est un moindre mal ! »

Il continue :

« Quand les parents sont allés alerter la police, la police n'a rien fait. C'était pas interdit d'aller en Turquie. Et puis, les gens étaient contents, il y avait moins de crapules dans les rues. Et c'est vrai ! Avec les départs en Syrie, la délinquance a baissé de 50 % à Vilvorde.

– Tiens, c'est un argument que j'ai déjà entendu à Lunel... Or il y a des gens très bien qui sont partis faire le *djihad*.

– Ah oui mais Internet, c'est pour tout le monde... »

Et l'imam de faire l'éloge des renseignements belges, alors en pleine polémique molenbeekoise :

« La Belgique a très bien réagi. La Sécurité de l'État a peut-être foiré sur Paris mais elle a très bien travaillé. La preuve, il n'y a eu aucun attentat en Belgique. Le résultat est là. »

Il dérape enfin, sans complexe, dans l'antisémitisme :

« Ce que je vois à la télévision française... Bon, on l'invite souvent... Ah comment il s'appelle ? Ah oui, Éric Zemmour... Un type comme ça... qui sort juste de la guerre avec Hitler *[sic]* comment peut-il parler comme ça et répandre la haine ? Alors, comment expliquer que des gens puissent profiter de la situation pour allumer la guerre ? »

Puis il se lâche carrément :

« Bon, t'as réussi comme juif à mettre les Français contre les musulmans...

– Vous pensez que c'est parce qu'il est juif ? l'interromps-je.

– Je ne vois pas d'autres raisons. Et pourquoi c'est toujours les Juifs qui alimentent la haine ? Derrière chaque personne en France qui est contre les musulmans, il y a un juif. Y en a un autre aussi. Avec des cheveux bizarres... Un avocat...

– Me Lévy ? essaye-je de lui souffler.

– Oui, je pense... Un mec très nerveux. Mais bon, y a les Juifs et les sionistes qui tuent, comme les radicaux, des gens pour rien. Nous, on a plein de Juifs au Maroc et ça se passe très bien.

– Ah, il y a eu une époque où il y avait beaucoup de Juifs... Maintenant, c'est fini.

– Si, si, il y en a énormément. »

Ils ne sont plus que six-mille contre deux-cent-cinquante-mille à la fin de la Seconde Guerre mondiale.

« Vous savez si dans chaque mosquée, il y a autant de gens qui partent, c'est qu'il doit y avoir un problème. Je l'ai dit en 2012 : je suis responsable aussi ! »

Sans doute est-il une partie du problème, en effet. Mais c'est vrai, m'avait-il dit en début d'interview, « les journalistes sont là pour le show ».

Bilan : chouettes, les modérés à Vilvorde ! Très rassurants pour l'avenir.

J'entends un bruit. Quelqu'un renifle. *Snif, snif...* Et une sentence :

« Elle, elle ne rentre pas, elle. »

J'étais allé à la mosquée de Lunel, accompagné d'une stagiaire d'école de journalisme, à qui j'avais pourtant dûment demandé de se voiler.

« Pourquoi elle ne rentre pas ?

– Parce qu'elle est impure... »

Je me retourne vers mon étudiante :

« Vous avez vos règles en ce moment ?

– Oui, monsieur, comment vous le savez ? »

Les radicaux de Lunel on apparemment un sixième sens ou un odorat inouï : ils reniflent l'odeur des menstrues. L'odeur de l'impureté. Dehors, jeune fille !

Restée à l'écart, au milieu des barbus, elle m'envoie un SMS : « Sos, monsieur ! »

En France, Lunel tient la dragée haute. Cette petite ville camarguaise, de vingt-cinq-mille âmes, située dans l'Hérault, entre

Montpellier et Nîmes, peut s'enorgueillir d'avoir vu partir vingt-cinq de ses jeunes pour la Syrie et l'Irak. Un habitant sur mille ! Un record qui a valu à la capitale du muscat et des courses de vachette les honneurs de la presse mondiale. En l'espace de vingt ans seulement, tous les ingrédients nécessaires à la fabrication de djihadistes ont été réunis.

Une politique de mixité sociale catastrophique a islamisé le centre-ville. En choisissant d'imposer 25 % de logements à loyer modéré dans le cœur de Lunel, le maire socialiste de l'époque, Claude Barral, a fait fuir ceux qui en avaient les moyens hors de la ville. Le dernier boucher « traditionnel » du centre se souvient du changement.

« On a commencé à voir arriver des hommes, puis des femmes voilées et enfin des familles entières. »

Avec, comme à Molenbeek, la volonté non dissimulée d'imposer la *charia*, petit bout par petit bout. Ainsi, à la demande du maire, le boucher a dû renoncer à sa devanture « car les cochons représentés sur ma vitrine choquaient certaines familles musulmanes », se souvient-il. Les magasins islamiques ont fini par remplacer les petites épiceries. Les appartements, qui abritaient auparavant une bourgeoisie vigneronne, ont fini par être vendus à la découpe à des marchands de sommeil sans scrupule, qui les ont transformés en taudis.

Pour épater la galerie et par volonté de démonstration de force, les *tablighs* – un courant islamique proche du salafisme – ont fini par prier dans la rue, séduisant ainsi les délinquants du quartier, qui y voyaient un énième bras d'honneur à cette France qui leur avait pourtant construit une MJC, un stade et des établissements scolaires parmi les mieux équipés de France.

Une mosquée flambant neuve a fini par sortir de terre dans le bien nommé quartier du Levant – l'autre nom du Proche-Orient –, avec sa *madrasa*, la plus grande du sud de la France, et ses fous d'Allah, venant assister, par grappes entières, à des prêches sans autocensure selon lesquels l'Occident est coupable de détester les musulmans, les chiites sont des « porcs » et les Juifs « coupables de massacrer les frères palestiniens ».

Le succès auprès des jeunes de cette unique mosquée – on est pourtant loin des dizaines que compte Molenbeek – a été fulgurant. On venait de loin écouter les recommandations du président de l'association gérant ce lieu de culte, un fantaisiste, d'origine marocaine, assurant lui-même la scolarité de ses filles, toutes voilées.

Officiellement, Lahoucine Gourmi a toujours refusé de condamner ceux qui partaient faire le *djihad*. Pire, il leur expliquait qu'il s'agissait d'opérations humanitaires, d'obligations à remplir pour venir en aide à l'*oumma*.

Petit à petit, Lunel commençait à attirer au-delà des seules limites de son territoire. Les convertis venaient de Nîmes et de Montpellier, les deux grandes villes des alentours, écouter la voix du « véritable » islam.

Les caïds de la ville, longtemps connus pour des faits de délinquance, se faisaient tout à coup discrets. On n'entendait guère plus parler de trafic de drogue. Les jeunes ne crachaient plus dans le TER. Ils étaient polis, discrets. On les préférait habillés à l'afghane plutôt qu'en survêtement Adidas à vendre du *shit*.

Le petit peuple approuvait : le trafic de drogue semblait avoir disparu. Et les barbus disaient bonjour.

Dans ce Raqqa au parfum d'anisette, la ville s'adaptait à son inexorable métamorphose. La MJC renonçait à dispenser des cours d'arabe, prodigués jusqu'ici par un laïc ; un religieux de la mosquée s'en chargerait. Le marché qui se tient à l'ombre des arènes comptait désormais des stands islamiques : ici, de la littérature salafiste, là, des stands de *hijabs*.

La barbe se portait sans la moustache, le pantalon était relevé jusqu'à hauteur des chevilles : le camouflage salafiste avait la cote, y compris auprès des filles qui, elles aussi, suivaient la mode en se convertissant à leur tour. Le héros à scooter d'antan était déjà *sexy* ; celui en *kamis*, le devint davantage. Cela valait le coup de renoncer à la jupe et de ne plus se faire belle pour espérer séduire le caïd de la cité.

Vingt ans pour que Lunel devienne la poubelle de l'islamisme d'une région, c'est indéniable, en panne d'industries et donc d'emplois. Vingt ans de mensonges autour du mythe du *vivre ensemble* appliqué à l'échelle d'une petite ville de l'hyper-province.

Dans certains secteurs lunellois, le changement s'est fait en douceur. L'un des recruteurs pour le *djihad*, un certain Karim le Chinois, appelé ainsi en raison de ses yeux bridés, avait racheté un pub, Le Bahut, situé au carrefour de la Caisse d'allocations familiales, d'un lycée et de Pôle emploi. Il en avait fait un pub irlandais... *halal* ! Concept original consistant à reproduire les tireuses à bières par des *chichas*. Dans la remise, les candidats djihadistes s'informaient auprès de lui sur la meilleure façon de se rendre en Syrie, avec, selon certaines personnes parties grâce à son entremise, des conversations parfois grotesques, du genre de celle-ci :

« Bon, tu préfères pégasus pour aller à Istanbul ou Turkish Airlines ? Attention sur Pegasus, tu n'as pas le repas. Un départ depuis Barcelone ou Marseille ? »

Plus belle la vie, version barbue !

Quand la révélation du départ des jeunes djihadistes a eu lieu, la municipalité s'est une nouvelle fois réfugiée dans le déni. D'abord, en doutant de la réalité des départs.

« Vous avez des chiffres, vous ? » m'avait ainsi rétorqué le maire Claude Arnaud, expert-comptable de profession, il est vrai, avant de me chasser de l'hôtel de ville, se donnant des airs de Larry Vaughn, le maire d'Amity dans *Les dents de la mer* : pas question de gâcher la saison touristique.

Puis, il s'en est pris non pas à l'imam ou au responsable de la mosquée, mais aux journalistes « qui disent du mal de sa ville », dans un superbe exercice littéraire évitant toute forme d'autocritique, une lettre à ses administrés, déclarant notamment :

« Notre ville a fait l'objet d'une médiatisation outrancière et stigmatisante qui a mis à mal son image. Lunel ne méritait pas un tel traitement disproportionné et subjectif [...] Lunel ne se réduit pas à quelques djihadistes. Lunel, c'est près de deux-mille ans d'histoire, c'est un tissu associatif riche et varié, c'est une jeunesse qui s'épanouit. »

Des rédactions de New York à celles de Tokyo, les reporters du monde entier s'étaient donc fait un malin plaisir à stigmatiser sa ville. Les journalistes n'étaient plus de simples islamophobes suppôts de Goebbels, comme à Molenbeek ; ils étaient tout simplement devenus lunellophobes.

En parlant de stigmates, l'édile, lui, occultait les plus visibles de sa ville comme ces tags à la gloire des djihadistes morts en Syrie. Le libraire islamique du marché de Lunel était prié de cesser de vendre ses recueils de jurisprudence coranique. On promettait un nettoyage du centre-ville et on signait des chèques pour les clubs de foot locaux, histoire de vouloir croire encore que cette jeunesse en *kamis* réfléchirait à deux fois avant d'aller se faire exploser à Ramadi ou à Paris si on lui donnait un ballon et des maillots. Cazeneuve lui-même s'était déplacé pour faire virer le président de la mosquée et le remplacer par un autre qui, bien qu'étant déjà très peu compatible avec les valeurs de la République, devait démissionner quelques mois plus tard, attaqué par des radicaux qui trouvaient que non, vraiment, il n'avait rien compris à la *sunna*.

« De quoi il se mêle, le ministre ? » entendait-on à la sortie de la prière du vendredi.

N'avait-il pas compris que l'État n'avait pas à se mêler des affaires lunelloises ?

N'avait-il pas compris que nous n'étions déjà plus en France dans les secteurs les plus islamisés ?

Je me souviens d'un chauffeur de taxi de Tel Aviv, francophone, qui s'était énervé quand je lui avais parlé de Gaza. Avec un accent israélien à couper au couteau, il hurlait, accroché à son volant, en faisant semblant d'être sur le périphérique parisien, et pointait du doigt par sa fenêtre comme s'il remontait l'A1 en direction de Roissy :

« La Courneuve ? Votre Gaza ! Saint-Denis ? Votre Gaza ! Un jour, ils vous enverront des roquettes depuis leur quartier ! Vous verrez ! »

C'était pendant l'opération Plomb durci de l'hiver 2008-2009. J'étais avec un fonctionnaire gauchiste du Centre national de la cinématographie, passablement agacé – malgré tout le *shit* qu'il avait fumé – qu'on puisse comparer la Seine-Saint-Denis à la Bande de Gaza.

Roubaix, c'est déjà un peu Gaza. Ne manque plus qu'une police des mœurs. Et encore... Elle officie déjà discrètement. La ville aux six mosquées, la plus musulmane de France, vit à l'heure des appels à la prière, des horaires des écoles coraniques et des départs pour le *djihad*.

Les Ch'tis d'Allah – ainsi qu'ils sont appelés localement – ont investi cette ville, ancien fleuron de l'industrie textile française. Comme à Lunel et Molenbeek, c'est le centre-ville qui s'est islamisé, davantage encore que sa périphérie. C'est au centre-ville que s'était installé le Gang de Roubaix, ancêtre du début des années 2000 des filières islamistes de Daesh en France. Enraciné dans les cœurs de ville, l'islam a modifié pour longtemps le paysage urbain.

Les journalistes, de gauche comme de droite – il en existe encore –, leur rendent visite comme s'ils étaient le laboratoire de la France d'après. De cette France qui substitue, peu à peu, sa population à une autre. La gauche appelle cela la diversité. La droite, le « grand remplacement », thèse chère à l'écrivain Renaud Camus.

Il ne s'agit plus de France ghettoïsée. Il s'agit de France parallèle. Hors de contrôle. Une colonisation qui proteste contre la colonisation.

À Roubaix, beaucoup de murs, dans le centre-ville, sont tagués en l'honneur de la Palestine. Rue Richard Lenoir, à quelques pas de la plus grande école coranique, un message donne raison à mon chauffeur de taxi israélien :

« Ici, terre de Palestine ! »

Cette appropriation des centres-villes ne va pas sans celle des souffrances, réelles ou supposées, de frères lointains qu'on imagine vivre dans des ghettos. Déjà à Lunel, les plus « modérés » des musulmans rencontrés à la mosquée voyaient des Juifs partout.

« Ça vous arrange bien toutes ces histoires, pendant ce temps on ne parle pas des Palestiniens… »

La camionnette de BFMTV s'est fait caillasser par quelques fidèles, et ses journalistes traiter de « sionistes » – sur place, il s'agit d'une insulte au même titre que « chiite » ou « mécréant ». Le photographe de l'AFP a préféré prendre une photo au loin d'un groupe HLM.

« C'était chaud, vraiment, les jeunes étaient sous tension. »

Touche pas aux héros ! Pascal Guyot a pourtant été photographe à Gaza. Lui, au moins, connaît la réalité de ce territoire, dont la population, décrite par les antisionistes comme habitant un ghetto est pourtant classée huitième mondiale pour le taux d'obésité[1], preuve de l'immense souffrance des musulmans, sans doute gavés de force, telles des oies avant Noël, par les sionistes.

Les affiches de Clémentine Autain, tête de liste du Parti de gauche aux régionales, en 2015, dans le 93, précisaient :

« Pour un État palestinien ! »

Comme si cela relevait du conseil régional. Mais en terre d'islam, on adapte ses slogans au corps électoral dominant !

À la grande mosquée Abou Bakr de Roubaix, fief salafiste, dans la bien nommée rue de Babylone, un responsable m'explique sans rire que l'islam n'a rien contre les Français, car l'islam n'a pour ennemi que les Juifs. Je lui fais répéter.

« Oui, les Juifs ! Enfin… Religieusement ! »

Il a la barbe ébouriffée, aussi longue que deux mains et teinte au henné. Ayant la barbe rousse, je m'essaie à une blague avec lui :

« Moi, au moins, je ne triche pas. Chez moi, c'est naturel…

– Je ne fais qu'appliquer une *sunna* du prophète. Je me teins la barbe pour me différencier des Juifs. Pour pas qu'y ait un amalgame. »

Un autre fidèle m'interrompt :

« On a pour ordre de ne pas parler aux journalistes. Ils coupent, ils cherchent que les choses « bien » pour eux. »

Ça a le mérite d'être clair.

Comment faire passer un message de paix à ses ouailles, si vous les élevez dans la haine du youpin ? On croit rêver. Mais c'est, après tout, le message que l'on entend dans les mosquées du Moyen-Orient.

Quotidiennement.

1 *The State of Nutrition: West Bank and Gaza Strip*. Organisation mondiale de la Santé.
Parmi les nombreuses expressions entendues dans la communauté musulmane, il y a celle-ci : « Gaza est un ghetto à ciel ouvert ! » Comme si Varsovie ou Cracovie n'étaient pas eux aussi des ghettos à ciel ouvert. Un Arabe m'a expliqué le pléonasme : « Ça veut dire qu'au moins, il y fait beau. »

Pourquoi serait-ce différent en territoire annexé ?

La mosquée Abou Bakr, dont la première pierre fut posée par l'ex-maire René Vandierendonck – un coup centriste, un coup socialiste – s'était fait connaître du grand public en invitant en août 2013 deux prédicateurs saoudiens, Salih Al-Souhaymi et Mohamed Ramzan Al-Hajir, interdits pourtant de territoire en France. Une mini-Mecque s'était installée dans le lieu de culte, avec dortoir pour les milliers de participants venus de France, de Belgique et des Pays-Bas.

Rien de bien grave n'avait été prononcé pendant trois jours, sauf, note *La Voix du Nord*, quelques mots sur les printemps arabes « présentés par l'un des deux prédicateurs comme une « manigance des ennemis de l'Islam », les manifestants et les laïcs étant décrits « des ennemis de la religion d'Allah » – « Un discours classique », avait noté la DCRI.

Le président de la mosquée, Farid Gacem, un quarantenaire fringant, finit par aller à ma rencontre. Pas très content. Nous discutons de conversions, très importantes dans la région. Il prétend qu'il y en a « une toutes les trois minutes en Europe ». Comment expliquer un tel succès ?

« Il y a deux publics. Celui qui regarde TF1 et qui y croit. Et ceux qui recherchent l'information sur l'islam. »

Puis il enchaîne :

« Dans les temps troubles que nous vivons, il faut apprendre la patience. Nous sommes sûrs de ce qu'on fait et de ce qu'on est. Un jour où l'autre, la roue, elle tournera. »

Que dire de la mosquée Daawa qui servit de base arrière au Gang de Roubaix au début des années 2000. Les gosses y vont en *jilbab*[1] car, m'explique un responsable pédagogique, « elles

1 Version allégée du *niqab*. Le visage n'étant pas dissimulé.

veulent faire comme maman ». Au programme de « cette mosquée pacifiée », cours d'arabe, de Coran et d'histoire du monde musulman. J'attends la sortie des élèves pour me faire une idée. Un père m'explique :

« Je n'y allais pas quand j'étais petit. J'ai hésité. Mais comme toutes ses copines y vont, je me suis dit, oh après tout... »

On aimerait le revoir le jour où les copines, ados, iront à Raqqa...

« Oh, après tout... »

Raccourci, je l'avoue bien volontiers. Mais ce schéma fait d'imitation, d'émulation islamiste, en plein cœur de villes désormais musulmanes, est inquiétant.

En me promenant à Saint-Denis, au centre-ville, à quelques pas de la basilique, une semaine après l'assaut donné rue du Corbillon dans la planque d'Abdelhamid Abaaoud, je constate que le marché de Noël ne s'appelle plus « marché de Noël » mais « foire des savoir-faire solidaires ».

Quelle aubaine, quand même cet islam, pour une mairie communiste, dont le modèle soviétique n'avait pas tout à fait réussi à faire disparaître les traditions chrétiennes !

La Seine-Saint-Denis est le premier département en nombre de départs en Syrie. Trois-cents terroristes, soit un cinquième des Français partis rejoindre l'État islamique. Tous les moyens de recruter sont bons. Un professeur d'histoire-géographie s'y est même mis auprès de ses élèves. Entre l'impossibilité d'enseigner la Shoah à des lycéens qui se gavent, entre deux prêches wahhabites sur Youtube, des spectacles de Dieudonné et de la pensée néo-nazie de Soral, le terrain était fertile.

Il n'y a plus qu'à ramasser.

Quelle surprise de retrouver les assaillants du Bataclan sur un axe Molenbeek–Roubaix–Saint-Denis ! Cet axe, c'est leur État islamique à eux. Ils y font la loi, ont leurs planques attitrées, dans des villes où on ne se balance pas entre frères, et où le mécréant blanc est repérable à des centaines de mètres à la ronde.

Est-ce un hasard si les djihadistes rejoignent des zones où la police ne s'aventure plus, où le moindre contrôle d'identité peut virer à l'émeute ethnique, où le moindre imam soupçonné d'extrémisme voue aux flammes de l'islamophobie un préfet qui voudrait s'assurer que les lois de la République soient encore respectées ?

Parmi les agglomérations les plus touchées par la vague djihadiste, Lyon, qu'on imaginerait volontiers bourgeoise et paisible, fait très fort. Plus de cent lyonnais sont partis rejoindre l'État islamique. La ville s'enorgueillit d'être celle qui compte le plus de mosquées d'obédience salafiste en France – une vingtaine. La capitale des Gaules est rongée de l'intérieur par l'ethnicisation de sa rive gauche.

Pour avoir un aperçu de Molenbeek, un petit tour s'impose du côté de La Guillotière, quartier à cheval entre les IIIe et VIIe arrondissements à quelques pas des berges du Rhône. La rue Paul Bert est d'évidence la plus commerçante. Comme à chaque fois, on retrouve les taxiphones, les comptoirs de Western Union, etc. Une galerie commerçante, le Dubaï center, vend parfums à l'huile, eau de Zamzam[1], évidemment, et propose un choix hallucinant de livres islamiques. Qaradawi, l'imam des Frères musulmans, interdit de territoire en France et en Égypte, son propre pays, est en bonne place. Des ouvrages expliquant comment bien mettre son voile, comment éviter de regarder une femme, ou, plus simplement, comment vivre chez les mécréants, sont proposés à la vente. La commerçante s'interroge :

« Mais qu'est-ce que vous voulez faire avec tout ça ? »

– Je m'intéresse à l'islam, lui dis-je.

1 Source mecquoise réputée miraculeuse.

– Ah. D'accord. Parce qu'avec les attentats, tout ça, faudrait pas qu'on ait une perquisition ! »

La perquisition, c'est la même crainte que l'imam d'une des mosquées salafistes de la rue Sébastien Gryphe. Une petite salle de prières dans le collimateur des autorités. Ce grand barbu se confie à moi, mécontent qu'on s'intéresse aux prêches de cet espace de garage coincé entre une boucherie *halal* et un bar de quartier :

« Si ça continue, on fera tous la *hijra*. On nous interdit le voile, on nous interdit de prier ! Y en a marre. On va aller vivre notre islam en terre d'islam ! »

Et de promettre dans la foulée un procès à tous ceux qui diront du mal de sa mosquée – pour quelqu'un qui n'accepte que la loi d'Allah, ça ne manque pas de sel ; toujours ce même registre de la persécution. Les services de l'État ont pourtant été très coulants quand des élus se sont plaints, en 2015, de la tenue de prières de rue dans la Guillotière. Le maire du IIIe arrondissement, lui-même, minimisait :

« Même si ces événements sont peu fréquents, ils doivent se régler dans le calme et la sérénité », disait Thierry Philip.

« En 2012, Kamel Kabtane, recteur de la grande mosquée de Lyon, et moi sommes allés voir les pratiquants afin de discuter. On a sorti le carton rouge et cela ne s'est plus reproduit. Nous allons à nouveau sortir le carton rouge[1]... »

Un carton rouge suivi d'un autre rouge : il n'y a que des arbitres soumis à des règles exorbitantes de droit commun qui peuvent se permettre cela. Traduire « carton rouge » par « rappel à la loi ».

Exemple :

« Cher Monsieur, ici, en terre de mécréance, on ne peut prier dans la rue... »

Et le recteur Kabtane de conclure :

« Il serait bien qu'il y ait plus de tolérance en France. »

1 *20 Minutes*, le 21 avril 2015.

C'est déjà bien que les *kouffar* aient le droit de se promener à La Guillotière, en terre salafiste. Si en plus, ils commencent à la ramener, où va-t-on ?

On voudrait se pincer. Se dire que la République n'a pas totalement démissionné dans ces territoires.

Je vais à Toulouse dans le quartier de La Reynerie. La police me prévient :

« C'est ce qui se fait de pire au Mirail. »

Je ne suis pas déçu de ma visite. À peine garé au pied d'une des immenses tours du quartier, je vois débarquer deux femmes en *burqa*. Je n'en avais même pas vu à Molenbeek ! Un jeune se pointe, inquiet :

« *Wesh*, qu'est-ce que tu fous, ici ? »

Je lui réponds :

« Je me promène. Je vais boire un café. »

J'ai envie de connaître ce quartier qui a vu partir une vingtaine de ses jeunes pour le *djihad*. Sans l'entremise d'Internet. Ici, c'est dans un parc que les barbus venaient prêcher la guerre sainte. Fabien Clain, le recruteur d'origine réunionnaise, lié à l'Émir blanc, y venait faire son footing et donner des cours d'autodéfense. L'islam est du genre clandestin. Au lendemain des attaques du Bataclan, un journaliste d'iTélé me dit :

« Il n'y a qu'à se pointer à La Reynerie... On est sûr de voir des perquisitions ! »

Bingo ! À la différence de Bruxelles ou de Lyon, l'islamisation de Toulouse est plus diffuse. Moins cantonnée à un seul quartier. Le Mirail y est représenté en force dans les rangs de l'État islamique. C'est là que se trouve l'université du même nom[1], connue pour ses nombreuses manifestations de la gauche radicale et

1 Rebaptisée Jean Jaurès.

pro-palestinienne. Mathieu Guidère qui y enseigne l'islamologie n'y voit pas un hasard :

« C'est un lieu où le terreau révolutionnaire de gauche est important, où des jeunes étudiants expliquent à longueur de journée qu'il faut se révolter contre l'État. Mettez ça à côté d'islamistes et ça fait un cocktail détonnant. On est passé de l'anarchiste tendance Fraction armée rouge à l'État islamique en quelques années, au Mirail. L'islamisation de l'université y est pour quelque chose. »

Nombreux seraient d'ailleurs les convertis à se fournir en idées anar' dans cette université jouxtant l'un des quartiers les plus dangereux de France. Le Mirail, c'est un tissu de mosquées chocs, plus ou moins officielles, où l'étranger et le journaliste ne sont pas les bienvenus, où le look à adopter est celui du salafiste, où le vendeur de pneus à la sauvette croise l'imam autoproclamé qui, lui-même, suit un cursus à la fac, etc. Une vaste pétaudière.

Plus au nord, on trouve le quartier des Izards d'où est originaire Mohamed Merah, le héros local. La mosquée a, elle aussi, comme à La Guillotière ou à Lunel, joué des muscles. En improvisant des prières de rue. Aujourd'hui, elle est gardée, souvent le soir, par deux petits voyous, assis sur leur chaise en plastique, et se donnant des airs de douaniers de l'État islamique. Officiellement, il s'agit d'orienter les fidèles, éventuellement de les aider à trouver une place de parking. Officieusement, ils servent de traditionnels « chouffeurs », à repérer, m'explique un jeune fidèle, « les emmerdeurs, comme les journalistes ». Dehors les médias, dehors les flics et leur République !

Il faut dire que ces mêmes flics ont eu, il y a quelques années, maille à se défaire d'une mosquée clandestine au centre-ville. En 2013, un policier a osé s'approcher de l'association culturelle des musulmans du quartier Arnaud-Bernard[1]. Un fidèle est parti voir le fonctionnaire pour l'insulter :

« Tu touches pas à ma mosquée[2] ! »

Les voisins se plaignaient du bruit. Le président de l'association, Afsaruddin Bepari, dénonçant la « pression des riverains », en venait à la conclusion suivante :

« Nous voulons vivre en paix. Une religion fait-elle plus de bruit qu'un bar ? »

Sacrés *kouffar* qui osent se plaindre qu'une quarantaine de personnes puissent prier à quatre heures du matin.

« La prière, c'est le premier pilier de la religion », justifiait le président. Une obligation à laquelle devaient naturellement se soumettre les riverains. La mosquée, elle, est toujours ouverte. Merde aux balances, comme à Molenbeek !

La raqqaïsation des grands ensembles urbains n'échappe pas à l'ensemble des villes de France. On a beaucoup rigolé quand un journaliste de Fox News a osé, après les attentats contre *Charlie Hebdo*, présenter une carte des *no go zones* de la région parisienne. Cela a beaucoup fait rire les journalistes du *Petit Journal*, sortes de gardes rouges du *vivre ensemble* et de la paix sociale.

La réalité, c'est que ces *no go zones* existent[3].

À Nice, les quartiers de l'Ariane et des Moulins, pourtant plutôt joliment retapés et ne manquant pas de soleil présentent toutes les caractéristiques des Molenbeek français. Une population complètement en roue libre, des prêcheurs de quartier, des « chouffeurs[4] » aux avant-postes de ces frontières physiques entre

1 Quartier également réputé pour le trafic de *shit* et de cocaïne.

2 *Dépêche du Midi*, 19 juillet 2013.

3 Identifiées par Fox News en janvier 2015, certaines de ces *no go zones* sont celles où ont eu lieu les attentats de novembre 2015 (ou comment une idiotie se révèle prémonitoire).

4 Guetteurs.

islam et mécréance… Les femmes s'y promènent en *niqab* entre deux récitations du Coran. Les hommes fréquentent un bar à côté de la mosquée Al Fourkane, d'apparence banale. Un kebab comme il en existe des milliers d'autres. Sauf que celui-ci est plutôt salade-tomate-oignons-Coran.

Le jour où j'y suis passé, j'ai eu la chance d'assister à une scène surréaliste en arrière-salle. Une trentaine de jeunes regardant sur un grand écran un match de Fifa 2016, tournoi de foot sur PS4, fumant la *chicha* et devisant de religion.

Ce jour-là, le thème était la circoncision. Entre deux bouffées de narguilé, un jeune homme se demande si le prophète, « *sala Allah alayhi wa salam*[1] », exigeait une circoncision à l'âge de cinq ans ou de huit ans. Et chacun de ces bonshommes de se partager le souvenir de leur circoncision.

Touchant.

En plein jour de semaine, par un paisible après-midi, voilà résumée la force de l'imprégnation islamique. Une PS4, une *chicha*, un débat et pas de femmes. Le genre de scène qu'on croirait réservée au Caire.

Pas étonnant qu'Omar Diaby, Sénégalais plus connu par son alias d'Omar Omsen, ait développé dans ce quartier l'un des plus importants réseaux de recrutement de djihadistes français. Ancien voyou reconverti à la propagande islamique pour Al-Qaïda, il a recruté, au bas mot, une centaine de personnes – dont des familles entières ! – pour le *djihad*, sur place et via le Web, où il excellait dans ses vidéos de prêcheurs hallucinés, façon Robert Mitchum dans *La Nuit du chasseur*.

1 Formule eulogique qui signifie en arabe : « Que la paix et la bénédiction d'Allah soient sur lui. » Dans les quartiers, on ne parle pas toujours arabe mais, signe ostentatoire de piété, cette phrase est répétée chaque fois qu'est prononcé le nom du prophète.

Il n'y avait qu'à tendre le bras pour que ça morde. La DCRI louait « sa prestance », « son assurance », et même « son côté grand frère ». C'est oublier que son public était tout acquis à la cause islamiste plus qu'à ce personnage de BD, entre ninja pour manga et Robin des Bois du terrorisme. C'est en faire un génie de premier ordre par rapport à la masse de fondus du Coran prêts à mourir pour Allah, que ce soit sous la franchise Al-Qaïda ou État islamique. C'est mettre en avant le recruteur plutôt que les recrutés. Ce serait dire que c'est de la faute du guide du *Routard*, s'il y autant de touristes à Venise. La mort de Diaby, annoncée en août 2015, n'a d'ailleurs rien changé à la donne. Le gourou-gentil-organisateur n'était qu'une agence de voyage, une belle vitrine. Les candidats niçois à l'aventure daeshienne sont toujours aussi nombreux à vouloir se battre au Sham ! Et les perquisitions, nombreuses dans le quartier de l'Ariane, n'y ont rien fait.

À Avignon, dans le quartier Saint-Jean, un vendredi de grande prière, à 12 h 30, je me tiens au beau milieu d'un faubourg hérissé d'immeubles HLM tous plus sordides les uns que les autres, une sorte de casernement de l'islam intégriste, que *Paris Match*, dans un reportage ayant fait grand bruit en janvier 2016[1], décrit comme une cité salafiste, ce qui n'a guère ravi les habitants, inévitablement « stigmatisés ».

Je me dirige directement à la mosquée Ar-Rahma – la « miséricorde » –, clou du papier polémique, qui la décrivait comme une sorte de bastion de l'intégrisme. Des petites filles d'à peine cinq ans attendent leur père. Elles portent le *jilbab*. Seule différence avec le *niqab* : on voit encore le visage dépasser des longues tuniques. Devant les portes, des grappes de jeunes habillés à la mode salafiste : bas de survêtement qui laisse apparaître leurs chevilles, et *kamis* par-dessus. La barbe se porte longue devant ce

1 *Paris Match*, 27 janvier 2016.

lieu de culte, inauguré en 2015 et qui occupe l'ancien hypermarché Lidl. L'humour est optionnel. Rire semble toujours être une épreuve chez les intégristes.

« Alors, c'est ici la mosquée des méchants ?

– Je ne m'occupe pas de politique, allez voir à l'intérieur. Je n'ai rien à vous dire sur *Paris Match*, me dit un jeune qui préfère scruter ses pieds plutôt que de croiser mon regard. »

La mosquée occupe un lieu stratégique au milieu de ces tours garnies d'antennes satellite et au pied desquelles la jeunesse locale occupe ses journées à accélérer au point mort dans des voitures qui crachent du rap, devant des filles émerveillées par les canons de la virilité en vigueur dans les alentours.

Ce n'est pas Molenbeek. Molenbeek a un certain charme. Il y a de la vie, des commerces. Molenbeek a des airs de petite ville du Moyen-Orient. Ici, le quartier ressemble davantage à une sorte de croisement *sui generis* entre les barres de Stains et l'insouciance provençale de Lunel. Les convertis ont l'accent du Midi. Les salafistes prennent le soleil après la prière. Il fait beau. Mais la méfiance est toujours de mise :

« Vous êtes journaliste. Je vais faire une photocopie de votre carte de presse ?

– Même un ministre ne demanderait pas ça ! »

Je leur montre ma carte. Ils notent mon nom et commencent à le *googliser*. Je les interromps. C'est devenu une habitude : les extrémistes aiment se renseigner et vérifier si on est un journaliste du *vivre ensemble* ou un de ces salauds qui viennent leur chercher des poux dans la barbe.

Je m'essaye à la compassion :

« Vous pensez être victime du journaliste de *Paris Match* ?

– Je ne sais pas pourquoi ce Kabyle s'en est pris à nous. On est deux milliards de musulmans et il nous vise ? Il a voulu casser le *vivre ensemble* !

– Vous êtes moins que deux milliards.

– Je préfère ne pas parler...

– On a prévenu le maire, la préfecture. On a porté plainte ! Ce journaliste a sali notre honneur. Il nous a présentés comme si on était pires qu'à Raqqa. Comme si on était à Kaboul. On ne sait pas ce qu'il a contre notre président, un vieil homme qui parle à peine français et qui ne comprend rien, l'interrompt un autre barbu.

– Vous avez pris un avocat ?

– Oui, oui un avocat in-ter-na-tio-nal, me répond un homme d'une quarantaine d'années, passablement énervé.

– Mais quand même... ces petites filles qui sont habillées avec un *jilbab* devant la mosquée... Alors qu'elles sont loin d'être pubères...

– Et alors? Elles s'habillent bien. Comme les enfants de chrétiens qui se font beaux pour aller à la messe. »

– Et les jeunes habillés en salafistes ?

– On préfère dire « orthodoxes » pour reprendre un vocabulaire judéo-chrétien. »

Ce terme est à la mode depuis le 13 novembre. On efface tout avec un mot. Pour preuve de leur innocence, ils ont envoyé au préfet une vidéo d'un prêche de leur imam francophone – une rareté dans le coin – condamnant l'État islamique. Facile : il n'y en a que trois sur Youtube.

Oui, l'imam a bien condamné. Mais à sa sauce. C'est-à-dire sans oublier de citer le Grand Satan : « L'Amérique n'est pas terroriste ? Et ceux qui font de l'ingérence, en se mêlant des affaires des autres ? »

Un pas en avant et un pas en arrière :

« L'islam n'a rien à voir avec les terroristes. Les gens qui ont fait ça ont interprété de façon erronée les textes sacrés. Qu'on ne vienne pas dire n'importe quoi ! Les non-musulmans ne font que des interprétations. On va accuser l'islam. Il faut patienter. Ce sont des épreuves pour nous. »

Je sors et vais m'attabler au snack du quartier. Le propriétaire est en train d'engueuler l'un de ses jeunes employés :

« Non, tu ne leur prêtes pas de table ! La dernière fois, ils l'ont cassée. »

Des ados en réclament une, en face. Ils sont dans leurs voitures ou adossés au mur de leur immeuble. Molenbeek m'avait également présenté ce spectacle de l'ennui qui n'est interrompu que par les heures de prières, où se mêlent islamistes et petites frappes, plus ou moins lettrés, plus ou moins polis, enfumés de *shit* et de paroles saintes, et carburant au RedBull et au thé à la menthe.

En face, à la Reine-Jeanne, on n'apprécie pas non plus le papier de *Paris Match*. On me ressert ce que j'ai entendu peut-être cent fois à Lunel :

« Ça donne une mauvaise image de notre quartier. »

Comme si ces lieux rongés par le salafisme ne souffraient pas avant *Paris Match*, ces endroits où chaque mètre carré est grignoté par une belliqueuse et totalitaire doctrine théologico-politique, et où certains clients de la pharmacie s'assurent que les gélules ne contiennent pas de porc.

Je vais boire le café dans une pizzeria où le four, abandonné dans un fatras de cartons, de poubelles et de prospectus n'a pas dû voir de pâte lever depuis la proclamation du dernier Califat. À la Tour de pizz', des jeunes se détendent en fumant des pétards et en regardant une rediffusion d'un match OM-Montpellier. Le patron fume aussi un joint en me faisant un café et en me surveillant du coin de l'œil. On se méfie des gens qu'on ne connaît pas. Une heure avant, un salafiste avait noté la plaque minéralogique de mon véhicule. Il ne s'était pas caché. Façon de dire : « Attention, on sait qui tu es. »

À la pharmacie, une employée, belle trentenaire d'origine algérienne, habillée à l'occidentale, m'assure que personne n'a jamais demandé d'éteindre la croix de la devanture pour des raisons religieuses. Depuis une inondation, elle fait sauter les plombs.

« Le quartier est tranquille, on ne nous a jamais cassé la vitrine. »

Les salafistes ?

« Polis. »

Ils sont gentils.

Et cette même rengaine :

« C'est vrai, ce ne sont pas des voyous, au moins... Après, ce qu'ils disent chez eux, *ça-ne-nous-regarde-pas.* »

Comme à Roubaix, les mères d'élèves, sous leurs *abayas* épaisses comme du cuir, attendent leurs enfants, ceux qui ne sèchent pas pour aller à la prière. Les hommes, eux, ont depuis longtemps regagné leurs pénates, ou s'affairent carrément à balancer dans les rue leurs encombrants : machines à laver défoncées, canapés éventrés, frigos brisés ...

Attention me prévient un jeune :

« N'allez pas dire qu'on vit comme des Roms... »

Il est une ville en France qui mérite particulièrement qu'on s'y arrête. Dans son *Voyages aux Pyrénées et en Corse*, voici ce que Gustave Flaubert en disait : « On y sent je ne sais quoi d'oriental, on y marche à l'aise, on respire content, la peau se dilate et hume le soleil, comme un grand bain de lumière. »

À Marseille, c'est l'heure de déjeuner. L'heure de prier aussi. Dans l'étroit centre commercial Saint-Paul de la cité des Bleuets, quelques musulmans recouvrent le sol de la galerie marchande de tapis de prières. Un membre de l'association de la mosquée voisine prévient les commerçants alentour : « Dans un quart d'heure, hein... »

Le propriétaire du bureau de tabac – « oui, oui, je suis catholique » – obtempère et tire le rideau de fer de sa boutique : « Oh, vous savez, c'est comme ça depuis des années et ça ne me dérange pas. Je respecte les traditions de chacun. » Il quitte les lieux, cigare aux lèvres, en se frayant un passage au milieu des fidèles.

Pendant ce temps, ces derniers prennent possession des lieux : on vient en scooter, en voiture, à pied. Une femme en *niqab* fait la manche ; d'autres, également vêtues d'épaisses étoffes ne laissant entrevoir que leurs yeux, charrient des landaus, ombres flottantes au milieu des tours amochées du quartier. Le reste n'est qu'*abayas* et *jilbabs* pour les femmes, pantalons retroussés au-dessus des chevilles et calottes pour les hommes. Au milieu de ce tintamarre de moteurs de scooters et de voitures essayant de se garer, quelques responsables de la mosquée des Bleuets, reconnaissables à leurs gilets bleus et à leurs *talkies-walkies*, assurent la sécurité du lieu et font la circulation.

En plein XIIIe arrondissement, le territoire est livré aux salafistes. Les prêches donnent lieu à des démonstrations en plein air. Jusque sur le toit de la galerie commerciale pendant les jours de ramadan ! Le *takbir* rythme la vie locale.

Les habitués arrivent tôt, et se vautrent, amorphes, de tout leur long, à l'extérieur, contre le mur d'entrée de la galerie recouvert de tags invitant à une forme de paix sociale bien connue des quartiers Nord : « Nike la police », dans l'orthographe du coin qui mêle marque de *streetwear* américaine et injures. Les fidèles sont plutôt jeunes. Ray-Ban et sweats à capuche par-dessus le *kamis*.

« Un deux, un deux, *hamdoullah*, *hamdoullah* ! »

Test de micro.

L'imam Ismail peut enfin parler. Dans la nébuleuse salafiste française, c'est un proche de Nader Abou Anas, imam au Bourget et de Rachid Abou Houdeyfa, qui officie à la mosquée de Brest, entre deux vidéos appelant la femme à se voiler pour éviter les viols ou dégustant de l'urine de chameau dont il vante les mérites thérapeutiques.

Cette petite planète gravite autour de Baraka City, la sulfureuse association humanitaire salafiste. Les discours et les méthodes sont toujours les mêmes. Des propos brutaux, et un appel à lever des fonds en faveur d'un projet communautaire : une école, une mosquée, une léproserie, tout y passe. Ce jour-là, une machine à carte bleue circule dans les rangs pour financer le collège et lycée privé musulman Ibn Khaldoun de Marseille, établissement hors contrat mais reconnu par l'État. Plus loin, un enfant syrien s'égosille en arabe : « *Surrrrrria, Surrrrrrrria, Surrrrrrrrria...* » Il fait passer une tirelire et braille des incantations.

Le prêche commence. Il est question de la vie du troisième calife, Othman. L'imam insiste sur l'histoire de ce bon calife qui a réussi à racheter le puits « d'un juif qui vendait trop cher l'eau ».

« Aujourd'hui, mes frères, il y a beaucoup de puits qui doivent être donnés aux *muslims*. Rien n'a changé ! Nous sommes dans le besoin : c'est l'éducation, c'est la lutte contre l'islamophobie. Celui qui ne voit pas ça est aveugle. Nous sommes une seule communauté ! On a des devoirs envers Allah ! Nous sommes une *oumma* ! Aujourd'hui, le *muslim* se fait attaquer, qui est là pour répondre ? On a tous vu celui qui a prétendu être agressé, il habite juste là, à quelques mètres, c'est notre voisin ! Ça a amené à prolonger l'état d'urgence. Des frères se sont fait perquisitionner à cause de cette soi-disant montée de l'antisémitisme[1]. »

L'histoire de ce prof juif[2] qui aurait inventé son agression – et qui devra répondre de dénonciation mensongère devant le

1 Ce n'est évidemment pas vrai.

2 *Le Parisien*, 25 février 2016, « L'enseignant juif suspecté d'avoir inventé son agression sera jugé en avril ».

tribunal correctionnel – est l'aubaine du jour. On évite de parler soigneusement de celui qui, en janvier dernier, a réellement été attaqué à la machette par un jeune adolescent d'origine turque.

Il s'agit de jouer à fond les victimes et de montrer un peu plus les biceps, comme si la prière de rue ne suffisait pas. Prier est un acte pacifique qui devient avec eux belliqueux.

« Nous sommes nombreux. Mais très peu à agir. Et en tant que *muslim*, ça ne doit pas exister. En tant que *muslim*, tu n'es pas un *kouffar* [*sic*], tu dois être dans l'action ! »

Il s'excite encore un peu plus :

« Allah a facilité à certains la transmission des *hadiths*. À certains, il leur a facilité le *djihad* et ainsi de suite. Donc, quoi qu'il en soit, tu dois chercher ta place... Tu dois prendre ta place dans la communauté. Allez, *inch'Allah*, on va s'arrêter là pour aujourd'hui. »

Djihad : le mot est lâché par haut-parleurs et résonne au pied des tours. Rien de grave. Ici, on condamne le terrorisme par communiqués. Ouf !

Fin de partie ? Non. Un salafiste d'une cinquantaine d'année me repère. Il m'a vu prendre une photo avec mon *smartphone* et veut que je l'efface. Je lui explique fermement qu'il est dans un lieu public – et pour cause, la prière se tient dans un centre commercial et dans la rue – et que par conséquent, je n'ai pas à effacer mes photos. Le ton monte. Il appelle un jeune. « Frère, viens ici ! » Il ne l'a pas choisi au hasard. Il est du genre baraqué. Je sens que ça va mal tourner.

Je demande à rencontrer tout de suite l'imam que je préviens : si ça continue comme ça, je vais devoir appeler la police. Tout à coup, le quinquagénaire en *kamis* prétend ne pas parler français. L'imam lui-même me le dit : « Il ne parle pas votre langue, il vous a mal compris. » Je lui réponds : « Il se fiche de qui ? Il parle très bien français et puis cinq minutes après, il a tout oublié ? » Le salafiste qui ne veut pas de photo joue les victimes. Il regarde par terre ; on dirait que sa barbe va frotter le sol : « Je moi pas parler bien français ! » Flagrant délit de mensonge. Et excuse bidon du pauvre salafiste qui se fait gauler, la main dans le pot de *taqiya*[1].

Peu importe. L'imam me reçoit dans son bureau, souriant mais visiblement gêné de l'incident. J'obtiens qu'un de ses sbires en gilet bleu m'accompagne jusqu'à mon véhicule et me garantisse que je repartirai tranquillement. Farid, un salafiste tout sourire et qui me dit s'occuper de la communication de la mosquée, me raccompagne : « On se méfie de BFMTV et de TF1. Les images sont manipulées. »

J'essaye de composer :

« Si ça vous dérange, arrêtez de regarder la télé, alors !

– Oui mais, me répond-il, avec un air interdit, la télévision, ça s'adresse à la masse ! »

La tension retombe dans ce quartier ravagé par le salafisme et les règlements de compte armés. En 2010, un homme avait été abattu de sept balles de calibre 9mm en pleine rue. En mars 2013, deux personnes avaient été tuées lors d'une fusillade à la kalachnikov, juste à côté du centre commercial qui sert de mosquée. À Marseille, Les Bleuets semble hésiter entre le caïdat et Al-Qaïda. Entre les cartouches et les *kamis*. Entre les *niqabs* et les nécros.

Surtout ne pas dire du mal du quartier. Ne pas évoquer les prières de rue. Ne pas parler de la page Facebook de l'association des Bleuets où l'on peut notamment lire ceci : « Ce monde est la prison du croyant et le paradis du mécréant. »

Cette petite altercation entre le fidèle, excité à l'idée qu'une photo de lui puisse paraître, et moi, le mécréant, m'a valu, dans la foulée de cette visite mouvementée, un coup de fil du président

1 Dissimulation. Voir Règle V.

de l'association qui gère la mosquée. Qui m'a donné une leçon de journalisme, que je reproduis ici :

« On demande l'autorisation avant d'aller aux prêches ! Les journalistes doivent demander vingt-quatre heures à l'avance, ou même une heure à l'avance. Ça passe beaucoup mieux comme ça.

– Auprès de qui ?

– Auprès des fidèles, auprès de l'association… euh… auprès des gens ! Alors que vous, vous venez à l'improviste…

– Vous me reprochez quelque chose qui est parfaitement légal et déontologique. Et les deux salopards qui m'ont emmerdé, eux, ça ne vous dérange pas ?

– Je connais ma communauté, monsieur Mendel. Je sais que c'est une communauté dure. Mais tout le monde n'est pas pareil… »

J'ai également des envies de condamnation. Je lui glisse :

« Moi aussi, je connais ma communauté de journalistes. Si mes confrères trouvent très judicieux de vous dire : « Attention, je vais assister à une de vos prières de rue », en vous prévenant vingt-quatre heures à l'avance, c'est pas de ma faute s'ils font leur travail comme des dégueulasses. Je n'ai pas à vous prévenir de ma présence sur l'espace public pour assister à une prière de rue dans une mosquée qui a la réputation d'être fréquentée par des durs.

– Je n'ai pas dit ça.

– Vous me l'avez dit il y a trente secondes.

– Je vous ai dit qu'il y avait des durs… mais attention dans *la* communauté, ça ne veut pas dire *ma* communauté, au sein des Bleuets. Je vous appelais juste pour vous dire que je trouve inadmissible que vous ne nous ayez pas prévenus… On est ouverts.

– Faudrait peut-être expliquer à vos fidèles que ce n'est pas parce qu'un journaliste est dehors à assister une prière de rue qu'ils doivent le vivre comme une agression.

– Je n'ai pas dit que vous n'avez pas le droit. Mais quand c'est bien fait, c'est encore mieux… Ça ne veut pas dire qu'on changera de comportement parce que vous êtes là. »

Qu'est-ce que ça peut lui faire ?

J'essaie de le relancer :

« Je suis un journaliste qui se promène. Vous voyez, si demain j'ai envie d'aller à Notre-Dame-de-la-Garde, je vous assure que ça ne posera aucun problème…

– Je ne vous rejoins pas, monsieur Mendel. Vous ne comprenez pas ! *Chez nous* la photo est…

– Qu'est-ce que ça veut dire *chez nous* ?

– Bah, ça veut dire la communauté musulmane.

– Monsieur, dans l'espace public, *chez nous*, c'est la France. »

Le président de la mosquée commence à s'énerver :

« Monsieur Mendel, vous n'avez pas à me rappeler que je suis en France.

– Alors, justement, monsieur, il n'y a pas deux chez nous. Le mien et le vôtre. Il n'y a qu'un seul *chez nous*.

– Monsieur Mendel, vous avez très bien compris ce que je veux dire…

– Oui… Que chez les musulmans, il était délicat de prendre des photos.

– Voilà, exactement !

– À ce moment-là, ne faites pas de prières de rue !

– Je vous rejoins là-dessus. Écrivez un beau reportage et dites bien au président et à toute la clique d'ouvrir des grandes mosquées !

– Et le maire Front national du XIIIe arrondissement, Stéphane Ravier, lui qui tient des propos musclés sur l'islam, ça ne le dérange pas ?

– Bah, vous savez, les politiques sont opportunistes. Ils mangent tous dans le même plat. Même s'il est du Front national, il mange dans le même plat que Sarkozy ou même Hollande. C'est des politiciens ! »

Puis il manifeste à nouveau ses craintes :

« On n'est pas fermés. Je n'ai pas envie qu'on ait une mauvaise réputation. Parce que tout ce qu'on montre à la télé, ce n'est pas vrai. Bon, j'ose espérer, monsieur Mendel, que cette conversation n'est pas enregistrée. »

Ce n'est décidément pas mon jour de chance à Marseille.

Quelques centaines de mètres plus loin, près du parc Corot, je découvre une spécialité de l'islam pur et dur : la mosquée de garage. Devant, quelques tags anti-Assad. Sortant de ce petit endroit, un homme se pointe. Une espèce de croisement entre un joueur de banjo sorti de *Délivrance* et un clone d'Abaaoud.

« Qu'est-ce que vous faites là ?

– Bah rien... C'est quoi, ici, une mosquée ?

– Oui, oui, me répond l'homme.

– Mais elle est connue cette mosquée ?

– Comment ça ?

– Des autorités, je veux dire. »

Un autre homme débarque.

« Elle est connue de notre communauté ! »

Encore *la* communauté ! Il me demande :

« Qu'est-ce que ça peut faire pour vous ?

– Rien, c'est juste que ce n'est pas banal. »

La discussion s'arrête. Il tape du poing sur le toit de la voiture et me dit :

« Allez, vas-y, bouge de là ! »

Marseille, ville de la tolérance entre communautés ? Bof...

C'est bon pour les quelques bobos qui vont se promener dans le quartier populaire du Panier, et qui n'a d'ailleurs plus grand-chose de populaire. La cité phocéenne compte une centaine de départs pour le *djihad*[1]. Elle est un fief salafiste ainsi qu'un terrain de jeux pour un grand banditisme mâtiné d'islam.

Le boulevard National, non loin des docks et du port maritime de Marseille, ressemble à ces quartiers fanés, aux vitres crevées et aux façades grêlées de cloques de peinture flétrie, que seule l'existence d'une forte communauté musulmane peine à animer. D'un côté, les salafistes, qui naviguent en terre peinarde entre la mosquée Sounna, la boutique La Sagesse, qui vend ces parfums huileux qu'on retrouve dans les *souks* du Caire ainsi que des livres islamiques, et les *fastfoods halal* salade-tomates-oignons. De l'autre, la communauté comorienne, qui tue l'ennui entre deux bonneteaux, à courte distance de la police, et un centre communautaire pour apprendre l'arabe et jouer au *baby-foot*.

On s'y promène en *niqab*. On vous dévisage quand vous vous installez pour prendre un Coca. Les tags rappellent de manière laconique les souvenirs douloureux de conquêtes amoureuses : « Anne-Sophie la pute ! »

On est loin du *vivre ensemble*. On est loin du cinéma dégoulinant de bons sentiments de Guédiguian.

Même topo dans le quartier de la Porte d'Aix. Une sorte de petit Molenbeek marseillais découpé au scalpel du repli communautariste, où vient tourner en maraude, comme une toupie islamique, la camionnette orange de l'organisation britannique Muslim Hands[2], structure venant en aide aux indigents et aux réfugiés.

Le Marseille de la *French Connection* a cédé la place à cette sorte de *hub* logistique pour terroristes en puissance. On y part de tout le sud de la France. Discrètement, en bateau ou en avion. On se fond

1 Evaluation établie par Mathieu Guidère, islamologue et spécialiste du terrorisme.

2 Longtemps considérée comme une base arrière des Frères musulmans en Grande-Bretagne, l'association ne reçoit plus d'aides de Londres, mais a décroché un British muslim award.

davantage dans la masse que partout ailleurs en France. On se sert en armes, aussi, notamment dans les arsenaux des quartiers nord.

La cité de La Castellane, dans le XVIe arrondissement, ressemble à une poche autogérée. Trafic de drogues et d'armes. Ici, le cadavre d'une Renault fraîchement calcinée. Là, une Mercedes dont on a reposé le châssis sur des parpaings. Les petites mains du caïdat veillent à la tranquillité des truands. La journée, on les trouve assis sur des canapés défoncés à attendre au pied des tours, sentinelles en faction au service des gangs. J'en ai compté jusqu'à trois sur moins de cinquante mètres. Une cagoule ou une écharpe masque les visages. Quelquefois, le spectacle se fait bruyamment en voiture de sport. Le code de la route est moins sacré que la *charia*. Le dérapage, un signe de virilité.

La nuit, quand les camionnettes de CRS débarquent, les chouffeurs désertent les entrées d'escalier. On les entend gueuler depuis les fenêtres. Certains ont carrément migré sur les toits. Chaque tour a sa vigie pour prévenir d'une descente de flics.

Une kalachnikov s'y négocie pour quelques centaines d'euros. Gloire à la kalach' ! Dans le XVe arrondissement, un tag en forme de blason célèbre le fusil : on y voit deux armes qui se croisent en X. Avec un slogan : « Palerme, Marseille, Baltimore ».

Les guetteurs balisent le circuit de la pègre. Leurs quads garés à même les paliers, parfois. Gare à l'étranger qui rentre en territoire ennemi : un jeune qui pensait que je prenais des photos (décidément !) m'a ainsi lancé une pierre qui a ricoché sur le toit de ma voiture. On se croit en Cisjordanie. *Intifada made in France.*

Étrange microcosme marseillais où religion et gangstérisme s'imbriquent sans que jamais ne s'opère de scission entre les deux, où les Tany Zampa[1] d'aujourd'hui ont des tronches de frères Abdeslam, et où le *kufi* a remplacé le *borsalino*.

1 L'un des plus célèbres parrains du milieu marseillais, mort au milieu des années 1980.

RÈGLE III

COMPTE SUR TA FAMILLE.

« Tu n'en trouveras pas, parmi les gens qui croient en Dieu et au Jour dernier, qui prennent pour amis ceux qui s'opposent à Dieu et à Son Messager, fussent-ils leurs pères, leurs fils ou leurs frères ou les gens de leur tribu. »

Le Coran, sourate 58, « La Discussion », verset 22.

Ne pas laisser sa carte de crédit à proximité des enfants qui fréquentent le diable. Ils pourraient s'en servir pour se payer un voyage à Istanbul. L'histoire m'est racontée par le père d'un adolescent de quinze ans parti faire le *djihad* avec Turkish Airlines. Un vol aller-retour – pour ne pas éveiller les soupçons – entre Toulouse et la métropole turque, acheté la veille.

« Je ne me méfiais pas, j'avais tellement confiance en mon fils. Jamais je n'aurais cru que… »

Je suis au restaurant avec ce père. Il s'excuse entre deux bouchées.

« Si vous pouviez éviter de dire « votre fils », merci… Les gens à côté nous regardent. »

Il mâchouille son histoire en même temps que sa daurade. Il ne veut pas qu'on dise de son fiston qu'il est un djihadiste.

« Et la photo de lui sur Internet avec une kalachnikov ?

– De la propagande… Mon fils n'a eu que des cours de religion mais pas de maniement d'armes. »

Saint Fiston, je crois en toi…

Il continue sur le même registre :

« Nous ne sommes pas une famille religieuse. »

La preuve :

« Je ne bois pas, mais vous pouvez commander une bière, ça ne me choque pas. »

Ou :

« On a toujours aimé la République. »

Je le crois bien volontiers.

Sa génération – il a la cinquantaine – n'est pas du genre revendicative.

J'ai l'impression d'avoir mille fois entendu cette histoire. C'est celle que j'avais recueillie auparavant à Lunel, celle que servent les médias, celle qui court dans les mosquées : personne ne pouvait se méfier de ses gosses. Un fils qui abandonne le foyer familial, et les parents qui n'ont rien vu venir, malgré l'abondance des signaux.

La table d'à côté écoute ce père de famille qui parle trop fort. Elle l'écoute dire que « bien sûr, il est républicain », mais aussi qu'en « France, il y a trop de discrimination ».

Son fils semble l'avoir surpris.

« Vous vous rendez compte, il ne pouvait aller se coucher sans que ses sœurs ne l'accompagnent jusqu'à sa chambre. Et, du jour au lendemain, il part à la guerre ! »

Son petit ange a fait la connaissance d'un petit caporal extrémiste au lycée. Un de ceux qui fréquentent les crevards islamistes du quartier perdu de La Reynerie, sorte de poste avancé des pro-Merah dans la Ville rose.

« Papa, ça y est, j'ai un ami. »

Ouf ! Sa famille s'étonne :

« Un ami ? Mais il n'en avait jamais eu, lui ! »

Attention, ce n'est pas un ami comme les autres.

« Il est sérieux, c'est un très bon musulman. »

Eh oui ! Ouf, encore. La mère du copain a un *hijab*, c'est dire à quel point le gosse a dû être bien élevé. *Bis repetita*.

« On ne s'est pas méfié. »

Le gosse faisait ses prières et n'écoutait plus que des chants coraniques. Mais papa et maman restaient confiants. Et puis, il a un copain. Il vaut mieux dealer du Coran que du *shit*.

Un soir, son fils ne rentre pas du lycée. Ils attendent des heures avant d'aller voir la gendarmerie qui pense d'abord à une fugue. Le père finit par trouver une lettre. Fiston est parti aider les Syriens. Adieu et bises.

« Je vous aime. Je vous donnerai des nouvelles dans un mois si je suis toujours vivant. »

Les deux apprentis djihadistes se sont fait un nouveau copain sur Internet : Mourad Farès, le recruteur – disons le facilitateur – de *djihad* pour son groupe affilié à Jabhat al-Nosra.

Mourad Farès[1], l'homme qui adore les *selfies* qui donnent envie de partir :

« Oui je suis terroriste et fier de l'être ! C'est un ordre suprême d'Allah ! ».

Mourad Farès, le réalisateur de *Al Mahdi et le second Khilafah*, médiocre film de propagande religieuse qu'on croirait avoir été inspiré de *La vie de Brian* des Monthy Pythons.

Mourad Farès, celui qui conseillait les hôtels aux jeunes djihadistes. Mourad Farès, voyagiste *halal* du *djihad*.

Le père saute dans sa Laguna déglinguée.

« Comme dans les films… Je me suis précipité à l'aéroport, jusqu'en salle d'embarquement. »

Trop tard, son fils a décollé vingt-quatre heures avant avec son copain.

« Non vraiment rien ne laissait supposer que… »

1 Arrêté en Turquie en août 2014, il a été extradé vers la France puis placé en détention provisoire. Une instruction est ouverte. Il est poursuivi pour association de malfaiteurs en relation avec une entreprise terroriste.

C'est devant le proviseur du lycée, en croisant pour la première fois la famille du camarade – recruteur de son fils, selon lui – qu'il comprend :

« Ça n'avait l'air de rien leur faire du tout d'apprendre que leur enfant était parti en Syrie. »

La mère, intégralement voilée, est entourée de barbus qui hochent la tête devant le proviseur. Cette *smala* islamiste regarde de travers le père habillé à l'occidentale et qui leur demande :

« Vous comptez faire quelque chose ? »

Ce à quoi ils répondent :

« On préférerait qu'il meure ! »

J'avais déjà vu pareille réaction chez un ancien responsable de la mosquée de Lunel dont un fils est mort sous les bombes. Pas le meilleur des martyres... Mais le père était si fier ! Son fils, un *chahid*... On allait l'envier dans son quartier. Un journaliste d'iTélé qui avait interrogé la mère n'en revenait pas :

« Elle pleurait de bonheur... Elle était heureuse, vraiment. Ça m'a fait bizarre. »

Il n'y a jamais de demi-mesure chez les parents.

Pas de : « Je me doutais bien, mais bon, j'ai fermé les yeux. » Ils sont soit fiers du fiston, chez les intégristes, soit complètement ignorants du projet belliqueux de leur progéniture, « sinon, pensez-vous, j'aurais tenté de... »

À quinze ans, Nora, une Avignonnaise est partie en janvier 2014, dans le dos de ses parents qui, assurent-ils, n'ont rien vu venir. Une valise, cinq-cents euros en liquide et un billet pour Istanbul. Le classique.

Fouad, son frère, témoigne sur le site Internet *Syrien ne bouge* :

« J'ai appris que depuis quelque temps ma sœur portait le *jilbab*[1] pour aller au lycée alors qu'elle sortait de la maison sans le mettre[2]. »

Elle aussi dit être partie pour faire de l'humanitaire. Elle s'était créée un second compte Facebook. Quelques photos de femmes en *niqab*, sobrement légendées : « Partie pour tuer au nom d'Allah. » Un reportage de France 2 mettait en scène la famille. Un journaliste commente :

« Comment cette jeune femme, élevée dans la tradition musulmane, a-t-elle pu basculer ? »

Peut-être que son comportement est justement lié à la tradition musulmane... Mais ça ne lui viendrait pas à l'idée d'aller chercher la réponse la plus évidente, trop simpliste, et sûrement trop islamophobe.

L'avocat de la famille a obtenu que la jeune Nora soit traitée comme une personne enlevée et séquestrée.

Une victime de plus.

Seuls ses camarades du lycée Frédéric-Mistral avaient remarqué qu'il n'était plus possible de discuter avec elle. *Idem* pour le jeune Toulousain : dépeint par ses camarades comme un petit prosélyte du *djihad*, « n'ayant pas peur de la mort et s'en glorifiant ».

Foutaise pour les familles incapables de regarder la vérité en face !

Parce que – faut-il encore le rappeler –, pour tous ces parents, l'islam, c'est la paix. Ils n'ont aucun doute là-dessus. Le père toulousain du jeune parti en Syrie me le répète en me quittant :

« N'oubliez pas dans votre bouquin d'écrire que le mot *islam* et *salam*, c'est la même chose[3]. »

1 Sorte de longue robe couvrant tout le corps, à l'exception du visage. Très en vogue chez les femmes salafistes.

2 On apprécie au passage l'immense tolérance du proviseur qui laissait entrer dans son établissement une élève habillée comme Dark Vador, tenue que même ses parents prohibaient.

3 A-t-il vraiment tort ? La proximité étymologique et sémantique entre *islam* et *salam* indique bien l'inextricable lien, dans la langue arabe et donc dans la pensée arabe, entre l'idée de *soumission* et de *paix*. Par ailleurs, le choix du terme *islam* pour désigner cette religion est bien postérieure à la mort de son fondateur et relève d'un choix politique de ses successeurs.

Je proteste :

« Non, *islam*, ça veut dire *soumission.* »

Il ne veut rien entendre et préfère son étymologie à lui. Il a un message à faire passer :

« Mon fils aussi est une victime. »

Le père toulousain comme le frère avignonnais sont allés à la frontière syrienne pour récupérer fils et sœur. Le premier a eu de la chance et a dépensé toutes ses économies pour obtenir la libération de son gamin. Le second n'a pu rencontrer sa sœur qu'une demi-heure. Son émir n'a pas voulu la laisser partir.

« Elle est essentielle, ici. »

Le déni de réalité est presque devenu une tradition chez les parents de djihadistes, tradition initiée en France par Zoulikha Aziri, la mère de Mohamed Merah. Sous son *jilbab* noir, elle non plus ne s'est aperçue de rien.

« Sur les différents voyages de Merah au Moyen-Orient, en Afghanistan et au Pakistan, d'où il a appelé sa mère, on sent, dans les souvenirs des conversations téléphoniques qu'elle livre, des accents admiratifs – « Tu as été jusque là-bas. Tu as le courage... » – ou inquiets – « Le Pakistan, c'est un pays dangereux ! » – mais, apparemment, elle ne s'interroge à aucun moment sur les motivations de ces déplacements[1] ».

On voudrait y croire. Mais Zoulikha Aziri a remis le couvert à sa façon quand, cette fois-ci, sa fille Souad a fichu le camp en Syrie. Là aussi, elle n'a rien vu venir sous le *niqab* de sa fille. Sur BFMTV, au téléphone avec Jean-Jacques Bourdin, elle ose déclarer :

« Ma fille se fout du *djihad* et de la Syrie ! »

Et assure, le 21 mai 2014, qu'elle est partie en vacances en Tunisie, parce qu'elle en avait marre de la France.

1 *JDD*, 3 mars 2013, Mohamed Merah, « Les regrets de sa mère ».

Le *djihad*, c'est une affaire familiale, chez les Merah. Le mari de Souad, Abdelouahed Baghdali est rentré en France. Il est désormais sous les verrous. Sa femme Souad aurait, depuis, trouvé refuge en Algérie. Sabri Essid, le fils du second mari de la mère de Mohamed, est en Syrie, lui aussi, en compagnie de son jeune fils, rendu célèbre dans la communauté des djihadistes pour avoir abattu au pistolet automatique un Arabe israélien, soupçonné d'être « un agent du Mossad », dans une vidéo diffusée sur Youtube. Enfin, Abdelkader Merah, frère de Mohamed, est toujours incarcéré à Villepinte pour complicité d'assassinat. C'est lui qui aurait inspiré son cadet. En prison, devenu encore plus radical, il a été placé à l'isolement après la tuerie de *Charlie Hebdo*.

Les services de renseignement ont observé chez les djihadistes un phénomène de clan qui rend difficile la remontée d'informations concernant des départs pour le Levant. C'est ainsi qu'une vingtaine de personnes peuvent avoir quitté un quartier entier en voitures et en camping-cars : le silence sera de mise.

À Montpellier, tout un groupe de djihadistes est originaire d'un même village du Maroc. Chez certains, on retrouve une proximité généalogique forte avec le président de la grande mosquée. On sait, par exemple, que les Marocains hésitent à dénoncer leurs cousins même lointains pour ne pas se mettre à dos leurs villages. Loyauté au bled !

En mai 2015, à Toulouse, encore une fois dans le quartier de La Reynerie, ce sont carrément deux familles qui sont parties au volant de deux camping-cars tout confort vers la Syrie. Deux véhicules qu'elles avaient loués et qu'elles ne comptaient pas restituer aux compagnies mécréantes[1] qui ne se sont pas méfiées – les papiers étaient en règle et le petit groupe de djihadistes avait indiqué vouloir partir en Turquie via l'Italie et la Grèce.

1 Voir Règle VIII.

Sur les quelque mille-deux-cents Français partis en Syrie, beaucoup émigrent en terre islamique avec leurs proches. Maris musulmans et femmes converties unis dans leur *hijra* mortifère. Comme à l'automne 2014 pour ces onze membres d'une même maisonnée niçoise qui ont quitté la Côte d'Azur – quatre adultes et sept enfants, dont un bébé de six mois. Commentaire de l'époux, resté en France, d'une des djihadistes :

« Je savais que la religion tenait une place importante mais pas à ce point[1]. »

À Villefontaine, en Isère, même schéma : un couple originaire d'Orléans, un homme converti et une femme, sont partis avec leurs quatre enfants – dont un bébé d'à peine un mois – pour le Califat. Et à chaque fois, des parents qui tombent des nues. Ils connaissaient leur radicalisation, leurs opinions, mais jamais ils n'auraient imaginé qu'ils franchiraient le pas. À ce stade, ce n'est plus du déni, c'est de l'aveuglement.

Daesh apprécie le regroupement familial. L'État islamique, c'est plus qu'un projet politique. C'est également un projet social qui a tout pour séduire. Enfin des enfants dans des écoles où la parole d'Allah et de son prophète leur sera enseignée. Des plaquettes éditées par le Califat promettent la gratuité de l'école, des logements sociaux – le plus souvent piqués aux chiites –, de l'électricité et de l'eau, des allocations mensuelles, et même un cadeau pour tout nouveau mariage. Et puis, il y a cette vie de rêve, loin de la pornographie et de la perversité occidentales. Bref, l'idéal pour un salafiste un peu excité ! Notons sur cette plaquette la petite touche que n'aurait pas reniée Benetton en son temps :

« Le nombre de mariages mixtes et les enfants métissés sont nombreux ! »

1 *Nice Matin*, 8 octobre 2014.

Il n'y a qu'à jeter un œil aux nombreux profils Facebook des femmes djihadistes. Il ne manque plus que les photos des appartements-témoins. Enfants à l'école appliqués à réciter le Coran, papa-poule qui apprend la décapitation à ses gosses sur des ours en peluche – oui, ça existe –, femmes dévouées à la cause islamique qui ont le droit, elles aussi, de temps en temps, de tâter de la kalach'.

La radicalisation en famille est d'autant plus productrice de djihadistes qu'elle favorise une sorte d'émulation entre membres d'un même groupe. Le glissement vers la violence idéologique puis physique est d'autant plus implacable qu'il s'opère dans une cellule où règne, par définition, l'entière confiance. Et plus le projet sera abouti, plus la marche arrière sera inenvisageable.

Le Califat daeshien est trop jeune pour déjà avoir enfanté des dynasties. Ce ne sont pour le moment que les fratries qui jouent le rôle de factions du sang. Et les exemples sont nombreux.

Aux États-Unis, il y a eu Dzhokhar et Tamerlan Tsarnaev, deux enfants de l'immigration tchétchène. Tamerlan, l'aîné, est le plus radical. Il poste des vidéos islamistes sur Youtube, et fréquente assidûment la mosquée locale où on lui insuffle le *djihad*. Dzhokhar, étudiant en médecine et maître-nageur à Harvard, supporte mal le départ de ses parents pour la Russie. Il tombe sous la coupe de son frère, et s'abreuve des paroles de celui qui en veut toujours plus.

En avril 2013, les deux frères viennent déposer deux engins explosifs sur la ligne d'arrivée du marathon de Boston, tuant trois personnes et en blessant deux-cent-soixante autres. À son réveil à l'hôpital, la première chose que Dzhokhar veut savoir est ce que son frère est devenu. Un martyr. La police l'a abattu.

En France, la plus emblématique de toutes les équipées djihadistes familiales est celle des frères Kouachi.

Deux orphelins, nés d'une mère prostituée et suicidaire, morte enceinte, gavée de médicaments. Du Zola de cités. Au XXIe siècle, la Maheude enfante désormais des terroristes.

Deux lascars placés en foyer, accros au rap et aux pizzas, avant de se mettre tous les deux à téter le sein revigorant du salafisme ; avant que Farid Benyettou, le recruteur fluet de la filière des Buttes-Chaumont, ne vienne saturer l'esprit de Chérif, le plus jeune, en versets du Coran.

Ils étaient unis jusque dans la *no fly list* des services de renseignements américains, unis dans leurs entraînements au Yémen, suivis ensemble ou séparément, quand l'un part en prison, au contact d'autres radicaux.

Une vie à haïr la France. À se jauger. À farcir le crâne de l'autre d'idées de vengeance, comme pour se réconforter mutuellement, à l'unisson, contre un pays qu'ils ont décidé de mettre à terre.

Les Kouachi sont passés à l'attaque ensemble, un 7 janvier, contre *Charlie Hebdo*, dans des tenues noires identiques. Une véritable harmonie jusque dans le déguisement.

Ils sont tombés sous les balles du GIGN ensemble, à Dammartin-en-Goële, après avoir « vengé le prophète ».

En parlant de vengeance, il y en a un qui aimerait bien *scalper* la France, c'est le petit Younès, le frère d'Abdelhamid Abaaoud, resté en Syrie.

À quinze ans, le lionceau du Califat a promis de rendre justice. Comme si le martyre de son aîné n'avait finalement pas été en soi une juste récompense. Younès maîtrise déjà l'art de la décapitation : il l'a pratiquée sur un officier de l'armée syrienne. Younès, c'est le petit garçon qui joue au grand frère. Il n'a pas fini sa croissance mais se pavane déjà dans son treillis taille seize ans, plein de testostérone à revendre, et l'attitude juvénile – il paraît que sa fête d'anniversaire à Raqqa était du tonnerre.

Le père de cette fratrie, Omar, qui a depuis fichu le camp au Maroc, laissant Molenbeek à d'autres siphonnés du *djihad*, est également le géniteur de Yassine, le maillon manquant de cette belle chaîne. Arrêté par la Turquie puis renvoyé au royaume chérifien, il est incarcéré à Salé, près de Rabat, où sous la pression amicale des services de renseignements de Mohamed VI, il donne parfois de précieuses informations, entre deux conversations à bâtons rompus avec les fonctionnaires de Sa Majesté.

Molenbeek est le poste de commandement des Abdeslam, les patrons français du bar Les Béguines. Brahim, l'aîné, a trente-cinq ans ; Salah, le fugitif, en a vingt-six.

Le grand frère s'est fait sauter au Comptoir Voltaire dans le Xe arrondissement. Pas très chanceux. La charge explosive qu'il trimballait était fixée dans son dos. Et derrière son dos, il y avait un mur. Résultat : il n'a fait qu'une vingtaine de blessés.

Salah, c'est l'émotif. Celui qui a filé en douce après avoir convoyé les tueurs du Bataclan. Celui qui ose pleurer devant sa fiancée.

« Comme je m'inquiétais pour notre situation amoureuse, je me suis mise à pleurer. Et lui, du coup, plutôt que de me rassurer comme il le faisait habituellement, il s'est aussi mis à pleurer[1]. » Tellement fleur bleue, ce Salah.

C'est le pleureur qui aurait embrigadé Brahim. Mais c'est Brahim qui aidait financièrement Salah.

« Les chouettes gars du quartier, plutôt rigolos », me décrit l'épicier en face du bar.

Experts en dissimulation. Copains avec Abaaoud, les frères ont arrêté de fumer ensemble – il paraît que c'est stimulant, disent

1 *Le Parisien*, 5 janvier 2016.

les tabacologues –, et de boire et de draguer. Mais pour mourir ensemble, ils échoueront.

Nicolas, trente ans, et Jean-Daniel, vingt-et-un, ne sont morts qu'à quelques mois d'intervalle. Des demi-frères que l'islam a réunis. Deux convertis à une cause commune. Ils abandonnent leur mamie Jeannette, âgée de quatre-vingt-huit ans, qui les logeait à Toulouse, et gagnent la Syrie. Ils prétendent partir en Thaïlande. En fait, c'est la voiture jusqu'à Barcelone, puis l'avion pour Casablanca, puis la Turquie. Jeannette aura même le droit à quelques cartes postales et, plus tard, à un coup de fil :

« Alors mamie qui va te sucrer ta tisane, le soir ? Quand je rentrerai, promis, je le referai, on ne dira rien au médecin ! » ose lui dire Jean-Daniel.

Son demi-frère Nicolas reste en contact avec sa mère Dominique par téléphone et avec son père, entrepreneur à Cayenne.

Officiellement, ils sont partis « faire de l'humanitaire ». Décidément...

Sur place, ils rejoignent le front. Ils s'entraînent à la kalachnikov et ils combattent. Quelques mois avant leur départ, au printemps 2013, ils regardaient des vidéos sur Guantanamo, la Palestine, la Syrie. Nicolas essayait de convaincre sa mère de se convertir.

« Je l'ai vu subir un vrai lavage de cerveau », raconte la mère.

Nicolas fréquentait la mosquée des Izards, dans le quartier de Mohamed Merah, la star du coin, et celle de Basso Combo, où avait ses habitudes un autre converti, Kévin Chassin, autre gloire du *djihad* dans la Ville rose, mort dans une action kamikaze. À deux, les frères se montent le bourrichon.

« Nicolas ne parlait plus que de la guerre faite aux musulmans. Il ne voyait que le monde divisé en deux, celui des musulmans et celui des mécréants, dit Dominique qui se rassurait comme elle pouvait. Dans le Coran, il est dit que la mère est sacrée… Alors, même si j'étais une mécréante, je me disais que j'étais importante et qu'il me respecterait toujours. »

Et de défendre son fils :

« Il ne faisait pas de bêtise. Il fumait des joints… la religion l'a fait arrêter… »

Je lui glisse :

« Il aurait peut-être mieux fait de continuer. »

– Oui, sans doute. »

Le père, Gérard, dit la même chose que son ex-femme sur le site *Syrien ne bouge* :

« J'ai vu une transition exceptionnelle. Il ne s'est pas radicalisé tout de suite. Ça lui a apporté une stabilité et de la profondeur d'esprit. Nos discussions ont complétement changé [...] Comme je suis un contestataire également, on était assez d'accord sur les analyses. »

Bel oxymoron : Je suis un contestataire et donc je ne conteste pas les opinions de mon fils.

L'enfant roi préfère le calife à son géniteur. Et le père n'y peut rien.

« On avait de très longues discussions sur ses frères musulmans qui souffraient dans le monde. On n'était pas d'accord sur les moyens à utiliser. »

Et malgré tout ce faisceau d'indices, tous plus forts les uns que les autres, personne n'a senti que tout était déjà parti en vrille.

Les frangins Bons ont tenté de rallier toute la famille à l'islam. Sans succès. Mamie Jeannette est restée la chrétienne qu'elle a toujours été. Et Dominique, la mère de Nicolas, une athée. Les deux « humanitaires » apparaissent dans la première vidéo de propagande de Daesh, en juillet 2013. Si la famille n'a pas embrassé la religion musulmane, Nicolas essaye, dans ce premier clip de l'État islamique, de convaincre le président français :

« François Hollande, convertis-toi à l'islam et désavoue-toi de tes alliés juifs et américains. Retire les troupes du Mali. Arrête de combattre l'islam. »

Avec le recul, Dominique pense que Nicolas lisait un texte que d'autres lui avaient préparé.

« Convertir Hollande, c'était ridicule. »

Mais elle ajoute, étonnamment :

« Même si sur les Juifs et les Américains, on ne peut lui donner tort.

– Mais pourquoi ?

– Enfin, vous comprenez, quoi... Les Américains sont responsables de tout ça.

– Et les Juifs ?

– Regardez les massacres en Palestine[1]. »

C'était une obsession aussi chez Nicolas. Quand il ne s'agissait pas de parler des victimes de Bachar, il parlait des victimes palestiniennes. Les musulmans étaient sa nouvelle famille et il se sentait bien, au milieu de celle-ci, au cœur du folklore islamique, sur « la terre du rassemblement et de la résurrection », comme l'appellent les prédicateurs des mosquées radicales. L'islam était devenu le nouveau *shit*. Moins cher, plus dangereux mais tout aussi stupéfiant.

« Les voir lire le Coran avait quelque chose d'hypnotique, surtout quand ils le faisaient en musique », raconte Dominique.

Et pourtant, ni l'un ni l'autre ne connaissait vraiment l'arabe : « Ils sont trop durs à comprendre, les Syriens », avait raconté Nicolas à sa mère.

Jean-Daniel est mort le premier, durant l'été 2013, d'une balle qui lui a déchiré la poitrine, alors qu'il se trouvait à Alep. Nicolas Bons l'a rejoint au paradis d'Allah en janvier 2014, au volant d'un

1 Entretien avec l'auteur.

camion chargé d'explosifs – le premier attentat-suicide commis par un Français. Sa mère a appris la nouvelle par SMS. Elle a tenté de rappeler le numéro syrien. Une voix, « avec un accent maghrébin », lui a répondu que son fils était mort dans une action martyre. Aucune espèce de condoléance pour la mère mécréante.

« J'étais si bouleversée que ça ne m'a même pas mise en colère. »

En revanche, elle est allée voir l'imam de la mosquée des Izards.

« J'ai voulu me déchausser. Il m'a dit que ce n'était pas la peine. Ça m'a fait bizarre de marcher sur le tapis en chaussures. Je lui ai dit que j'étais athée mais que je souhaitais qu'il prie pour Nicolas. Ils ont prié puis se sont réunis en sa mémoire. »

Toulouse est décidemment un foyer de djihadisme familial. Une autre fratrie était déjà passée par là. Les frères Clain. Deux Réunionnais formés à bonne école, celle d'Olivier Corel, l'Émir blanc, à Artigat, à une heure de voiture du Capitole.

Fabien est considéré comme le plus intelligent des deux. La mère des Réunionnais a d'ailleurs épousé le père de Sabri Essid, un copain de Mohamed Merah. Puis, par un jeu d'alliances familiales digne du rocher de Monaco, ou à peine plus compréhensible que celles de *Dallas*, le père de Sabri a fini par épouser la mère de Merah.

Fabien, le prof d'arabe sans diplôme, est le mentor du petit frère, Jean-Michel, qui est à la limite de la débilité mentale. Son profil Copains d'avant est toujours accessible sur Internet. Voici ce qu'on peut y lire, fautes d'orthographe comprises :

« Qu'Allah accorde le bonheur aux sincères qui sont les flambeaux de la bonne direction par qui les ténèbres sont dissipés. »

Fabien l'intello s'est essayé au rap. Sans succès. Son profil Copains d'avant indique :

« Toujours là ....*alhamdoullillah*. »

Toujours en Syrie, en tout cas, où il officie désormais comme voix *off* de Daesh.

Les deux frères furent pourtant de bons catholiques, avant de se muer en vendeurs ambulants de littérature islamiste sur les marchés du Mirail, à Toulouse – un *business* souvent familial aussi, puisqu'un groupe d'une dizaine de djihadistes partis de la ville de Montpellier étaient eux-mêmes des marchands ambulants, et, souvent, de babioles islamiques. Ici, un livre salafiste ; là, une horloge électronique avec les horaires de prières…

Séchez vos larmes, petits djihadistes.

Maman est là. L'amour d'une mère pour son djihadiste de fils se drape souvent dans de pieux mensonges qui valent toilettes mortuaires.

Mystifications qui sont autant de linceuls tissés dans le déni. Celui des mères qui excusent l'inexcusable, à défaut de justifier l'injustifiable.

Dans le genre, la mère de Bilal Hadfi, l'un des terroristes du Stade de France, a fait fort. Un peu plus d'un mois après les attentats de novembre, elle est allée se confier, en direct, à Maghreb TV, une chaîne belge dont on devine les intentions communautaires. Elle non plus, bien sûr, n'a rien vu venir.

« Il était victime de la société. Un professeur le harcelait à l'école. Il était victime de regards. On lui disait : « T'es pas le bienvenu, ici. Dégage dans ton pays, sale Marocain. » Pourtant il était aimable, serviable. Quand il cherchait du travail, on ne le rappelait pas. La police le contrôlait pour rien dans la rue. »

Vous avez compris ?

Ce n'est pas l'islam, ce sont les autres qui sont responsables. Tous les autres. L'Éducation nationale et ses profs *kouffar*, le marché du travail et ses agences de placement islamophobes, les filles mécréantes et leurs cheveux détachés... Tous les autres et rien que les autres !

On croirait assister à une réunion de parents d'élèves lynchant un enseignant. Et le présentateur de l'émission qui lui souffle, sur le ton de la compassion :

« Madame, vous n'êtes pour rien là-dedans... Ne culpabilisez pas trop ! »

Il ne manquerait plus que ça ! Après avoir descendu la police, les profs, la société, les patrons, il ne manquerait que la mère du terroriste se sente coupable. Il ne manquerait plus qu'elle signe son arrêt de mort auprès de la communauté.

En effet, à la différence des parents de convertis, les parents de musulmans djihadistes ont encore du mal à désigner les imams, se retourner contre eux, à désigner les associations cultuelles, et même, à pointer du doigt leur religion.

Ce n'est pas l'enseignant qui le « harcelait », son fils, ou bien le flic qui l'a contrôlé dans la rue, qui l'a envoyé au Stade de France. En revanche, quelqu'un lui a dit :

« Ô vous qui croyez ! Qu'avez-vous ? Lorsque l'on vous a dit : « Élancez-vous dans le sentier d'Allah » ; vous vous êtes appesantis sur la terre. La vie présente vous agrée-t-elle plus que l'au-delà ? – Or, la jouissance de la vie présente ne sera que peu de chose, comparée à l'au-delà ! Si vous ne vous lancez pas au combat, Il vous châtiera d'un châtiment douloureux et vous remplacera par un autre peuple. Vous ne Lui nuirez en rien. Et Allah est Omnipotent. »

Il n'est que trop peu question de cela, hélas, car c'est peut-être là que réside l'entière question.

RÈGLE IV

CONVERTIS.

« Cette France hypocrite qui
Est peut-être sous ma fenêtre,
Celle qui pense qui pense que la police
a toujours bien fait son travail,
Celle qui se gratte les couilles à table
en regardant Laurent Gerra,
Non, c'est pas ma France à moi,
cette France profonde…
Alors peut-être qu'on dérange
mais nos valeurs vaincront…
Et si on est des citoyens, alors aux armes
la jeunesse, Ma France à moi leur tiendra tête,
jusqu'à ce qu'ils nous respectent. »

Ma France à moi, Diam's, 2006.

« Les dessins de Charlie Hebd*o sur le prophète ? Ça me choque énormément. Passons des messages sans blesser l'autre ! »*

La même Diam's, six ans plus tard, convertie à l'islam,
dans l'émission *Sept à huit* de TF1, en octobre 2012

Mieux encore que la Légion étrangère ! L'islam, c'est la possibilité de remettre les compteurs à zéro. C'est la possibilité d'une seconde chance.

« Peu importe ce que vous avez fait, qui vous êtes, tous vos péchés sont effacés, vous recommencez une nouvelle vie[1]. »

Chaque année en France, entre quatre-mille et cinq-mille personnes choisissent de devenir musulmans[2]. Près de 20 % des djihadistes partis en Syrie sont des convertis. Une petite armée dans la grande armée, avec ses stars. L'État islamique a bien compris l'intérêt de faire de ces impétrants musulmans les fers de lance de leur communication.

On retrouve parmi eux Kevin Chassin, le jeune Toulousain tué dans un attentat-suicide ; Fabien Clain, le Réunionnais qui a revendiqué sur les ondes de l'État islamique les attentats du 13 novembre ; Maxime Hauchard, le jeune Normand, star de la vidéo « N'en déplaise aux mécréants » mettant en scène la décapitation, en 2014, de l'otage américain Peter Kassig.

La liste de ces figures du djihadisme *made in France* est longue. Elle s'ajoute au cortège d'autres célébrités converties à l'islam, comme Diam's, Nicolas Anelka et bien sûr Frank Ribéry qui, fort

1 Site Internet du *Guide du musulman.*

2 Les chiffres varient entre l'INED (l'Institut national d'études démographiques) et le ministère de l'Intérieur.

heureusement, se contente, pour tout prosélytisme, de préférer les prostituées maghrébines à celles de son Nord natal.

La révélation. Le message divin. Le rêve, parfois. La lecture du Coran. Mieux : la lecture comparée des livres saints. Il suffit d'aller jeter un œil aux nombreuses conversions filmées et diffusées sur Internet pour s'apercevoir de l'étrange banalité des explications intimes poussant une personne à embrasser l'islam.

Aucun converti n'évoquera l'effet de mimétisme qui le pousse à adopter la religion du milieu qu'il fréquente – que ce soit celui des vestiaires des Bleus, celui de son lycée de quartier ou celui de sa belle-famille.

On devrait revoir *Il était une fois dans l'Oued,* film – injustement saqué par la critique – réalisé en 2004 par Djamel Bensalah. Si l'on met de côté les blagues potaches sur le banlieusard confronté à la réalité du *bled*, cette comédie légère est pleine d'enseignements, très proches de la réalité. Johnny Leclerc, né de parents normands et alsaciens, s'imagine avoir été adopté par un couple de beaufs racistes l'ayant obligé à manger « du *halouf*[1] ». Il se promène dans sa cité en *kamis* – déjà ! – et tient à se faire appeler Abdelbachir. N'hésitant pas à réprimander ses coreligionnaires qu'il trouve trop laxistes, il connaît mieux les règles du ramadan que ses voisins, qui le regardent comme un cinglé – « Quand il était petit, il se prenait pour le fils caché d'Elton John », dit l'un des personnages. Il finit par ouvrir une épicerie en Algérie. Il a fait sa *hijra* : son émigration en terre d'islam, obligation coranique et aussi l'une des habitudes des convertis qui sont nombreux à vouloir vivre leur foi loin des terres de leurs ancêtres mécréants.

Le scénario est, à la lettre, ce qu'on retrouve dans les quartiers. Cette manifeste envie de singer son voisin. Cette volonté d'être

1 Du porc.

meilleur musulman que ceux qui sont nés musulmans. Un désir de *charia*, de révolution intérieure, de racines appropriées dans la colère, le dégoût de son environnement et la victimisation. Je suis différent des autres, je ne pouvais qu'être votre semblable… en pire !

Sharia4Belgium s'était fait une spécialité de défendre les femmes converties. La présence aux côtés de ce groupuscule djihadiste de la Belge Stéphanie Djato, « niqabée » et prétendant avoir été maltraitée par la police lors d'un contrôle d'identité, offrait une plus-value médiatique indiscutable à ce clan de fanatiques. En accordant conférence de presse sur conférence de presse à des médias forcément curieux de rencontrer la bête de foire qu'était devenue cette pauvre Stéphanie, *Sharia4Belgium* démontrait que les convertis – spécialement les femmes – n'avaient aucun mal à exiger la *charia*, contrairement à des nés musulmans, souvent vus comme trop soumis au « pouvoir du gouverneur », pour reprendre le vocabulaire salafiste en usage.

Pas étonnant que les nouveaux entrants dans l'islam veuillent à tout prix être appelés « reconvertis ».

C'est le but : on efface tout, on recommence. Principe théologique et rétroactif : vous êtes musulman depuis le jour de votre naissance. Vous n'avez jamais mangé de porc, vous n'avez pas bu d'alcool, vous n'avez pas été baptisé. Votre passé s'est évanoui, il est annulé. Certaines femmes converties pensent ainsi redevenir vierges. C'est moins cher et moins douloureux qu'une nymphoplastie.

Pis : Allah fermera les yeux sur les délits et les crimes que vous avez commis quand vous étiez un sale polythéiste ! Le casier judiciaire des convertis, cela vaut bien les revendications de tous les syndicats de la magistrature du monde, et de toutes les Christiane Taubira.

Parmi les nombreuses et timides propositions des musulmans réformateurs, il y a celle consistant à rendre plus difficile le parcours de conversion. Rien ne serait plus aisé, tant il est rapide de se tourner vers Allah. Une phrase suffit. Une minute chrono, même pas. C'est assez hilarant d'entendre des Français de souche, ne connaissant rien à l'arabe, prononcer au micro d'un imam :

« *Ash-hadu an lâ ilâha illa Allah, wa ash-hadu anna Muhammadan rassulu-llâh*[1]. »

Et il ne s'agit que de la version la plus formelle. Un simple témoin musulman suffit. Vous pouvez le faire dans le bus, si vous ne craignez pas de réciter la *chahada* dans les transports en commun ! Pas besoin d'aller à la mosquée pour épouser la religion. Là où le judaïsme, autre religion « législative », demande des années d'étude, des cours d'hébreu, des examens théologiques à n'en plus finir, une circoncision – même à l'âge adulte –, l'islam n'exige qu'une déclaration.

Les soldats de l'État islamique ne s'embarrassent pas davantage en Syrie, en parquant des Yézidis dans des gymnases et en leur demandant de réciter la profession de foi – il est vrai, sous la menace explicite d'une crucifixion en place publique.

Résultat : le reconverti ne connaît le plus souvent rien de l'islam. Mais l'islam s'en fiche. La *dawa* – l'appel fait aux non-croyants à embrasser la religion du prophète –, marche à plein tube. Cette cadence industrielle est bien pratique en temps de conquête musulmane pour imposer sa foi.

Toutes les explications les plus imbéciles ont été données sur l'importance de la proportion des convertis partis au *djihad*. Comme toujours, les remarques psychanalytiques sont les plus en vogue : faiblesse d'esprit, désir de s'évader des pesanteurs d'un

1 « Je témoigne qu'il n'y a de dieux autres qu'Allah, et je témoigne que Muhammad est son messager. »

monde dont on refuse la réalité, envie de refaire sa vie, cocu du Front national, etc. Il y a autant de raisons débiles que de convertis.

Moins glamour qu'une explication « psy », l'emprise du salafisme missionnaire en France n'est pas pour rien dans cette islamisation des esprits. C'est au nombre des conversions qu'on peut juger de la puissance des courants extrémistes en France, au premier rang desquels on trouve les mosquées affiliées à l'UOIF, et donc aux Frères musulmans, inventeurs modernes de l'islamisme facile et rapide, l'islamisme social et « pour tous ».

Petit tour, justement, dans une mosquée tenue par les Frères : réunion de « reconvertis » ayant pour objet la « mise à niveau » des candidats au paradis d'Allah.

Je me présente à l'une de ces assemblées à la mosquée de l'Union, à Montpellier. Un homme vient à ma rencontre. Il est ravi de tomber sur un journaliste :

« J'ai tant de choses à vous dire ! »

On le croirait sorti d'un sketch des Inconnus. Collier de barbe blanche, lunettes sans monture, *djellaba* toute neuve, il m'explique pourquoi il a choisi l'islam.

« Je suis un ancien cadre des champagnes Taittinger, une mafia tenue par les sionistes. »

Il voudrait que j'écrive un article sur son sort et gribouille un numéro de téléphone qu'il me tend.

« C'est très grave ! Le Mossad a fouillé dans mon ordinateur. Ils m'ont mis sur écoute. Les juifs ont pourri ma vie. »

Mais encore ?

« J'ai trouvé dans l'islam des gens prêts à m'écouter. »

J'attends du président de l'association musulmane qu'il intervienne. Qu'il feigne au moins la gêne, par un :

« Bon, Jean-Claude est fatigué, veuillez l'excuser. »

Mais il préfère écouter attentivement ce brave Jean-Claude, dont la parano antisémite peut se repaître de haine sur les tapis de prière de cette mosquée qui se fait fort d'accueillir – le plus souvent possible – Hani ramadan, le frère de l'« autre », et qui, justement, ferait passer Tariq pour un dangereux apostat[1].

J'en profite pour me détourner de mon interlocuteur en demandant aux autres participants s'ils condamnent Daesh. J'en prends plein la gueule. Discours bourrés de poncifs dieudonnesques :

« Est-ce que vous oseriez demander aux Juifs dans les synagogues, s'ils condamnent Tsahal ? » me lance Elsa, une jeune reconvertie – « mon ancien prénom », précise-t-elle.

« Ah tiens ! leur fais-je remarquer, si l'armée israélienne est celle des juifs du monde entier, c'est donc que Daesh est l'armée des musulmans du monde entier. »

Il paraît que je n'ai rien compris. Syllogisme provocateur ! C'est Elsa, au visage poupin enserré dans son *hijab*, qui me raccompagne à la porte. Elle me tend un livre offert à tous les reconvertis ce jour-là. Encore un de ces petits bouquins édités à La Courneuve qui ont le mérite de pouvoir être lus aussi rapidement qu'est prononcée la *chahada*. Son titre : *La Modération islamique et ses caractéristiques*, de l'ignominieux Youssef al-Qaradawi, interdit de territoire à près peu partout dans le monde musulman, à l'exception du Qatar. Un copain des frères ramadan. Mais attention : à la différence de Tariq et d'Hani, al-Qaradawi ne s'embarrasse pas de double discours.

Voici quelques extraits de ce livre destiné, donc, à enseigner la modération aux convertis – pardon… aux reconvertis :

1 On doit notamment à ce Suisse, moins connu que son cadet, des opinions pour le moins tranchées. Le sida comme punition d'Allah, l'Europe infiltrée par le Mossad. Ou plus récemment, sa saillie, en août 2015, dans *La Tribune de Genève*, où il critique la remise de la Légion d'honneur aux trois militaires américains du Thalys : « Cet événement va rehausser le prestige des militaires américains, passablement amoindri par les agissements d'une armée qui sème la mort à grande échelle depuis des décennies partout où elle se rend. »

« Il faut sensibiliser la communauté à l'idée que le *djihad* est une obligation individuelle, pour libérer son pays de toute autorité étrangère qui lui est imposée. Par conséquent, la résistance à l'occupation étrangère est une obligation confirmée, car il s'agit de la bouter hors du territoire musulman. »

Plus loin, encore :

« Il appartient à la communauté de résister au double impérialisme américano-sioniste, dont la cible est l'ensemble de la communauté musulmane. Il combat l'islam sous prétexte de combattre le terrorisme. »

Autre petit message :

« Il faut préparer, dans la mesure du possible, les équipements militaires afin d'intimider l'ennemi[1]. »

Plus loin encore, sur les femmes :

« Il faut émanciper la femme des calamités de l'invasion culturelle occidentale qui l'a sortie de sa nature primordiale et n'a fait aucun cas de sa féminité. »

Ce petit livre donne aussi des conseils pour attirer les musulmans :

« Il convient d'adopter, dans la prédication, la méthode de l'annonce de la bonne nouvelle. »

Le voilà le dialogue interreligieux ! Les Frères musulmans lorgnent sur les méthodes des mécréants évangéliques pour vendre l'islam. Et pour convertir. De vrais témoins de Jéhovah ! Sur le schéma de leur illustre modèle égyptien, les Frères musulmans organisent ainsi des maraudes, des distributions de repas chauds, auprès des SDF des grandes villes. Officiellement, il ne s'agit pas de convertir les miséreux. Mais ce genre de bonnes intentions, dont l'hypocrisie rappelle celle des pires mouvements

1 Soyons justes : la mosquée de l'Union a condamné les attentats de *Charlie Hebdo* et les attentats du 13 novembre 2015. Pour les responsables, les terroristes n'avaient rien à voir avec l'islam. Mais davantage, peut-être, avec le livre qu'ils donnent aux convertis ? À ce jour, cette mosquée n'a jamais été perquisitionnée.

sectaires, fait rarement l'économie de rappels coraniques, ou de banalités d'usage :

« On demandera à Allah de prier pour vous. »

Par le truchement – avec force photos sur leurs réseaux sociaux – de ce genre d'action, l'islam s'impose, comme les religions chrétiennes, sur le marché de la charité. Rien de répréhensible là-dedans. Après tout, l'Armée du Salut a depuis longtemps compris l'enjeu d'un tel procédé. Mais l'Armée du Salut ne tient pas ses ordres de la fratrie ramadan !

Ceux du *tabligh*, autre branche ultra-prosélyte et fondamentaliste de l'islam, ont depuis longtemps adopté cette démarche à Lunel. Avec porte-à-porte. Du rentre-dedans amical qui finit par lasser le musulman modéré qui retourne à la mosquée sous la pression et qui, par contagion, y ouvre la voie à l'infidèle. Ce qui explique, peut-être, le grand nombre de convertis dans cette petite capitale du djihadisme à la française. Cette façon pacifique d'installer l'islam passe inaperçue dans un premier temps. Jusqu'à ce qu'éclate le scandale d'un nouveau cortège de départs vers la Syrie !

L'imam Khattabi, assigné à résidence pendant l'état d'urgence, avait adopté ces méthodes américaines, en filmant les conversions au McDonald du coin, entre deux *sundaes* à la fraise[1]. On se situe entre la clandestinité et la bonne franquette. Frontière difficile à établir. C'est lui qui a converti la Rolls des djihadistes lunellois. Un jeune homme de père juif et de mère catholique, Raphaël Amar, mort en octobre 2014, sous les bombes de l'aviation de Bachar al-Assad.

« Il se félicitait d'avoir converti un Juif, c'était sa plus grande réussite », me confie son ex-patron d'alors, le recteur de la

1 « Je suis un vendeur. Je vends l'islam. » Entretien avec l'auteur.

mosquée Averroès, Lhoucine Tahri, qui l'avait viré, « le trouvant un peu trop politique dans ses prêches ».

Le père de Raphaël Amar, « juif non pratiquant, pas vraiment sioniste[1] », conteste qu'il ait converti son fils à l'islam. « Mais, précise-t-il, il s'en est attribué le mérite, c'est vrai. »

Le jeune Raphaël, étudiant brillant, aurait découvert l'islam radical, à Manama, à Bahreïn, son école d'informatique ayant, malheureusement, une convention d'association avec ce pays. Peu importe, finalement, l'endroit de la révélation. Raphaël, décédé à vingt-trois ans, était la cible parfaite. Des jeunes de Lunel voient dans ce martyr un double héros :

« Qu'un juif soit mort dans le sentier d'Allah, ça en jette ! »

Pour le père de Raphaël, aucun doute que ces conversions « clic-clac Kodak », comme il les appelle, sont « de véritables dangers ».

« Bienvenue dans l'Islam, *Allahu akbar* ! »

C'est tout ce que dit Khattabi, avant d'ajouter, mystérieux :

« Je vous préviens tout de suite, avec les attentats, ça va pas être facile... Mais... *Mash'Allah*, bienvenue ! »

C'est vrai que les messages de Khattabi sont risibles au possible quand il convertit.

« Voici tes nouveaux frères... Bienvenue dans l'*oumma.* »

Bienvenue chez ces fêlés qui considèrent encore qu'un Syrien lointain est davantage un frère qu'un Français mécréant, ou qu'un Palestinien qui se fait sauter dans un bus de Tel-Aviv est un martyr de la cause islamique.

Il faut reconnaître un véritable courage à une poignée d'imams, encore trop peu nombreux, qui se refusent à convertir des jeunes et qui exigent de rencontrer les parents.

1 Entretien avec l'auteur.

L'imam Darrouf, désormais chargé du culte dans le quartier du Neuhof, à Strasbourg, est de ceux qui refusent cette évangélisation musulmane, digne des mormons.

Il m'avait alerté « sur ces lycéens qui, par esprit d'imitation, font le ramadan pour plaire aux copains, sans avoir été intimidés en quoi que ce soit ».

Il s'en était ouvert à un proviseur de lycée d'un quartier difficile. Le chef d'établissement n'a pas donné suite aux inquiétudes de l'imam, trop occupé sans doute à promouvoir le *vivre ensemble*.

Car, comme dans *Il était une fois dans l'Oued*, le mécréant adopte les comportements de la majorité.

Il les singe.

On n'est pas loin de la germanisation librement consentie d'une poignée d'Alsaciens, plutôt favorables à leur annexion par le Reich. Ces convertis de la première heure ressemblent à de petits Doriot, qui, pour s'attirer les faveurs de l'occupant, se mettent à apprendre sa langue et à adopter son costume. À chaque époque sa façon de séduire celui qui fait la loi : uniforme allemand pour les uns, *kamis* pour les autres. Haine des juifs en 1942, haine des sionistes en 2016.

Division Charlemagne & djihadistes convertis.

L'histoire change. Les rôles restent les mêmes. En territoire hostile, contrefaire, c'est survivre. Se camoufler, se faire oublier. Imiter, se faire accepter. Se convertir, c'est se soumettre à la loi du plus fort : aujourd'hui, le salafiste.

Bien avant leur emprise sur l'islam de France, les conversions étaient anecdotiques. La plupart étaient le fait d'hommes épousant des femmes musulmanes. Une formalité quasi administrative. Rien de bien méchant. La *taqiya* des cœurs. *Ya habibi*[1] vaut bien une récitation.

1 « Ô mon aimé ».

La donne a changé. L'islam est plus prosélyte que jamais. Plus visible aussi, plus agressif dans son déploiement. Les « salons du musulman » pullulent partout en France avec leurs variantes : salon de la femme musulmane, salon du mariage musulman, stands de *fatwas*, etc.

Lyon, capitale française du salafisme, est un petit laboratoire de la vague des conversions. Face à ce phénomène, la mosquée de Villeurbanne a mis en place des sessions de formation pour apprendre l'islam. Histoire de ralentir un peu le phénomène ou de décourager carrément les candidats. Une *bid'ah*[1] que refusent les rigoristes. Ces derniers y voient bien sûr la main de l'islam modéré et collaborationniste qu'ils exècrent tant.

C'est le prédicateur salafiste – qui n'est pas forcément un imam – qui se chargera de la formation. Le « mentor » fournira l'impétrant en livres islamiques... Et certainement pas en bouquins d'islamologues mécréants. Il évitera encore plus ceux de Hassan Chalghoumi. On lui fera gober du dur, du pur, du jus de souffle divin approuvé par les mosquées wahhabites.

On ne craint pas le ridicule ! Voici des Kévin et des Cindy auvergnats déguisés en Saoudiens. Des petits jeunes qui changent de prénom, bossent le cal de prosternation qui noircit leur front pour être plus salaf' que salaf', la *tabaa*.

En une génération seulement, on est passé du prénom américain de série américaine au prénom musulman du converti. Là aussi, c'était très bien vu de la part de Djamel Bensalah, de baptiser son héros Johnny.

Le prénom, marqueur social, raconte une histoire. Celle de ses parents, d'abord, qui rêvent leur enfant. Puis celle d'un futur, quand le converti en choisit un.

1 Innovation, en arabe. Toute innovation dans les règles de l'islam est supposée conduire en enfer. Les règles sont faites pour êtes immuables. Cela vaut, évidemment, pour les conversions.

Ah, ces djihadistes convertis qui s'affublent de noms de guerre… Les « Abu al-Faransi[1] » sont légion dans Daesh. Maxime Hauchard se faisait appeler Abou Abdallah al-Faransi ; Kévin Chassin, le Toulousain kamikaze qui, une heure avant de mourir envoyait par SMS un « je t'aime maman » à sa mère française, se faisait appeler Abou Maryam al-Faransi. Mickael Dos Santos, peut-être parce qu'il était d'origine portugaise, se contente d'un presque sobre Abou Uthman, du nom du troisième calife – peu créatif pour quelqu'un qui se destinait à être peintre en bâtiment.

« Il y a, note Michel Younès[2], islamologue lyonnais, un vrai désir d'absolu chez les convertis. Le salafisme répond à ce besoin. Dans une ville comme Lyon, où aucune communauté n'a d'ascendant sur l'autre – marocaine, tunisienne, algérienne et turque –, le salafisme remet de l'unité, brise les frontières, unifie les rites. Les convertis débarquent dans ce climat. » Et s'adaptent très vite à leur nouvel environnement, tant il méprise leurs racines nationales et sociales. Résultat : les mosquées lyonnaises croulent sous les demandes de conversion. Et les cours du soir pour convertis dans les arrière-boutiques de librairies islamistes se portent bien.

On se presse, par exemple dans le VIe arrondissement, à la frontière avec Villeurbanne, dans la librairie Tawhid, pour y apprendre le salafisme. Même si on se défend – évidemment – de prêcher la haine.

« Nous sommes des piétistes, nous n'avons rien à voir avec les sectes terroristes qui dévoient le message de l'islam », me raconte le gérant de cette librairie de laquelle je repars avec un paquet de bonbons *halal* – « Alors, vous voyez, vous n'êtes pas mort en les mangeant, ah ! ah ! » – et *Les Jardins de la piété* de l'imam an-Nawawi, recueil impressionnant de *hadiths*, sorte de manuel du musulman, dont le chapitre 234, intitulé « Des vertus du

1 Littéralement : « Père du Français », manière de désigner les Français.

2 Entretien avec l'auteur.

combat », est une sorte de mode d'emploi du *djihad* contre les mécréants.

Une fois de plus, soyons justes : si un fidèle m'assure « que le chiisme n'est pas l'islam », on ne me dit pas qu'il faut en brûler les adeptes. Ici, on se contente de la haine pathologique d'Israël. Tout rappelle, dans la boutique-école coranique, vitrine d'un salafisme *light*, qu'al-Qods[1] doit être libéré.

Et s'il n'y avait que les mosquées radicales pour se convertir ! Les résidences des Associations pour le développement des foyers, l'Adef, censées promouvoir le logement des travailleurs migrants sont devenues de véritables forces de recrutement pour la voie d'Allah. Et il ne s'agit bien souvent plus du salafisme présentable mais d'officine de la haine assumée. Exemple dans celle de Pontoise – *must* du genre : le sous-sol sombre et crasseux de cet endroit sert de mosquée improvisée pour les résidants. On vient de loin pour assister aux prêches, pour se convertir. Le personnel administratif semble ne pas être au courant de ce qui s'y trame. Les pensionnaires prosélytes approchent leurs voisins qui ne seraient pas encore musulmans pour les convaincre de rejoindre l'islam. On n'est pas encore au stade de la crucifixion mais ce travail de catéchumènes musulmans, de mission divine, a de quoi inquiéter. La préfecture du Val-d'Oise a d'ailleurs fait fermer le lieu au début de l'état d'urgence.

Mais pour un foyer Adef fermé combien de résidences de ce type pratiquent un islam conquérant où la majorité musulmane tente de s'imposer à la minorité ? Le témoignage d'une convertie de Mulhouse, paru dans *La Croix*[2], est édifiant. La jeune fille de vingt-deux ans, Émeline, s'est convertie « en intégrant un foyer de jeunes travailleurs à Lyon, en 2012 ». Le journal précise que son

1 Littéralement : « Le Saint », i.e. Jérusalem.

2 « Émeline, convertie à l'islam radical, attaque l'État français », *La Croix*, 30 juin 2015.

choix s'est porté sur l'islam « en partageant son quotidien avec de jeunes musulmans ». La mère de la jeune adulte avait alerté les autorités après avoir entendu sa fille déclarer que « mourir en martyr était un moyen d'engranger des points supplémentaires pour gagner le paradis ». En trois ans de pratique d'un islam salafiste, Émeline s'est mise à l'arabe, porte le *jilbab*, refuse de s'assoir en compagnie de ses parents à table si du vin est servi. Une bonne élève ! Comme tant d'autres. Comme cette dernière, qui a découvert l'islam grâce au Foyer de jeunes travailleurs de Saint-Ouen et qui s'épanche sur Internet :

« *Salam [...] Après plusieurs épreuves diverses, je me suis retrouvée en foyer de jeunes travailleurs à Saint-Ouen. J'ai découvert et rencontrés des gens de toutes origines, dont une majorité musulmanes ! Un ami travaillait dans les pompes funèbres et parlait de la religion chaque jour avec un musulman [...]. Il apprenait donc jour après jour au travail les bases de l'islam et chaque soir il passait me voir me raconter ce qu'il avait appris. J'étais jeune j'avais dix-huit ans ! Pour moi, la vie c'était s'amuser. Lui me parlait de prières cinq fois par jour. Je me souviens lui avoir répondus : "Tu vas te faire chier dans ta vie à faire la prière cinq fois par jour." Puis cet ami me racontait les histoires de la tombe.... Ce qu'il me disait me restait en tète malgré ma réticence [...]. Grâce à dieu dans mon cœur, je me suis posé les premières questions. Comment est descendu le coran. Qui l'a écrit ? Pourquoi apprend-on à l'école que l'homme descend du singe*[1] *?*

Puis, je me suis retrouvée seule. J'avais quitté le foyer. Seule dans un studio à méditer.

Je ne faisais strictement rien. Le monde tournait autour de moi. Je percevais alors la vie différemment, je méditais sur la création..... rien ne me divertissait l'esprit ! (...) Cet ami me rendait visite et me

1 La contestation de la théorie de l'évolution est un *leitmotiv* chez les convertis qu'on retrouve chez les nouveaux musulmans d'obédience salafistes comme chez les protestants évangéliques.

disait par exemple : "Ne mets pas des posters, des photos. Cela fait fuir les anges." (...) Jusqu'à ce que je décide d'entrer en islam par la grâce d'Allah. Et j'ai demandé à commencer à apprendre la prière en français puis très vite en arabe. J'ai compris la vérité de l'islam, en la comparant à la religion chrétienne ! Il n'y a rien de comparable à l'islam. J'ai découvert le sens de la vie. » [*sic*]

Plus loin, dans un autre message, la jeune femme s'interroge : « *Hamdoulilah qu'il y ait tant de conversions !*

Malheureusement la plupart de ceux qui sont nés dans l'islam – je ne généralise pas – souhaitent presque en sortir ! Ils veulent copier les kouffar, ils ne répondent même pas au salam et préfèrent répondre bonjour. Vous rendez vous compte[1] *!* » [*sic*]

On retrouve la même logorrhée chez les djihadistes, la même hantise d'être associé aux *kouffar* et, toujours, la petite leçon de vie – « J'étais dans l'ignorance. » –, sans oublier la théologie comparée du vendredi : « J'ai d'abord étudié les autres religions... »

Quand on lit le récit de cette convertie de Saint-Ouen, on croirait entendre celui de Victor Guevara, membre de la cellule islamiste de Cannes-Torcy, composée d'une vingtaine de combattants et démantelée en 2012. Ce groupe terroriste compte à son actif quatre tentatives d'attentat, des recrutements de djihadistes pour la Syrie et un prosélytisme de tous les instants aux abords des mosquées que ses sympathisants fréquentaient.

Mais écoutons donc le discours de Victor Guevara. S'il a choisi l'islam, c'est « parce qu'à l'école catholique, on m'a expliqué que l'homme descendait du singe » – décidément, c'est une obsession chez eux !

1 Récit de conversion pris sur forum du site Internet de la grande mosquée de Lyon.

Victor veut se faire une opinion « par lui-même » en s'achetant « une traduction du Coran ». C'est là qu'il accepte « l'islam comme la vérité » tout en poursuivant « ses recherches sur Internet ».

Ah, les sales *kouffar* qui osaient enseigner Darwin ! Sans Darwin, Victor, alias Djibril, serait en train de faire du pédalo dans la baie de Cannes.

Parfois, Victor Guevara se fait plus philosophe :

« On est la seule race humaine [*sic*] à réfléchir par nous-mêmes sur la Terre. Il faut donc s'écarter des médias et revenir à la source, le Coran. »

Puis, le jeune djihadiste, dans une séquence qu'on croirait inspirée de l'émission *Fréquence Star* de Laurent Boyer – on voit Cannes en arrière-plan, les séquences sont entrecoupées de questions personnelles comme : « Tu as un message à faire passer ? » –, y va de ses conseils pour ses « sœurs et frères en Islam » :

« Choisissez bien vos fréquentations, choisissez des gens qui vous encourageront à être endurants. »

L'endurance, la patience : une terminologie typique du *djihad*. Nombreuses sont les vidéos de l'agence de presse *Furat*[1] de l'État islamique à utiliser le mot « endurance ». Le fameux effort de patience : un *djihad* sur soi-même, comme le diraient les imams modérés ! Intitulée « Combattez-les par vos mains, Allah les châtiera[2] », une vidéo exhorte ainsi les « lions » de l'*oumma* à l'endurance :

1 Le nom arabe de l'Euphrate.

2 Référence à la sourate 8 (le Butin), verset 17 : « Croyants, vous n'avez donc point tué ces infidèles, mais c'est Allah qui les a tués. Tu n'as point visé quand tu as visé, c'est Allah qui a visé », d'après une traduction faisant autorité, celle de Régis Blachère, celle utilisée par l'auteur.

« Allah aime les patients, il faut patienter », dit ainsi Abu Omar al-Firansi[1], vautré par terre avec sa kalachnikov, et en chaussettes *Nike*.

Le même baratin qu'on retrouve chez les convertis des prisons. Mais attention, sujet tabou ! Il n'y a guère plus que les surveillants de prison pour oser en parler. Néanmoins, des sources du ministère de l'Intérieur estiment à environ 10 % du total des conversions en France celles effectuées en prison. On retrouve des profils djihadistes, bien sûr, comme certains membres de la cellule Cannes-Torcy, qui ont découvert Allah derrière les barreaux, mais aussi, selon le membre d'un syndicat pénitentiaire FO de la région lyonnaise[2], « des gamins perdus qui se retrouvent au milieu des barbus qui font la loi ». C'est leur passeport pour la paix sociale. Avant, le jeune prisonnier faisait allégeance au caïd mafieux des prisons. Désormais, c'est à l'islamiste le plus fort en gueule du parloir qu'il doit prêter allégeance.

Une *chahada* et on te fout la paix. Charge à toi de faire passer le message aux mécréants. Et cet islamiste le plus fort en gueule est souvent l'imam autoproclamé d'une communauté qui ne voit dans l'aumônier des prisons, simple civil, qu'un énième collabo de l'État, une énième taupe « prête à balancer ses frères ».

Pire, ces conversions en prison favorisent le passage à un islam djihadiste. Le *vivre ensemble* en prison – la fameuse mixité carcérale – offre des perspectives de recrutement inouïes. Selon une étude des Renseignements généraux – pourtant menée en 2005, 17 % de ces convertis rejoignent un groupe radical à la sortie des prisons ! On se convertit pour la paix sociale et on ressort pour faire la guerre. De véritables fabriques de fous d'Allah.

1 Encore un ! Il ne s'agit pas de Mehdi Nemmouche, l'auteur de l'attentat contre le musée juif de Bruxelles mais d'un autre.

2 Qui préfère rester anonyme – « Je suis astreint à un devoir de réserve » – alors qu'un syndicaliste est censé être davantage libre de s'exprimer qu'un fonctionnaire ordinaire.

En Grande-Bretagne, les islamistes incarcérés pourtant dans de prisons de haute sécurité commencent même à lever la *djizîa,* un impôt demandé aux non-musulmans, auprès des infidèles[1], un comportement qu'on pensait réservé à l'État islamique.

Et demain ?

Si quelques convertis se sont déjà fait exploser dans des attentats-suicides en Irak et en Syrie, aucun Français, ou aucun Européen « de souche », n'a pour l'instant attaqué son pays d'origine au nom d'Allah.

C'est le rêve de Daesh. Et ce n'est pas un fantasme.

Les appels de djihadistes bretons ou toulousains, via Youtube, à frapper les mécréants en France, où qu'ils soient, ne sont pas étonnants. Et le message se double d'une menace : l'ennemi est devenu invisible.

« Le converti blanc à l'islam doit réaliser que son destin d'Européen est grand. Il peut accomplir le djihad sous couverture. Il peut espionner les leaders non musulmans qui constituent une menace pour les musulmans, en prétendant lui être favorable alors que sa loyauté va à l'islam et aux musulmans. Il peut être leur garde du corps et les assassiner, donner leur adresse, leur emploi du temps, par exemple. »

L'extrait est tiré du guide pour djihadiste *Comment survivre en Occident*[2].

Ne reste plus, pour certains, qu'à l'appliquer.

1 *Sunday Times*, 1er novembre 2015.
2 *How to survive in the West – A Mujahid Guide*, p. 18. Traduction de l'auteur.

RÈGLE V

MENS AUX MÉCRÉANTS.

« Cachez ce qui est dans vos poitrines ou divulguez-le, Allah le sait. »

Le Coran, sourate 3, « La Famille d'Imram », verset 29

« Et c'est en Allah qu'il faut avoir confiance, si vous êtes croyants. »

Le Coran, sourate 5, « La Table Servie », verset 23

La presse adore les interroger. Il faut admettre qu'il n'y a pas plus facile à trouver en France que les imams modérés. On les rencontre le plus souvent dans les grandes mosquées. Ils prêchent le « dialogue interreligieux », se plient de bonne grâce aux interviews après chaque attaque terroriste et scandent ce consternant message :

« Ce n'est pas ça, l'islam ! »

Ils sont gentils, les imams « de France ». Inoffensifs. Et surtout totalement inefficaces pour combattre les radicaux.

On aurait tort de se priver d'aller à leur rencontre après un attentat. Leur discours est calibré, à l'identique, de Calais à Marseille :

« Nous condamnons tous les agissements qui sont contre le Coran. »

Même si ce Coran autorise les musulmans à l'offensive quand ils sont attaqués... Alors même que cette jeunesse djihadiste se sent visée par l'Occident.

Ma première expérience d'hommage post-attentat, je l'ai vécue après la mort d'Hervé Gourdel, à la mosquée Averroès de Montpellier, en plein quartier de La Paillade[1], une zone, au nord de Montpellier, connue pour abriter le stade de l'équipe de foot de la ville, une colonie de Marocains et une vingtaine de jeunes,

1 Rebaptisé La Mosson.

tous partis en Syrie pour casser du Chiite, sous prétexte d'action humanitaire. Le tout sur fond de chômage endémique : un quart de la population, 40 % chez les jeunes. Un quartier que le maire Georges Frêche avait jadis baptisé « Ouarzazate ».

Farid Darrouf, alors imam de ce lieu de culte, se prêtait de bonne grâce aux interviews succédant à la minute de silence. BFMTV enregistrait ses condamnations, ses indignations, son exaspération, même. On ne peut accuser ce religieux de manquer de sincérité. L'homme, d'origine marocaine, s'est fait une spécialité : se mettre à dos sa propre communauté. En confisquant un drapeau palestinien, en plein Aïd el-Fitr, en 2014, durant l'opération Bordure protectrice, à des croyants un peu trop anti-Israéliens à son goût. En vilipendant l'emprise des Frères musulmans sur sa ville. En dénonçant la montée du salafisme. En refusant de convertir certains jeunes. La liste est longue : elle lui a valu d'être décoré de l'Ordre national du Mérite. Mais Farid Darrouf, aussi franc soit-il, n'est aimé que des journalistes, des intellectuels et des bobos. Les pratiquants, eux, s'en foutent pas mal... Ils désertent ce genre d'endroits. Le président de l'association qui gère la mosquée Averroès l'avoue lui-même :

« Il est trop républicain. On a perdu mille fidèles avec ses prêches ! »

Il n'y a guère plus que les *chibanis* – les vieux – pour s'y rendre. Le lendemain de l'annonce de la mort d'Hervé Gourdel, combien de télés ont filmé le départ bruyant, haineux, de centaines de jeunes refusant de participer à la minute de silence ? Aucune ! L'important, c'était de matraquer le désormais liturgique slogan « Ce n'est pas ça, l'islam ! » partout en France. Après quoi, on remballait les caméras.

Mais l'islam d'aujourd'hui, justement, ce sont ces colonnes de jeunes fuyant les appels à la paix des grandes mosquées. Et dire que ça se passe dans des lieux de culte dits républicains ! D'autres responsables religieux ne se risquent pas à un tel baratin. Pas de minute de silence dans une autre mosquée de Montpellier, celle de l'Union, tenue par les Frères musulmans.

« Est-ce qu'on entend les synagogues condamner les actes de Tsahal ? » me dit une fois son responsable.

Comparaison intéressante : si Tsahal est l'armée de tous les juifs de France, Daesh serait donc l'armée de tous les musulmans de France.

Aucune réprobation, bien sûr, à la mosquée de Lunel, trop occupée à prononcer la prière des morts pour les djihadistes tombés en Syrie. *Business as usual* dans les salles miteuses de prière, plus ou moins clandestines, où on ne se risquera pas à condamner le *djihad*, puisque, de toute façon, on y assure la promotion du martyr.

C'est le résultat du double jeu malsain de la double *taqiya*. Soit l'art de dissimuler et de mentir, spécialement aux mécréants, en cas de danger. Double car elle est aussi bien utilisée par les modérés que par les radicaux. À des fins différentes, certes, mais avec des effets évidemment identiques : couvrir la frange la plus pourrie de sa communauté.

Pour être modéré – et donc pour ne pas avoir d'ennuis avec la justice – un imam a tout intérêt à ne pas évoquer la présence de radicaux au sein de sa mosquée. Quitte à mentir. À Lucé, près de Chartres, aucun responsable de la mosquée des Bienfaisants ne se souvient précisément d'Ismaël Omar Mostefaï, l'un des assaillants du Bataclan. Le djihadiste a beau y avoir mis les pieds pendant trois ans, pas l'ombre d'un de ses coreligionnaires ne se souvient d'une radicalisation. Soit les responsables de la mosquée mentent, soit Ismaël Omar Mostefaï est finalement aussi radical que les autres... Peu surprenant dans une mosquée tenue par des durs.

Ces lieux salafistes sont adeptes du double langage. Celui d'après-prêche – le plus tartiné en matière de haine de l'Occident – et celui destiné aux médias. On ne s'embarrasse même plus... À la mosquée des Mureaux, perquisitionnée au début de l'état d'urgence, les responsables ne récitent même plus leur discours. Lorsque je m'enquiers du départ d'un certain nombre de jeunes de cette cité des Yvelines, on me tend un tract intitulé *Position de la Salafiya face aux actes criminels perpétrés à Paris.* Intéressant petit document qui, évidemment, innocente les salafistes. Extrait :

« Il n'est pas impensable que cet acte [l'attentat contre *Charlie Hebdo*] soit en réalité une offense visant à porter préjudice aux adeptes de la *sunna* en particulier et à l'ensemble des musulmans résidant en France... »

Comprendre : « C'est sans doute un complot. » Tout le tract est du même tonneau. On est heureux d'apprendre que « les gens raisonnables, parmi les juifs, les chrétiens et autres ont respect et estime envers les salafis. Ils sont apaisés vis-à-vis des adeptes de la *sunna* et savent pertinemment que le problème ne provient pas d'eux ».

Les autres ne sont pas raisonnables, pas assez asservis, pas assez *dhimmis*. Habitude détestable des salafistes qui, en matière de *vivre ensemble*, aiment beaucoup parler à la place des Français.

Devant un tel tissu d'aberrations, destinées à tromper le visiteur, je demande à rencontrer le responsable de la mosquée, occupé ce jour-là à discuter avec une enseignante voilée de l'école coranique voisine. Je veux savoir. Que pense-t-il des départs, dans sa ville de jeunes, pour le *djihad* ? Il se terre dans son bureau mais consent à me recevoir. Il est gêné, « en a marre de parler à la presse, qui déforme tout ».

Un membre de l'association me fait une leçon de journalisme et me vante le comportement exemplaire d'une consœur de France Inter venue l'interroger sur le même sujet :

« Imitez-la, en nous demandant de faire valider ce que vous allez écrire sur nous. »

La *taqiya* relayée par un média de gauche ! De l'art de servir la propagande des autres...

Que les salafistes en soient arrivés à condamner – publiquement, s'entend – le terrorisme est plutôt nouveau. À mesure que les perquisitions prenaient de l'ampleur, les adeptes d'un islam pur et dur, proche dans sa rigidité absolue de celui pratiqué par l'État islamique, les imams les plus conservateurs, pour ne pas dire les plus rétrogrades, se sont mis à chanter le refrain de la fraternité. Eux dont le dogme interdit pourtant l'alliance avec les mécréants, le pouvoir, la démocratie, ont vite fait de se raviser...

Tout à coup, la loi du *taghout*[1], qui les dégoûtait tant, devenait respectable. Du pipeau !

Le fantasque imam de Brest, Rachid Abou Houdeyfa, qui s'est fait connaître par un sermon enflammé, adressé à des enfants, contre la musique « qui transforme les gens en porcs et en singes », se fendait lui aussi de sa réprobation des attentats :

« Ces actes n'ont rien à voir avec l'islam », disait-il au *Télégramme*.

On connaît la chanson. L'adepte de la *charia* y ajoutait même un couplet :

« Je me félicite que ma mosquée ait été perquisitionnée ! »

C'était trop d'honneur. Plus républicain que lui, tu meurs ! Dans le genre « baissage de *kamis* » en règle, l'imam de Brest est un champion, allant même, après avoir reçu la visite de la police,

1 Adoration transgressive de ce qui n'est pas islamique.

jusqu'à poser devant les photographes en jeans, la barbe fraîchement taillée. *Taqiya all the way !*

Qu'un salafiste puisse anathématiser ses coreligionnaires, c'est très bien. Mais ça ne sert strictement à rien. Pendant des années, ces mêmes salafistes ont ensemencé le terreau intellectuel des djihadistes. Qui serait dupe de leur manœuvre ? Sinon les commerçants du *vivre ensemble*, prêts à fermer les yeux contre un morceau de paix sociale. Rachid Abou Houdeyfa expliquait d'ailleurs que ses propos sur la musique n'étaient pas à prendre « au premier degré ». Évidemment... Du quiproquo comme dissimulation... Une fable pour expliquer une autre fable : on l'avait mal compris, voilà tout. Comme ce Coran qu'on comprend toujours de travers. « Parce que, vous voyez, vous ne parlez pas arabe, donc... » Concernant le texte, les débats entre les plus grands philologues et linguistes, arabes et occidentaux, ne sont certes pas clos. Mais utiliser ce constat afin de discréditer les non-arabisants est fallacieux. Ce qui importe n'est pas la vérité sémantique des savants, jamais atteinte, mais le sens que les salafistes, qui eux agissent, donnent à toutes les obscurités du texte.

Au jeu de la tartufferie républicaine, il en est des moins malins que le Breton. Un autre imam de Montpellier, Mohamed Khattabi, qui avait officié à Tourcoing et à Nîmes, avant de se faire éjecter pour une histoire de harcèlement sexuel, s'est signalé lui aussi par son art du pas de deux. Deux pas vers l'intégrisme, un pas en arrière vers la République. Ce religieux, canado-marocain, qui se félicite d'avoir obtenu de la France, « en vingt ans, vingt titres de séjour »[1], est capable d'avoir été le mentor des djihadistes de Lunel, d'être un indic pour la DCRI – de l'aveu même d'un des Lunellois partis en Syrie –, de dire, le 13 novembre 2015, que « le

1 Entretien avec l'auteur

musulman est un géant endormi, et [que] s'il se réveille, malheur à qui se trouve dans les parages... » et dans la foulée, de condamner les attentats terroristes de Paris.

De qui se moque Khattabi, pyromane qui condamne les incendies qu'il prévoit dans ses prophéties autoréalisatrices ? De personne, en fait. Il ne fait que protéger les intérêts de sa mosquée et de ses fidèles. Conformément au Coran, d'ailleurs, dont la sourate 3, verset 28, dit :

« Que les croyants ne prennent point les infidèles comme alliés. Quiconque fera cela ne participera d'Allah en rien. À moins que vous ne craigniez d'eux quelque fait redoutable. »

Un « fait redoutable » comme une perquisition, une fermeture de mosquée ou, en ce qui concerne l'imam Khattabi, une expulsion du territoire français !

À Lagny-sur-Marne, en banlieue parisienne, la perquisition de la salle de prière qui tenait lieu de mosquée, s'est révélée productive. Munitions de kalachnikov et propagande djihadiste retrouvées dans les locaux crasseux de cette association cultuelle. Et pourtant, les responsables de la mosquée ont pondu dans la foulée un communiqué digne des meilleurs moments du *tawriya*, cette technique musulmane consistant à dissimuler une partie de la vérité :

« Nous ne véhiculons aucun discours radical ou hostile aux valeurs républicaines. »

De vrais modèles, à les écouter !

On ne peut pas comprendre l'empressement que manifestent certains radicaux à se parer des plus belles vertus du *vivre ensemble*, après chaque attentat, à communier leur amour de la nation française, si l'on ne s'intéresse pas aux imams chouchous des médias, qui en ont fait leur marque de fabrique, au prix, certes, de la haine absolue de la majorité des musulmans, mais avec la récompense suprême : la starification. Au premier rang de ces religieux « bisounours », ainsi surnommés sur Internet par les croyants pas dupes de leur positionnement spirituel, on trouve bien entendu l'imam – autoproclamé – de Drancy, Hassan Chalgoumi, très sympathique personnage, ex-radical, reconverti au *vivre ensemble* après avoir été menacé d'expulsion au début des années 2000. L'homme avait pourtant démarré sa carrière comme prêcheur dans un foyer Sonacotra de Bobigny, époque où les autorités aéroportuaires de Charles-de-Gaulle, où il travaillait comme manutentionnaire, l'avaient privé de son badge en raison de son intégrisme. Sa volte-face, son rapprochement avec la communauté juive, sa dénonciation, en 2010, du port de la *burqa* lui valent toujours la haine des musulmans. Sa représentativité est nulle. Mais il a au moins une utilité : permettre de mesurer le ressentiment d'une grande partie des musulmans pour un islam dit « républicain ». Plus détesté que Chalgoumi chez le musulmans, il n'y a pas.

Dans la même veine, il y a l'ex-Frère musulman Tareq Oubrou, l'imam de Bordeaux, qui, au début de son ministère, osait déclarer :

« Le Califat est une obligation, et la réunion des musulmans autour de ce calife en est une aussi. Tant que les musulmans ne sont pas réunis autour du Califat, ils sont des pécheurs, sauf ceux qui œuvrent pour instaurer ce Califat. »

Aujourd'hui, l'ami d'Alain Juppé, toujours membre des Frères musulmans, mouvement classé comme organisation terroriste par la Grande-Bretagne, est considéré comme un traître à sa communauté, « un vendu à la République », et bien sûr aux Juifs. Le site *Islam & Info* le décrit ainsi :

« Un bouffon à la cour du roi, tel un lâche pendant la bataille, un imam embourgeoisé vivant dans une belle maison dans la campagne bordelaise pendant que le reste de la communauté musulmane vit dans des HLM sales, voguant dans sa BMW, confortablement installé dans sa bibliothèque luxueuse de style Médicis. »

Un bouffon : c'est-à-dire quelqu'un pour amuser les partisans de l'idée que l'islam est pacifique. Une foutaise à laquelle ne croit pas la grande majorité des musulmans qui ne mordent pas à cette *taqiya*-là. Et quand on n'est pas officiellement un imam « bisounours », on peut toujours s'inventer un parcours exemplaire. Le successeur de Farid Darrouf, Mohamed Nayma, peut prétendre devant la presse avoir été imam à Bruxelles dans une mosquée comptant trois-mille fidèles. Personne ne se sera donné la peine d'aller vérifier cette information bidon auprès de l'Exécutif des Musulmans de Belgique, l'équivalent du CFCM. Plus c'est gros, plus ça passe ; du moment qu'on promet « le discours interreligieux », et dans le *vivre ensemble*, on peut mentir sur son C.V. tranquillement !

L'islam de France, c'est celui qui explique, sans rire, que le *djihad* n'a jamais été un appel à la guerre. Combien de fois entend-on les imams expliquer, le plus sérieusement du monde aux journalistes, qu'en réalité, le *djihad*, soit « l'effort », en arabe, n'est qu'un appel à la guerre spirituelle contre soi-même ! Mahomet, en réalité, a appelé à faire le *djihad* « pour être de bons élèves à l'école », pour « respecter ses parents », « pour refréner ses mauvaises intentions ». S'il existe bien l'idée d'un *djihad* contre soi-même, il n'est mentionné qu'une seule fois contre des dizaines au sens de « Guerre sainte » dans le Coran. Rien à faire. Même cette évidence-là est niée.

« On devrait parler plutôt de *qital*[1] », m'avait expliqué Farid Darrouf – dont l'une des filles s'appelle d'ailleurs Djihad – « au sens de combat ».

Pratique ! La novlangue des mosquées se met au service de la communauté des croyants. Ajoutez à cela un peu de rhétorique, dans un genre *Liste de Schindler* musulmane, quand les imams évoquent tel ou tel verset du Coran.

Combien de fois ai-je entendu : « Qui tue une personne, c'est comme s'il tuait l'humanité entière ! » Tout en omettant de préciser que ce verset 32 de la sourate 5 ajoute : « Sans que cette personne ait tué ou répandu le scandale sur Terre. » Ce qui justifie beaucoup de cas de meurtres. Bidonnage, omission : même la réécriture du Coran est tolérée.

Si l'islam de paix – réel ou feint – d'un Chalgoumi, d'un Oubrou ou d'un Darrouf représentait une réalité dans la conscience musulmane française, ce serait rassurant. Mais tout ça n'est, malheureusement, qu'un mirage.

« Les mécréants ne peuvent pas demander aux musulmans d'apostasier directement, alors ils leur demandent d'accepter, ou imposent, un islam falsifié, l'islam de France », voilà ce qu'en dit Mickael Abou-Leyna, un des salafistes les plus dangereux de France, qui tient le site – jamais fermé – *musulman-fr*. Il n'a pas tort. Pour une dizaine d'imams – Mohamed Khattabi, plus sévère, n'en dénombre que cinq, tout au plus, en France – à relayer, sur les plateaux médiatiques, un message pacifique de France, combien de musulmans pratiquants ont osé manifester contre le djihadisme de Daesh ?

La réponse comptable est hallucinante ! Ils ne sont que cinquante musulmans à avoir manifesté, le 13 décembre 2015, soit un mois jour pour jour après les attentats du Bataclan, contre Daesh.

1 Littéralement : « Tuerie », en arabe. C'est un mot employé pour désigner la guerre dans le Coran.

À comparer avec les dizaines de milliers de musulmans qui se pressent, chaque année, au congrès de l'Union des organisations islamiques de France (UOIF). Ce sont les mêmes qui aujourd'hui crient à l'islamophobie et au refus de l'amalgame. Les mêmes qui, finalement, par leur retrait complice, alimentent la peur de l'islam. On objectera les nombreuses photos de profil, sur Facebook, de jeunes Arabes tenant dans leurs mains une pancarte :

« Pas en mon nom ! »

Mais qui se souvient de les avoir vu brandir d'autres affichettes :

« Pas au nom de l'islam ! »

Sur les cinq à six millions de musulmans que compte la France, qui peut croire à la réalité d'une condamnation totale des actes terroristes ? Il suffirait aux imams français d'édicter une *fatwa* contre Daesh pour devenir un peu crédibles, à l'image des *fatwas* lancées contre les dirigeants arabes pendant les Printemps arabes. On peut attendre longtemps pareille réaction.

C'est encore les extrémistes qui parlent le mieux de la modération de l'islam de France, qui n'est pour le musulman moyen qu'une fumisterie, un îlot de foutaise dans un océan d'apostasie.

« Un musulman attaché à l'islam ne peut pas être républicain, attaché aux valeurs d'une république propageant pornographie, prostitution, etc. », estime encore Mickaël Abou-Leyna.

Lui, au moins, a le mérite de ne pas pratiquer la langue de bois.

À Béziers, Mehdi Roland, un converti, qui s'est fait connaître pour avoir gardé les églises de la ville de Robert Ménard à Noël, a bien organisé, en septembre 2015, une manifestation en faveur des réfugiés syriens, menacés par « l'extrême droite » ! Ce salafiste, expert dans la pratique du double langage, a bien hurlé au micro sa haine du maire de Béziers et de l'horrible alaouite qu'est Bachar al-Assad, mais pas un mot n'a été prononcé contre Daesh. Pas une seule banderole contre l'État islamique. Ce n'était pas faute d'avoir amené quelques réfugiés syriens pour pleurer devant les caméras et dénoncer les crimes du régime de Damas. « Réfugiés », dont beaucoup étaient des Algériens biterrois venus témoigner de leur calvaire face au « sadisme » de Bachar devant les objectifs ! Superbe manipulation médiatique que personne n'avait osé relever alors. C'était se foutre de la gueule du monde mais puisque le monde en redemande... pourquoi ne pas lui en resservir ? C'est donc sous l'égide de ce même Mehdi Roland que des « gardes » musulmans ont « veillé » à la sécurité des lieux de culte catholiques de Béziers... Un peu de *taqiya* par-ci, un peu d'agitprop par là. Le tour est joué. L'islam est bien gardé. Interdit d'y pénétrer pour le non-croyant.

Mais le croyant, lui, à qui se fie-t-il ?

Plus la France met en avant un islam républicain, c'est-à-dire une sorte de religion réformée, amputée de sa *charia*, diminuée des versets coraniques les plus odieux, et appelant au dialogue interreligieux, plus les musulmans vont voir ailleurs. Ce vase communiquant alimente la radicalisation et la « salafisation » des esprits, pas dupes de la supercherie. Il ne faut pas s'étonner du pullulement des mosquées et des salles de prière islamistes. Elles ne répondent pas uniquement à un manque de place, elles répondent à une demande simple : enseigner la religion musulmane telle qu'elle est, loin des cathédrales-mosquées, sans le fard démocratique, rejeté catégoriquement par les oulémas, mais toujours avec une bonne dose de dissimulation. Il n'y a pas besoin d'aller bien loin après la prière du vendredi pour voir des musulmans refaire, parfois sur les parkings, comme au Blanc-Mesnil, les prêches des imams.

Chez les salafistes – spécialement en région lyonnaise – la *taqiya* est devenue une seconde nature. Vous ne trouverez plus un seul imam salafiste dont la langue fourchera. En public, en tout cas. Car, en privé, ceux qui n'ont pas renié leur foi regardent avec une certaine admiration les Français qui ont opté pour la *hijra*[1] en Syrie. Il y a donc d'un côté les salafistes contraints d'adopter un profil bas, appelés par les radicaux les « salades frites » ou les « pseudo-salafistes », et de l'autre, ceux qui assument leur radicalisme, en public ou, de préférence, sur les réseaux sociaux. Le succès d'une page Facebook intitulée « Dévoilement des pseudo-salafistes de Lyon » en dit long sur la réalité de l'islam, non pas de France, mais en France. Même la mosquée, dite de la Pyramide, à Vénissieux, détruite pendant l'état d'urgence et soupçonnée d'avoir été un lieu de radicalisation, est considérée comme *madkhaliste*, du nom d'une secte acceptant de se soumettre au pouvoir, même à celui exercé par les mécréants ! C'était pourtant un repaire de radicaux.

La réalité est difficile à saisir pour un *kafir*[2]. Elle l'est aussi pour les journalistes mécréants, bien à la peine d'imaginer que derrière tous ces modérés puissent se cacher, au moins des supporters du *djihad*, sinon des terroristes. Le discours est si convenu, si farci de clichés, parfois antisémites, qu'il n'est même plus nécessaire d'aller interviewer les responsables du culte dont certains fidèles ont choisi la voix du *djihad*.

Pas étonnant que quelques mosquées – une centaine sur les quelque deux-mille-cinq-cents que compte officiellement la France – aient, le 10 janvier 2016, organisé, à destination des infidèles, des journées portes ouvertes : il n'y a rien à voir, rien à entendre et c'est bien pour ça que ce genre d'opération est la

1 Émigration en terre d'islam.
2 Mécréant. Singulier de *kouffar*.

quintessence du mensonge comme ruse de guerre. Il est la réponse par l'imposture de l'ouverture aux perquisitions. Chers amis impies, buvez le thé à la menthe, le sérum de la *taqiya* qu'on distribue au *kafir*, comme à un touriste en visite dans un magasin de tapis à Marrakech. Quel délire de voir ainsi la mosquée de Lunel, que fréquentait une bonne partie des vingt-cinq jeunes partis en Syrie, prétendre ne rien avoir à cacher ! Ce serait beaucoup plus instructif de laisser parler en public Lahoucine Gourbi, l'ancien responsable de la mosquée, qui ne trouvait rien à redire au *djihad* ! Ou d'ouvrir l'annexe qui servait, jusqu'à récemment, de lieu de prières parallèle pour les radicaux. Un peu de propagande en échange d'un verre de thé : ce n'est pas cher payé pour faire avaler cette soupe, entre comédie et matraquage.

« Embrasse la main que tu ne peux couper », dit un proverbe arabe. Embrasse le modéré, puisqu'il te dit qu'il l'est.

Les djihadistes eux-mêmes ont des têtes de modérés. On perçoit bien chez eux, de temps à temps, des signes de radicalisation, comme chez Samy Amimour, l'un des assaillants du Bataclan, ancien employé de la RATP qui refusait de serrer la main de ses collègues féminines ou qui demandait un aménagement de son emploi du temps pour pouvoir prier. Mais tant qu'ils n'ont pas saisi une kalachnikov, n'ont pas laissé une barbe envahir leur visage et qu'ils ne sont pas vêtus à l'afghane, les observateurs jurent toujours qu'ils ont eu affaire à de bons petits gars, gentils, peut-être un peu paumés parfois, mais « certainement pas islamistes », pour reprendre une phrase qu'on entend en boucle, sur toutes les chaînes de télévision, sous toutes les latitudes, françaises et belges, à chaque fois qu'un terroriste est identifié.

Voici ce que dit le très instructif petit livre à l'attention des djihadistes et disponible en deux clics sur la plupart des sites islamistes[1] :

« Si vous êtes né musulman, ne rendez pas trop évidentes vos pratiques. Par exemple, si vous ne l'avez pas encore fait, ne vous laissez pas pousser la barbe. Cela attirerait l'attention sur vous. Ou pour remplir l'obligation coranique, un petit bouc suffira. »

Exit la *djellaba*, vive le jeans !

Et si le musulman peut, en plus, adopter les comportements des mécréants pour tromper l'ennemi, c'est encore mieux ! Un djihadiste de Lunel, peu avant de partir en Syrie, s'était proposé pour aller tracter en faveur du Parti socialiste ! Un citoyen exemplaire. Un autre islamiste lunellois, condamné en 2015, pour avoir menacé l'imam de sa mosquée, qu'il ne jugeait pas suffisamment radical, était décrit comme un musulman républicain dans un portrait que lui consacrait le journal régional *Midi Libre.* Lors de son procès, ce même islamiste, tout en logorrhée, s'est même évertué à dire qu'il soutenait Manuel Valls ! Un bon père de famille, un démocrate, un Français parmi les autres.

« Monsieur, j'aime la France ! » avait lâché ce défenseur de la *charia*, spécialisé dans l'intimidation, verbale et physique, des mécréants, mais « beaucoup trop con », dixit une source du renseignement, pour partir en Syrie. Amedy Coulibaly, le tueur de l'Hyper Cacher, avait d'ailleurs été reçu à l'Élysée, au milieu de cinq-cents autres jeunes, par leurs employeurs pour mettre en valeur les formations en alternance. Un symbole d'intégration à la française. Il travaillait alors pour Coca-Cola et espérait de Nicolas Sarkozy un CDI !

Passer inaperçu, donner l'impression d'avoir adopté son pays d'accueil est une ruse assez ancienne chez les djihadistes. Les

1 *Comment survivre en Occident – Un Guide du Moudjahid*, page 8.

terroristes du 11-Septembre n'étaient, après tout, que de gentils étudiants s'intéressant à l'aéronautique avant de passer à l'acte. Même les ex-voyous paraissent être de purs produits de la société occidentale, à des années-lumière de l'austérité et des privations qu'impose l'islam. Avant de tuer militaires et juifs, et de filmer son carnage, Mohamed Merah n'était finalement qu'un jeune con – indétectable aux yeux des Occidentaux – qui allait en discothèque et se saoulait la gueule. Ça ne l'empêchait pas de se rendre à la mosquée de Bellefontaine pour prier, ou d'aller écouter les bons conseils de l'Émir blanc, alias Olivier Corel, le mentor syrien d'islamistes comme Fabien Clain, à Artigat, au fin fond de l'Ariège.

« Un bon gars, ce Mohamed Merah », se souvient d'ailleurs un Artigatois.

Mais c'est l'image de petite frappe du quartier toulousain des Izards que l'histoire aura gardée de lui. Que peuvent bien faire les services secrets ? Arrêter tous les délinquants des cités ? Impossible. La dilution par l'immersion du djihadiste ralentit considérablement le travail de recherche des services antiterroristes. Là, encore, aucune leçon du 11-Septembre n'a été retenue.

Quant aux frères Abdeslam, Brahim et Salah, ils agissaient comme de vrais modèles d'intégration. Patrons d'un bar bruxellois, dans le secteur encore bourgeois de Molenbeek, que les médias se sont empressés de décrire comme un bouge infâme où se réunissait un cercle d'amateurs de Playstation et de cannabis, ils n'en étaient pas moins de parfaits anonymes. Car, justement, ce genre de tripot, il en existe des dizaines dans la capitale belge. Rien de plus banal. Rien qui ait pu laisser de place au soupçon. Le livre *Gestion de la Barbarie*[1] d'Abou Bakr Naji préconise ce genre d'infiltration à la barbe des Occidentaux. Et ça marche à la perfection.

1 Signé Abu Bakr Naji, c'est l'un des principaux livres de chevet des djihadistes.

En France, pour passer inaperçu, il faut être un « collabeur ». Un terme qu'utilisent les islamistes pour stigmatiser leurs frères qui boivent, jurent, fêtent Noël et s'habillent à l'occidentale quand ils vont travailler. Ils sont de toutes les catégories sociales : du neuneu qui garde une cage d'escalier toute la journée au cadre d'entreprise. Le paumé, qu'affectionnent tant les médias, est en surreprésentation. Le cercle djihadiste est rempli de ces « collabeurs ». Tantôt, ils servent d'espions pour les imams radicaux, en sondant le sentiment général de la jeunesse musulmane et, au besoin, en balançant des noms de potentielles recrues à un chef de réseau. On les trouve dans les cafés de Seine-Saint-Denis, comme au Blanc-Mesnil. Insoupçonnables derrière leurs casquettes Lacoste, claquant parfois un peu de menue monnaie dans un Rapido. Sous leur maillot de l'équipe de France de football, se cachent de véritables agents infiltrés. De l'aveu d'un imam de Molenbeek, les cafés communautaires en sont remplis. Tantôt, ils servent à couvrir les agissements de leurs coreligionnaires repérés comme islamistes, en produisant de faux témoignages.

Exemple frappant de « collabeuration », à l'occasion de la tentative d'assassinat commise à l'encontre de policiers en fonction devant un commissariat de la Goutte d'Or, dans le XVIIIe arrondissement de Paris : plusieurs policiers ont entendu Tarek Belgacem hurler *Allahu akbar* en brandissant un hachoir. Dans ce quartier où le communautarisme n'a de sens que dans la solidarité de l'entre-soi, nombreux ont été les habitants à jurer que l'assaillant n'avait pas prononcé le *takbir*. La parole des « collabeurs » contre celle des flics ! Il n'y a pas de fausse déclaration : pour un musulman, c'est la loi de l'État laïc qui est invalide. Il n'a pas à s'y soumettre. Aussi simple que cela.

Seulement 20 % des signalements pour radicalisation proviennent de musulmans. Un ancien habitant de Molenbeek, issu de la communauté musulmane et transfuge du quartier, m'avait tenu ce commentaire, fort intelligent :

« Au lieu de condamner à coup de communiqués les attentats, les imams de Molenbeek auraient dû appeler les musulmans à sortir dans la rue et aller dans les appartements où officient les radicaux. Puis à les livrer à la police. Ça, ç'aurait été efficace. Et croyez-moi, la plupart des imams de Molenbeek savent pertinemment où se trouvent les radicaux. En une semaine, Molenbeek aurait été nettoyé des islamistes. Mais dénoncer un autre musulman, c'est, pour eux, dénoncer des « frères ». Or, à leurs yeux, ces frères pratiquent un islam pur, originel, proche des fondamentaux du Coran. Pas question de s'attaquer à de si bons croyants. Ils craignent Allah. Mais ils redoutent encore plus leurs soldats. »

Un enquêteur de la Sous-direction antiterroriste de la police judiciaire, la SDAT, service dépendant de la police judiciaire, compare l'attitude des responsables musulmans français à celle des mafieux :

« Il y a une volonté très claire d'*omertà*. On prétend ne pas savoir. On ne veut pas dénoncer. On ne veut pas être à la fois victime du clan et briser le clan. S'ils agissaient en citoyens, nous irions plus vite. Les faire parler, c'est compliqué. Beaucoup ont une muselière. C'est comme si leur communauté était plus importante que la sécurité du pays qui, pourtant, les accueille. Il y a un rideau de fer dont on a du mal à se débarrasser. Et il serait bien que les politiques fassent le lien entre ce silence et les véritables intentions qui expliquent ce silence. »

RÈGLE VI

RÉ-INFORME.

« Je sais que ça peut paraître cucul. Mais j'adorerais améliorer la vie des gens, surtout socialement. Ce n'est pas le boulot d'une nuit. Ça prendra de dix à quinze ans. »

Mark Zuckerberg, *Stanford Daily*, 10 mars 2004.

« Le pire qui soit arrivé à un copain, c'est de vouloir faire venir un Saoudien. Il était sympa, intéressé. Il disait vouloir faire le djihad. Mon ami ne s'est pas méfié. Le mec était un espion. C'était moins une. Et maintenant on fait vraiment gaffe. »

Un djihadiste belge me raconte les précautions que prennent désormais ses camarades de guerre avant de s'épancher avec un inconnu sur Internet. Sans parrain physique, plus possible d'attendre un passeur en Turquie. L'époque où la messagerie de Facebook servait à préparer ses vacances comme on le ferait sur Tripadvisor est révolue.

On ne recrute pas sur Internet. On guide, on conseille.

« Mais il faut déjà avoir au moins une certaine appétence pour le *djihad*[1] », observe François-Bernard Huyghe, chercheur à l'IRIS et spécialiste du cyberterrorisme.

Le recrutement direct sur la Toile est tout aussi fantasmatique que le personnage de l'islamiste fou à lier, bon pour une thérapie psychiatrique – excuse aisée qui, comme tous les prétextes commodes, se retrouve dans le discours des imams radicaux.

À Stains, dans le 93, d'où sont partis des dizaines de Français vers la Syrie, la responsable de la communication – un tout nouveau poste – de la grande mosquée me prie de m'adresser « au *cheikh Google*, si je recherche des recruteurs ».

1 Entretien avec l'auteur.

Le *djihad* ? La faute de Google ! Circulez, il n'y a rien à voir. Commode, le cybercalifat.

En Irlande du nord, un ancien policier – loyaliste – qui a participé à la lutte antiterroriste a bien ri quand j'ai tenté de lui expliquer pourquoi, en France, on faisait d'Internet la principale source du recrutement des djihadistes :

« C'est un peu comme si de notre temps, on avait accusé les cabines téléphoniques de recruter pour l'IRA ! »

Le Web n'est qu'un moyen technologique, il n'est pas le facteur déterminant d'une décision aussi grave qu'un départ pour la Syrie. Aucun des assaillants du Bataclan et du Stade de France ne s'est radicalisé sur Internet. Pas plus que Mohamed Merah, pas plus que la fratrie Kouachi. L'un a versé dans l'islamisme barbare en prison, les deux autres dans une mosquée. Toujours, au contact d'êtres réels.

Internet présente néanmoins, comme outil technique, de nombreuses vertus pour servir la cause d'Allah. Il sert le *djihad* de trois manières : il sert une propagande efficace, aussi bien destinée aux musulmans qu'aux mécréants, il facilite matériellement l'accomplissement de la guerre sainte, et il est parfaitement incontrôlable.

La propagande est colossale. À croire que l'État islamique et ses succursales salafistes n'ont rien de mieux à faire que de pondre des communiqués.

Tous les soirs, je reçois sur Telegram le bulletin d'information du Califat, en français. Telegram[1], c'est la messagerie vedette de

1 Son créateur, Pavel Durov, fut la cible de bien des critiques après les attentats du 13 novembre. Il répondit avec véhémence à ces accusations sur son compte Instagram : « Je pense que le gouvernement français est aussi responsable que l'État islamique (...). C'est une honte de voir Paris être dans les mains de socialistes myopes qui ruinent cet endroit merveilleux. J'espère qu'eux et leur politique disparaîtront pour toujours de cette ville qui brillera à nouveau dans sa gloire : sûre, riche, belle. »

l'État islamique et de ses sbires. Elle permet de poster et de recevoir des messages –pourvu qu'on possède une connexion *data* au moins en 3G – entièrement sécurisés et anonymisés. À chaque opération « martyr », je suis prévenu en direct grâce aux dépêches de l'agence *Amaq*. J'ai même le droit occasionnellement au petit portrait du jour du djihadiste de la semaine. Sans compter les nombreux rappels quotidiens à décapiter l'ennemi *kafir* où qu'il se trouve, grâce aux bulletins francophones de la radio Al-Bayane. C'est Raqqa à la maison ! On se sent tous les jours un peu plus au Califat, au frais, en France.

« Aujourd'hui, cent-trente apostats ont perdu la vie. Commençons par la *wilaya* de Homs, dans une opération martyre, dont Allah a facilité les causes : à bord d'un véhicule, un chevalier du martyre, a déclenché sa charge explosive au milieu d'un rassemblement de mécréants. Nous demandons à Allah de l'agréer dans son vaste paradis. » C'est ce genre de flashs infos qu'on retrouve sur les ordinateurs des assignés à résidence qui prétendent, pour la plupart, « vouloir seulement faire des recherches ». Sacrés autodidactes du *djihad* !

Tor, c'est la porte d'entrée vers le *Dark Web*, la version *trash* d'Internet, sale et non-censurée de l'islam. Quelle bénédiction d'Allah que ce navigateur ! Une section du Web où les musulmans modérés ne pratiquent plus la *taqiya*. Il est très instructif de suivre le responsable d'un site du Web « officiel » sur Telegram, comme celui de *Musulman-fr*, déjà peu enclin au *vivre ensemble* dans sa version normalement accessible. Le *webmaster*, Abou Leyna, un imam autoproclamé du Web, y est carrément gore.

Sur les musulmans modérés :

« L'Islam de France a une (fausse) attestation qui ne distingue pas le Musulman du mécréant. »

Sur l'épisode hivernal violent aux États-Unis de janvier 2016 :

« Les tempêtes de neige aux USA ont fait dix-neuf morts, quatre-vingt-cinq millions de personnes affectées, des milliards de pertes. Si Allah fait tomber la neige encore longtemps sur les USA, la première puissance mondiale sera la plus faible. »

Le lendemain des attentats, la société russe ayant créé Telegram s'est empressée de supprimer soixante-dix-huit comptes d'utilisateurs prêchant la haine. Ils ont tous refleuri en une semaine.

En réalité, nul besoin de se rendre sur le *Dark Web* pour se nourrir de la doctrine ; Facebook, Twitter, Whatsapp et Youtube suffisent amplement. Nombreux sont les djihadistes à posséder leur compte personnel sur ces réseaux sociaux. C'était le cas d'Abou Omar Soussi, l'alias d'Abdelhamid Abaaoud, organisateur des attentats du 13 novembre. Bavard, vantard, il racontait ses exploits sur Facebook avant de lâcher sa page et de se faire passer pour mort. C'est le cas aujourd'hui de son petit frère, Younès, qui réapparait parfois sur Facebook sous l'alias d'Abu Soufiane Belgikimohajir. Ils sont la vitrine du *djihad*. Leurs pages personnelles sont souvent des versions romantiques du combat pour le Califat. Faisant souvent appel au symbolisme le plus éculé. Des photos de lion en guise d'images de profil, pour incarner la virilité. Des séances d'entraînement. Des poses martiales, l'index levé vers le ciel. Des promesses d'attentats contre la France, les États-Unis, François Hollande. Souvent, on atteint des summums de ringardise : tel djihadiste posant avec un chat – c'est le cas d'Abelhamid Abaaoud qui, à défaut d'aimer les hommes, aimait bien les bêtes –, ou des baignades en slip dans les lacs de Syrie. Tout cela a un petit côté « récit de vacances ». Vie normale dans l'anormalité. Pause « bisounours » au milieu de la barbarie. Le tout ponctué de reprises *in extenso* des textes de sites islamistes bien connus de la djihadosphère, tels qu'*Islam réinformation*, *L'Aube est apparue* ou *Le Récit des oiseaux verts*.

Cette dernière page agit comme un pot de miel pour tout ce que les pays francophones comptent de djihadistes. Régulièrement censurée, elle renaît de ses cendres aussi vite, et contient un appel au *djihad*, tous les trois *posts*, souvent sous une forme mi-lyrique mi-ridicule, comme cette description de la mort :

« Imaginez ce paradis qui est aussi vaste que les cieux et la Terre,
où la paix régnera entre les croyants… parlez-moi de la mort
car elle est l'espoir de la vie parlez moi de l'au-delà car jamais
il périra parlez moi de ce qui est durable et éternel
Éloignez-vous des amoureux de la *dounya* et des tentations
dévastatrices tels que le matérialisme qui est l'ornement
de la *dounya*.
Vivez fièrement tels des héros qui participeront à défendre
l'honneur des musulmans partout dans le monde. »

Certaines pages jouent davantage sur l'ambiguïté de leur message, à la frontière entre le djihadisme déclaré et la *taqiya*. Mais, sous couvert d'exégèse coranique, elles laissent assez peu de doutes sur leur finalité. C'est le cas de celle d'Ansar At Tawhid, qui reprend, d'ailleurs, en photo, une version stylisée du sceau du prophète qu'on retrouve sur le drapeau de l'État islamique. Ses appels au *djihad* n'adoptent pas le caractère explicite du *Récit des oiseaux verts*. Mais on y retrouve tout le champ lexical salafiste : le refus de la démocratie, la volonté de voiler toutes les femmes, la victimisation des musulmans intégristes, la volonté d'en finir avec les mécréants – « Qu'Allah les brise. »

Ce sont ces pages qui sont supposées attirer les jeunes vers le *djihad*. Jeunesse innocente qui, à en croire les spécialistes autoproclamés de la guerre sainte, ne rêverait pas de se faire exploser devant l'Élysée, si le Web n'existait pas.

C'est oublier que le Web n'existait pas – ou en était à ses balbutiements – lorsque Khaled Kelkal a organisé les attentats du métro Saint-Michel à Paris, en 1995. C'est oublier que beaucoup n'ont pas attendu qu'éclate une guerre civile en Syrie pour se former au combat, au Pakistan, en Afghanistan, en Bosnie.

« Ces sites Web jouent le rôle de réinformation. Ils ne font que conforter l'islamiste dans des opinions qu'il avait, de toute façon, déjà », remarque à juste titre François-Bernard Huyghe, assez peu dupe du rôle qu'on prête à la toile, dans le déclenchement d'un processus de radicalisation.

« Ce qui a changé, poursuit-il, c'est davantage le passage du Web 1.0 au Web 2.0, depuis Al-Qaïda jusqu'à Daesh. »

En 2001, soit trois ans avant la naissance de Facebook, les candidats au *djihad* qui voulaient aller en Afghanistan, passaient par des sites et en utilisaient les forums pour entrer en contact avec d'autres activistes apprentis-terroristes. La création de liens avec des djihadistes se faisait à la façon d'un entonnoir : de l'utilisateur le moins islamiste au plus radical des djihadistes.

Elle se fait désormais dans une multitude de rapports horizontaux. Cela n'a certes pas facilité la tâche des renseignements. Mais ce schéma n'a pas davantage participé au processus de radicalisation que les discours entendus dans certaines mosquées de France ou dans certaines prisons, qu'ils aient été tenus par des imams autoproclamés ou des émirs derrière les barreaux. Il a bon dos, doctrinalement, le fameux *cheikh Google*.

Et ce qui est pratique avec lui, ce *cheikh Google*, c'est qu'il déresponsabilise les imams de France. Ce n'est jamais la faute des mosquées. Jamais celle des fidèles. On a réussi à dématérialiser les fous. Mais combien de responsables religieux conseillent, dans le secret de leurs bureaux, à leurs ouailles, d'aller vérifier dans le labyrinthe des réseaux ce qu'ils osent à peine dire en public ? Quand le président de la mosquée de Lunel suggérait de regarder le site

La vérité dérange aux fidèles qui se posaient des questions sur leur *hijra*, était-ce le fait de l'imam ou celui d'Internet ?

Malgré la prolifération numérique des suppôts de l'islamisme martial et, contre l'idée répandue, le djihadisme n'est pas un complotisme et l'internaute djihadiste n'est pas un adepte des théories du complot. Il les laisse à ses frères restés en France, très réceptifs au conspirationnisme de sites comme *Égalité et Réconciliation*, la feuille de chou numérique d'Alain Soral. Ce dernier a en plus le tort d'aller chercher ses théories farfelues – et le plus souvent avec un fond antisémite – dans des officines de propagande iraniennes. Soit directement chez les mécréants chiites qui, sous couvert de dénoncer Israël, veulent casser du sunnite.

C'est sur des sites tels que *Mai68.org* ou *Altermedias* qu'on a vu fleurir les démonstrations les plus délirantes, se fondant souvent sur de prétendus documents déclassifiés de la CIA. Des faux grossiers à destination des antisionistes convaincus que l'État islamique n'est qu'une gigantesque machination pour déstabiliser le Moyen-Orient. Au profit d'Israël. On y voit des photos du calife al-Baghdadi au temps où il était un jeune homme travaillant pour les Américains. Pas très ressemblant... Mais comme il est supposé s'agir de documents top secrets, les islamo-naïfs font avec. Il faut toute la force d'autopersuasion des adeptes de l'antisémite exhibitionniste Alain Soral pour y croire. On voit aussi le chef de l'État islamique en train de boire un café avec le sénateur républicain John McCain. C'est à peine si on ne l'a pas surpris à Disneyworld avec Obama.

À l'appui de ces révélations fantaisistes, des confidences d'Edward Snowden, l'ex-employé de la CIA qui a révélé des milliers de documents confidentiels. Les sites complotistes prétendent que Snowden dispose de preuves mettant en évidence les liens entre l'Amérique, Israël et l'État islamique. Et tant pis si l'avocat de

Snowden a depuis longtemps démenti. Le bidonnage se nourrit du mystère. Voici le genre de scénario qu'on trouve sur la toile :

« Edward Snowden, l'ancien employé à l'agence nationale de sécurité américaine, NSA, a révélé que les services de renseignement britannique et américain et le Mossad ont collaboré ensemble pour la création de Daesh. Leur calife de pacotille, Abou Bakr al-Baghdadi, a suivi une formation militaire intensive durant une année entière entre les mains du Mossad. Snowden a indiqué que les services de renseignement de trois pays, à savoir les États-Unis, la Grande-Bretagne et Israël ont collaboré ensemble afin de créer une organisation terroriste qui soit capable d'attirer tous les extrémistes du monde vers un seul endroit selon une stratégie baptisée « le nid des frelons. »

Ce genre de petites histoires ne sert que la cause d'un Yahia Gouasmi, l'ex-boucher *halal*, devenu président de la Fédération chiite de France du Centre Zahra à Grande-Synthe, dans le département du Nord, et du Parti antisioniste, où Dieudonné avait un temps ses entrées, comme un grand nombre de révisionnistes. Cette mouvance violemment anti-sunnite, proche du Hezbollah, compte quelques milliers d'adeptes en France, et n'a, en termes de haine de l'Occident, rien à envier à ses cousins djihadistes de Daesh.

Mais voilà : la guerre sainte est une affaire trop sérieuse pour la laisser aux fans de Dieudonné. Et les djihadistes, qui n'aiment rien tant que couper les têtes des chiites, considérés comme des apostats, l'ennemi le plus sérieux, livrent une vraie guerre sur le Net à ces adeptes de la théorie du complot. Non pas qu'ils veuillent blanchir Israël et les États-Unis des soupçons qui pèsent sur eux ; ils les détestent au moins autant que leurs avatars pro-Iraniens. C'est plutôt qu'à force de balancer sur Internet des théories conspirationnistes, les Soraliens pourraient décourager les jeunes de partir au *djihad*.

L'État islamique a même dû évoquer la question dans son organe de presse *Dabiq* dans un article intitulé « Ils complotent et Allah complote », dénonçant ceux qui prétendent que Daesh est la création d'officines occidentales, dangereuses hypothèses qui feraient renoncer bien des jeunes à l'esprit malléable au *djihad*[1].

Voilà de la contre-propagande à peu de frais.

Internet est le grand facilitateur.

« Prends-toi un autre nom. Et garde-le ! »

K., un djihadiste de Liège, d'origine turque, m'a expliqué en quoi Internet avait rendu son périple jusqu'en Syrie aisé. Ce sont ses copains salafistes qui lui ont donné, dans un kebab, le nom d'un type à contacter là-bas pour le mettre en rapport avec un djihadiste, sur place, qui assurerait son passage à la frontière.

« Je l'ai contacté sur Messenger. Il m'a posé plein de questions. Sur l'islam et beaucoup sur mes parents. Il voulait vérifier que j'étais motivé à l'idée de venir ici. Ensuite, on s'est appelé sur Skype. »

Est-ce aussi simple que cela ?

« Oui, quand t'as des copains qui t'introduisent auprès de lui, c'est simple et ça va vite. »

K. me raconte son questionnaire. On lui demande « ce qu'il pense de son pays », « s'il se voit quitter ses parents pour toujours ». Et « s'il a du fric ».

Oui, il veut quitter son pays pour toujours.

« Je ne reviendrai jamais lol ! »

Ça le fait marrer de se dire qu'il ne reverra jamais Liège. Ce jeune de vingt-et-un ans me dit même :

« Trop de gens n'ont pas de couilles. J'ai voulu montrer que j'avais des couilles, moi ! »

Une date est fixée pour qu'il fasse Bruxelles-Istanbul en avion.

1 « Daech affaibli par les théories du complot », *Paris Match*, 22 juillet 2015.

« La veille de ton départ, t'achètes ton billet. »

On lui file l'adresse d'un hôtel à Gaziantep. À telle heure, tel jour, un fixeur viendra le chercher en taxi.

Il devra lui dire : « Kaya ! »

Voilà pour l'intérêt d'Internet en tant que facilitateur de *djihad* au Sham.

Le reste ?

« Le reste ? On n'est pas assez con pour tout raconter, mdr ! »

Il ne veut pas m'en dire plus. Il n'a pas eu besoin d'Internet pour se conditionner. Mais quotidiennement, j'ai le droit à ma petite vidéo de l'État islamique.

« On a Internet grâce à des fournisseurs d'accès turcs, lol ! » Avec ce commentaire : « Dites-moi, s'il vous plaît, ce que vous en pensez de ma vidéo ? »

C'est sa façon à lui de s'assurer que les messages de l'État islamique passent bien. Qu'ils me font peur. J'ai envie de lui dire : « Mais non, on voit pire que ça encore ! »

Mais comme j'ai besoin de lui, je lui réponds :

« Aarrgh ! Ça fout les jetons… »

Il me répond par un *smiley*. Sûr que l'Occidental fait dans son froc devant les vidéos de décapitation.

« Couper les têtes des mécréants et les montrer est une bonne action et un bon raisonnement pour fortifier les cœurs de croyants et affaiblir les mécréants. »

C'est signé de l'imam Shawkani, un religieux yéménite du XIXe siècle qui avait théorisé le *djihad* moderne.

Un soir, mon petit djihadiste me promet même la vidéo de Mohamed Merah en train de liquider des enfants à l'école juive Ohr Torah de Toulouse.

« Ah non, merci !

– Mais si, attendez, je vais la trouver. »

Je l'attends toujours. Merah avait eu le bon goût de tout filmer avec une GoPro et d'envoyer sa réalisation à la chaîne Al-Jazeera qui a refusé de la diffuser. Son œuvre circulerait sous le manteau. Je me contenterai des multiples photos de K. en train de se rouler dans la neige :

« Cool, aujourd'hui, il neige ! » dit-il dans sa tenue sable, peut-être piquée à l'armée de Bachar.

Je ne suis pas en manque de vidéos. Les pires se téléchargent sur TOR, le navigateur Internet préféré de la djihadosphère. *The Onion routing* – « le routeur oignon » – est le programme choisi par la racaille, les Anonymous, la gauche *no border* et, évidemment, les salafistes. Il autorise un circuit parfaitement clandestin, où le moindre internaute peut se servir dans des boutiques en ligne pour acquérir une kalachinov. Facile ! Grâce à TOR, vous pouvez faire votre shopping djihadiste en toute quiétude : l'anonymat de votre adresse IP est garanti. Surfez sur le site *ST militaria* et commandez un AK-47 d'occasion : huit-cent-cinquante-deux euros[1] pour un modèle en état de marche. C'est deux à trois fois moins cher que chez un intermédiaire de Barbès. En prime, on vous offre les frais de port à partir de six-cents euros d'achat. Le *Dark Web* est à Internet ce que Molenbeek est au reste de Bruxelles.

L'armée du cybercalifat édite des recommandations pour l'usage de certains sites dits sensibles, comme Twitter ou Facebook. Interdiction de surfer sur le Web « sans TOR » ; « obligation de scotcher la webcam de son portable » ; « Ne pas ouvrir de liens qui puissent paraître familier comme le *hashtag* *#Baqiyafamily*[2] ».

1 En trois clics, j'en avais trouvé un. Le choix varie entre les modèles chinois, polonais et russes. Ces derniers étant les plus chers.

2 « Baqiya » est un des slogans de ralliement des partisans de l'État islamique. Littéralement, cela veut dire « rester », « durer ».

Après les attentats du 13 novembre, les djihadistes « occidentaux » ont été sermonnés par l'État islamique. Consigne leur a été donnée de ne plus utiliser Messenger, l'application de messagerie instantanée de Facebook, avec leur famille. Trop dangereux, les familles étant identifiées par les services de renseignement.

« À la limite, avec ma mère, j'ai le droit d'utiliser Skype », me confie K..

À Lunel, on a pris pour morts des djihadistes pourtant bien vivants qui s'étaient fait taper sur les doigts pour avoir trop parlé avec leurs copains restés en France.

Pour les petits malins qui continuent à se servir de Messenger, les ordinateurs portables et *smartphones* sont carrément confisqués. Les quelques derniers cybercafés où les « étrangers » – si tant est qu'on puisse parler d'étrangers au Califat – pouvaient encore discuter avec leurs familles ont été fermés. Trop de gens donnaient des informations utiles au contre-terrorisme à l'Ouest. Telle épouse de djihadiste belge s'épanchait un peu trop avec sa sœur en lui racontant où son mari était et contre qui il combattait. L'Occident bénéficiera encore longtemps de la bêtise de ses adversaires qui, ne pouvant s'empêcher de se pavaner, délivrent des confidences qui tiennent du secret militaire.

« On s'est tous lâché sur Internet tellement on était excité après le Bataclan ! » confie, sous forme d'amende honorable, K..

Chacun, semble-t-il, a voulu son petit quart d'heure pour fêter les martyrs de Paris. K. est gentil mais un peu con. C'est peut-être pour ça qu'il n'a pas été choisi comme martyr – « un sort réservé aux meilleurs ».

Un soir, il m'a demandé de lui renvoyer toutes les photos qu'il m'avait transmises puis j'ai dû lui promettre de m'en débarrasser – comme si le fait de lui ré-adresser les clichés allait les supprimer du disque dur de mon ordinateur... Il doit être meilleur avec une kalachnikov qu'en informatique.

Ne pas sous-estimer la bêtise de son adversaire, qui est toujours plus grande que l'intelligence qu'on lui prête : vieille stratégie guerrière qui se vérifie toujours. C'est ainsi que des hackers de Daesh ont promis de pirater Google – rien que ça. Avec un résultat à la hauteur du niveau de crétinerie de ces informaticiens de l'ombre.

Le 29 février 2016, au lieu de hacker le moteur de recherches américain, ils s'en sont pris au site *Add Google Online*, un site indien de référencement sur Internet. Dans cet énième épisode monty-pythonesque, la page d'accueil avait été remplacée par une photo de moudjahidin avec le message « Google down ». En fond sonore, un *nachid* en français qui disait : « Nous vous tuerons sans aucune pitié ; pour Allah et lui seul, nous portons des ceintures explosives[1]. » Espérons qu'ils feront preuve de la même incompétence s'ils mettent un jour leurs menaces à exécution.

Sur Telegram, j'ai également discuté avec un admirateur de l'État islamique[2] qui se faisait fort de donner des « conseils légaux » aux musulmans ayant « de sérieux problèmes avec les autorités judiciaires du pays où ils se trouvent ».

Parce que, surtout, « il ne faut pas parler aux avocats des mécréants, tous liés plus ou moins avec le Mossad ».

Le message s'adressait aux assignés à résidence en France. La discussion a tourné court et j'ai été bloqué tout de suite. Pour pouvoir échanger avec les pontes, ceux qui ont un peu plus d'expérience que le simple troufion, il faut être parrainé. Pour l'être, il faut s'éloigner de la vie virtuelle. En connaître un en chair et en os. Peu importe que vous l'ayez rencontré à la mosquée, chez le coiffeur du coin ou en prison. Vous devez inspirer confiance. Le

1 *Newsweek*, 1er mars 2016.
2 Son compte Twitter : @248ASFURA.

sésame ressemble bien souvent à l'adresse Skype d'un combattant au Sham.

C'est tout l'intérêt du djihadisme 2.0 : il élargit le champ des possibles.

Presque systématiquement, le candidat au *djihad* est connu dans le monde réel, puis mis en relation par une connaissance avec une sorte d'imam qui, via les réseaux, lui posera des questions sur la religion, l'initiera au *tawhid* – l'unicité d'Allah – et lui donnera un avant-goût des cours obligatoires de *charia* qu'il recevra, en même temps que sa formation militaire, une fois en Syrie ou en Irak. Le principe est de repérer un candidat sérieux puis de l'orienter. Il y a bien des autodidactes du *djihad*, ces fameux loups solitaires qui se saoulent tous les jours de propagande islamiste derrière leurs écrans, mais ce ne sont pas eux qui ont vocation à rejoindre seuls la Syrie. Pour les loups solitaires, TOR offrira très vite des sources documentaires pour fabriquer des explosifs maison, ou pour des *scenarii* d'attentats artisanaux – une sorte de CNED du djihadisme ; idéal pour les fameux « déséquilibrés » qui ne sont pas liés directement à une organisation terroriste. Mais peu efficace, car en matière de révolution armée, rien ne vaudra le terrain.

La guerre contre le cybercalifat semble donc être vaine.

Souvenez-vous : Twitter, Facebook, Youtube, c'était parfait pendant les « printemps arabes ». Tant qu'il s'agissait de virer Ben Ali de Tunisie ou Moubarak d'Égypte, les réseaux sociaux représentaient l'avenir, le progrès, une jeunesse à la recherche de liberté. Zuckerberg exultait. Le PDG de Facebook sponsorisait la démocratie sans même mouiller son unique *t-shirt*. L'Europe se réjouissait : les pays arabo-musulmans, enfin, adoptaient sa communication sans même avoir à y envoyer des soldats. Le rêve !

Changement de ton, quatre ans plus tard. Il n'y avait finalement pas que les démocrates de la place Tahrir pour s'approprier les codes de la jeunesse de l'Ouest. Les islamistes avaient eux aussi des choses à dire, à montrer. Les médias intoxiqués par leur propre addiction à Internet sonnaient le tocsin :

« C'est de la faute d'Internet si tous ces jeunes partent ! »

Le 24 octobre 2014, un petit dîner à lieu, à Luxembourg, entre ministres de l'Intérieur européens et représentants de Facebook, Google, Microsoft et Twitter. C'est une séance de contrition de la part des entreprises américaines qui promettent de serrer la vis. Les vidéos des décapitations de James Foley et d'Hervé Gourdel s'étaient retrouvées sur Twitter. C'était accabler les morts, c'était faire de la pub aux islamistes. On n'arrivait pas à fermer les frontières ? Qu'à cela ne tienne : on allait bloquer Internet aux thuriféraires de l'horreur islamiste. Sauf que ça ne marche pas comme ça.

En France, on estime à deux-mille le nombre de comptes Twitter de supporters de l'État islamique. Signalés par les internautes eux-mêmes, ils repoussent dans l'heure qui suit leur suppression. Un peu comme des boutons d'acné, les martyrs du Web ressuscitent.

Prenons un exemple, un cas concret chez un des petits porte-voix français du Califat avec le compte *CalifatSystem*. Il ne se passe pas une semaine sans que ce « Twittos » – qui présente ainsi le but de sa vie : « Empêcher les ennemis du Califat de vivre est la seule chose qui me fait plaisir, pour le moment » – grand admirateur d'Amedy Coulibaly, voit son compte suspendu.

Le matin, je reçois dans mes messages privés un petit mot : « Je suis CalifatSystem2 », et ainsi de suite, jusqu'à « CalifatSystem26 ». Ça lui prend deux minutes à réaliser et ça le fait beaucoup rire :

« Suspendu et déjà de retour. Il n'y pas sur cette terre des gens plus obstinés que nous ; surtout quand nous sommes dans le *haqq*[1]. » Abdel-Adhim se fait fort d'offrir à ses *followers* les derniers numéros en PDF de Dar-al-Islam, le magazine – surprenant de qualité[2], tant dans l'écriture que sur la forme, très professionnelle – francophone de l'État islamique. Son compte est régulièrement censuré et réapparait aussi vite qu'il est né.

Au zénith de ces utilisateurs de Twitter – site qui avait promis, il y a presque deux ans de faire un effort... –, se trouve le compte *Khilafah infos*, sans doute le meilleur vecteur d'actualités de Daesh. Tout y est ! C'est le BFMTV du Califat. Revendications d'attentats en direct, photos d'opérations martyrs et, surtout, liens précieux vers le site – qu'il vaut mieux ouvrir avec le navigateur TOR – d'informations qui regroupent tous les communiqués et publications en Français, vidéos ou textes, de l'État islamique depuis sa création ! Daesh pourrait signer un partenariat avec Twitter ! Pas de liberté pour les ennemis de la liberté ? Certes, mais dans les limites du premier amendement de la Constitution américaine qui garantit la liberté d'expression. Et ce n'est pas le ministère de l'Intérieur français qui peut contraindre les *majors* du secteur, toutes basées aux États-Unis.

Twitter a d'ailleurs fièrement annoncé avoir employé plus de cent personnes pour s'occuper des contenus inappropriés.

Cent surveillants pour trois-cent-vingt millions d'utilisateurs !

Tremblez, djihadistes du clavier, la Silicon Valley vous a à l'œil !

En France, c'est l'Office central de lutte contre la criminalité liée aux technologies de l'information et de la communication – ou l'OCLCTIC – qui peut bloquer, sur décision administrative, les

1 Le « juste », en arabe. Ici : « Le droit chemin ».

2 L'État islamique ne recrute pas que des paumés, contrairement à la légende officielle. Selon plusieurs sources du renseignement, il ne fait aucun doute que ce magazine est réalisé, de A jusqu'à Z, en France. Mais par qui ?

sites faisant l'apologie du terrorisme. Et c'est la plate-forme Pharos qui reçoit les signalements des internautes. Entre 2013 et 2015, ceux-ci sont passés, de cent-vingt-trois-mille à plus de deux-cent-cinquante-mille après les attentats de janvier 2015. Or seuls cinquante fonctionnaires y travaillent en se relayant vingt-quatre heures sur vingt-quatre.

Le rapport du sénateur Jean-Pierre Sueur, intitulé *Filières djihadistes : pour une réponse globale et sans faiblesse*[1], notait qu'il faudrait au moins embaucher trente personnes de plus pour désengorger Pharos.

Les services de renseignement ont déjà du mal à procéder à des écoutes téléphoniques ; comment imaginer alors qu'on puisse surveiller des centaines de milliers de connexions Internet ?

Ce rapport du Sénat est très instructif. Et souvent, malgré tout le sérieux du socialiste Jean-Pierre Sueur, très drôle. Voici ce qu'on y trouve :

« Pour un compte Twitter ou Facebook, [les] sanctions pourraient prendre la forme d'une réponse graduée allant du message privé à l'utilisation du compte pour des actions de contre-discours, jusqu'à la fermeture du compte. »

On imagine les propagandistes du *djihad* se tordre de rire à Raqqa ! Quel autre effet pourrait avoir un message privé, en guise d'avertissement, dans la boîte *mail* d'un islamiste utilisant Facebook ?

Il y a eu des cas de perquisition chez des individus qui se gavaient littéralement d'informations sur des sites djihadistes. On a même entendu certains imams dire qu'ils les consultaient « à titre d'information personnelle » et qui ont fait l'objet d'une simple audition. Une des affaires les plus emblématiques est sans doute celle de Fahd Jobrani, un Marocain de trente-sept ans, qui vivait

1 Commission d'enquête sur l'organisation et les moyens de la lutte contre les réseaux djihadistes en France et en Europe – Rapport de M. Jean-Pierre SUEUR, 1er avril 2015.

en banlieue de Rouen, à Notre-Dame-de-Bliquetuit. Il n'a jamais pris la moindre précaution et n'a fait que se répandre en appels au *djihad* sur Twitter, Youtube et Facebook. L'homme prétendait vouloir fonder une *katiba* – une brigade de combattants pour Al-Qaïda. Marié à une Française, il se vantait de posséder une kalachnikov. La police n'avait rien trouvé chez lui. Mais son petit manège sur Internet, alors qu'il n'avait constitué aucun réseau, lui a valu, en février 2015, une condamnation à cinq ans d'emprisonnement assortie d'une interdiction de territoire. Pour sa défense, devant le tribunal de grande instance de Paris, il avait lâché :

« C'était pour lutter contre le tourisme sexuel au Maroc. »

Ce n'était sans doute pas le djihadiste potentiel le plus dangereux. Les plus dangereux se font discrets. Mais son cas est intéressant. Sa lourde condamnation, juste après les attentats contre *Charlie Hebdo*, a valeur d'exemple. Attention au petit poisson ! Aux ringards du *djihad* ! Vous serez traités de la même façon que les autres. De temps en temps, la police vient surcharger ses effectifs d'une affaire semblable. On pince un type à la langue bien pendue sur Internet mais qui, finalement, dans le monde réel, n'a absolument rien à raconter et encore moins à révéler. C'est rassurant pour l'opinion. C'est bon pour les chiffres. Mais c'est une perte de temps complète.

La batterie de mesures aussi cosmétiques qu'inutiles n'a pas empêché Bernard Cazeneuve de plastronner, en janvier 2016, à l'occasion du huitième forum international sur la cybersécurité qui s'est tenu à Lille. Imaginez donc : deux-cent-quatre-vingt-trois sites « se livrant à de la propagande djihadiste » bloqués. C'est omettre le nombre de sites qui se créent en même temps. C'est oublier de parler des sites miroirs qui sont la copie exacte des sites bloqués, ne faisant varier les noms de domaine que d'une lettre parfois.

« Les islamistes ne sont pas stupides, explique François-Bernard Huyghe. Ils se servent des outils déjà existants. Il leur suffit d'aller sur le site de Reporters sans frontières et ils ont déjà toute une panoplie d'outils en ligne pour crypter leurs communications, éviter d'être géolocalisés… Alors, évidemment, c'est à destination des cyberdissidents mais ça marche aussi pour les islamistes ! »

Quant à l'idée de fermer les sites Internet incriminés, elle amuse beaucoup dans le milieu du renseignement. Pour deux raisons au moins. D'abord parce qu'ils sont très souvent hébergés à l'étranger, notamment en Irak et au Yémen, sorte de « Silicoran Valley », et qu'on imagine mal des cyberpatrouilleurs français perquisitionner des cahutes de *start-up* de la haine, à Ramadi ou à Sanaa. Ensuite, parce que, de l'aveu même des services de renseignement, ces sites constituent des mines d'informations pour les analystes qui viennent y puiser – comme les journalistes – des indications précieuses : projets d'attentats, noms de djihadistes et même moral des troupes après les bombardements de la coalition. Sur ce dernier point, les djihadistes ont aussi pour consigne de ne pas trop se livrer publiquement. Un djihadiste français avait posté sur son compte Twitter une photo de lui dans son lit d'hôpital avec une perfusion et le commentaire :

« C'est passé pas loin de l'artère. » *L'Adieu aux armes*, version islamique 2.0.

Pourquoi vouloir se priver de toutes ces données ? Pourquoi tenir absolument à perdre le contact avec les Abaaoud de demain ?

RÈGLE VII

ENTRAÎNE-TOI.

« Le croyant fort est meilleur et plus aimé de Dieu que le croyant faible. »

Hadith rapporté par Muslim ibn al-Hajjaj.

Le *djihad*, c'est la santé !
Pas d'attentat réussi sans une bonne condition physique.
Allah n'aime pas les demi-portions.
Allah n'aime pas les gros.
Allah n'aime pas les oisifs.

Et une guerre ne se gagne pas en se gavant de kebabs. Il faut faire du muscle. Apprendre à combattre. Entretenir l'esprit d'équipe. Entretenir l'idée aussi que, le moment venu, le musulman est prêt pour la guerre. Au culte du martyre, le djihadiste a ajouté celui du corps. Fini les gros pleins de soupe à l'égyptienne de la Gamaa al-Islamiya[1], à peine capables de tirer sur des touristes. Le djihadiste est désormais un athlète.

Mens insana in alcorano sano – un esprit malsain dans un Coran sain.

Daesh ou Al-Qaïda n'ont pas encore leur Leni Riefensthal mais ils ont progressé dans la mise en scène des biceps et de la force physique. Pas une vidéo de propagande sans qu'ils ne se traînent dans la gadoue, sans qu'on ne les voie s'exercer au tir, monter à la corde ou faire de l'escalade – des vidéos de recrutement mieux réalisées

1 Groupe islamiste sunnite égyptien actif dans les années 70 et voulant y instaurer un État islamique.

encore que celles du SIRPA[1] ; plus artistiques, plus pêchues, plus spectaculaires !

Il est vrai que Raqqa n'est pas encore ville candidate pour accueillir les Jeux olympiques. Mais Lunel pourrait les accueillir. Le Molenbeek du sud de la France est une pépinière de champions islamistes en puissance. On s'amuserait presque de les voir courir sur le parcours sportif du parc du Petit Pin, entre deux pointages à la gendarmerie. Quelques tractions, quelques pompes. Rien de méchant. Les barbus ont le droit de faire du sport entre deux récitations de Coran. Tant qu'ils ne s'entraînent pas à la kalachnikov. Depuis quelques années, ils font partie du décor. Le socialiste Philippe Moissonnier, leader de l'opposition municipale, a même trouvé un sobriquet pour l'une des équipes de foot issue du *tabligh* : l'US Barbus. On est loin des dribbles d'Abdelhamid Abaaoud à Raqqa, où ce dernier remplaçait le ballon par une tête de mécréant. On est loin de ces salafistes sympas qui jouent à la pétanque en plein de quartier de la Goutte d'Or à Paris. Non... d'ailleurs les méchants salafistes, eux, préfèrent s'entraîner, en soirée, sous l'œil avisé d'un barbu, près du canal de l'Ourcq.

Ce qui est plus inquiétant, c'est que la frontière entre le sport et l'entraînement paramilitaire devient de plus en plus ténue. C'est une chose de faire des pompes dans un parc municipal, ou de taper le cuir avec ses copains des mosquées. C'en est une autre de se réveiller aux aurores pour crapahuter dans les Cévennes gardoises, un bout de bois en guise de mitraillette sur les épaules...

Ambiance *Platoon* pour quelques candidats au *djihad* venus de Nîmes et de Montpellier. On vient dans les bois, dans un décor méditerranéen qui rappelle le nord de la Syrie, pour évaluer ses

1 Le Service d'informations et de relations publiques des armées est le service de communication des armées françaises.

capacités à faire la guerre, mais aussi pour se donner des frissons entre copains. Quand les derniers stagiaires, à mi-chemin entre des Rambo de snacks *halal* et des castors juniors intégristes en ont fini, ils vont faire joujou ailleurs. À l'*airsoft* ou au *paintball*, par exemple.

Comme Youssef Ettaoujar, vingt-cinq ans, Salah-Eddine Gourmat, vingt-quatre ans, et Fares Farsi, vingt-et-un ans, arrêtés en mai 2012 à l'aéroport de Saint-Etienne, alors qu'ils comptaient embarquer dans un avion à destination de Gaziantep, dans l'est de la Turquie, afin de rejoindre, plus tard, la Syrie[1]. Les trois jeunes apprentis terroristes s'entraînaient à tirer au *paintball*. Le plus mauvais d'entre eux avait été désigné pour filmer le *djihad* de ses copains.

Au début des années 2000, la filière des Buttes-Chaumont était à peine moins discrète que ces trois guignols d'Allah. Le chef de ce réseau, Farid Benyettou, emmenait ses disciples courir dans ce parc du XIXe arrondissement de Paris, et leur expliquait, sur le papier, le fonctionnement d'une kalachnikov. Ça paraît sommaire, presque burlesque. C'est un réflexe peut-être un peu trop primaire de ricaner de ces tordus salafistes se pelant les fesses à galoper dans un jardin parisien au cœur d'un quartier gentrifié, car cette filière est tout de même parvenue à envoyer dix djihadistes en Irak rejoindre Al-Qaïda.

Et c'est aussi là que le petit Chérif Kouachi a fait ses premières armes, dix ans avant de mitrailler, en compagnie de son frère Saïd, la rédaction de *Charlie Hebdo*, pour un dessin du prophète qui n'avait pas eu l'heur de lui plaire.

En octobre 2014, à Strasbourg, un prof de sport en *djellaba* avait distribué à six élèves âgés d'entre trente et quarante-cinq ans, des pistolets en plastique noir et des bâtons souples recouverts

1 *Le Monde*, 1er février 2014, sur le procès des « pieds nickelés » du *djihad*.

d'aluminium pour imiter des couteaux. Le policier qui avait essayé de procéder à un contrôle d'identité de ces joyeux sportifs s'était fait traiter de « mécréant ».

Les participants ont contesté toute espèce de lien avec un entraînement au *djihad* ! Officiellement, ils étaient là pour se protéger d'« agressions éventuelles ».

Au-delà du folklore qui fait l'hilarité des rédactions françaises, entre deux attentats, il y a une réalité qui semble nous dépasser : les djihadistes, aussi fantaisistes soient-ils dans leurs survêtements Adidas recouverts du *kamis*, ne perdent ni le nord ni leur temps. Ils n'oublient pas de se former physiquement à l'affrontement, se soumettant ainsi à l'injonction coranique du fameux verset 60 de la sourate 8 :

« Préparez-leur tout ce que vous pouvez de force, et tenez prêts des chevaux afin d'en effrayer l'ennemi de Dieu et votre ennemi. »

Dans une enquête réalisée par le célèbre journaliste indépendant Paul Williams et publiée par le journal irlandais *Irish Independent*, on apprenait, une semaine après l'attaque contre *Charlie Hebdo*, qu'un groupe d'aspirants djihadistes, âgés tout au plus de vingt ans, venus de France et de Belgique, s'était entrainé dans les montagnes du sud-est de l'île, du côté de Wiclow. Au programme de cette folle semaine : nage dans les eaux glacées d'un lac, randonnées, camping dans des grottes. Commentaire des autorités dublinoises :

« Ce n'est pas interdit, puisqu'ils n'ont pas d'armes ! »

Au moins deux camps d'entraînement existent en Bosnie-Herzégovine, pays candidat à l'entrée dans l'Union européenne. On peut s'y exercer au tir à la kalachnikov, aux techniques de survie dans les bois, ou éprouver son endurance. On y retrouve le côté paramilitaire des organisations terroristes du type Front populaire de libération de la Palestine ou Fraction armée rouge qui avaient déjà l'habitude de s'entraîner ensemble dans des camps de fortune, en Syrie et en Jordanie.

Pas envie d'aller se former en Bosnie ou de crapahuter en Irlande ? Pas de problème ! Dans un document édité par l'État islamique[1], on recommande au musulman isolé de faire de l'exercice tout seul chez lui.

« Car le musulman qui aura vécu sans s'être entrainé au djihad mourra sur une branche de l'hypocrisie. »

La fainéantise frise donc l'apostasie, surtout si se préparer au *djihad* est à la portée de toutes les bourses.

Et nul besoin d'investir les rayons de Décathlon :

« Cela ne demande pas beaucoup d'équipement. Juste un peu de discipline au quotidien. L'important est de développer quatre principaux points : l'endurance, la force, la vitesse et l'agilité », peut-on y lire.

Et de donner quelques exemples concrets :

« Il faut s'entraîner à la même heure, tous les jours. Au moins trois fois par semaine, car il est important de laisser le corps récupérer. »

Pour ceux qui souhaitent s'entraîner en groupe, « évitez de le faire publiquement » et même de le faire devant des femmes « qui pourraient être impressionnées par l'exhibition de vos muscles ».

La suite n'est qu'une sorte de mode d'emploi du *djihad* chez soi. *Do it yourself*, pour la cause d'Allah.

« Il est préférable de s'entraîner avec des bottes, cela ressemblera davantage à ce que vous vivrez pendant le djihad. Achetez-vous des semelles à absorption de chocs. »

Ou :

1 *Comment m'entraîner au djihad ?*

« L'ambiance d'un gymnase n'est pas celle que vous trouverez à la campagne. Elle ne vous bénéficiera pas. Préférez courir à la montagne. Montez et descendez des collines. Chargez un sac avec beaucoup de livres – un tiers de votre poids – et mettez-le sur votre dos. »

Le sport doit avoir une vocation utilitaire. Les salafistes jugent impur le divertissement. Saïd Abu Shahid, islamiste de *Sharia4Belgium* et compagnon du prophète bruxellois Jean-Louis Denis, plus connu sous son surnom de Jean-Louis le Soumis, se souvient d'une anecdote :

« Un jour, des frères nous ont demandé si le football était *haram*... Parce que l'arbitre ne juge pas d'après la *charia* ! »

J'ai souri.

Puis Jean-Louis le Soumis ajoute :

« Frère, l'heure est tellement grave actuellement qu'il est plus important d'apprendre à tirer à l'arc plutôt que d'apprendre à tirer au ballon... *Wallah*, ce jour-là m'a marqué parce que j'ai vu l'amour pour Allah et son Envoyé dans son regard. »

On aurait dû prêter davantage attention au propos du fondateur du « resto du Tawhid ». Sous ses airs d'illuminé, Jean-Louis Denis était un véritable exégète. Il connaissait la valeur du combat.

Voici ce qu'on trouve aujourd'hui sur la messagerie Telegram[1] auprès de prédicateurs djihadistes d'Internet qui, poliment, vous remettront le document :

« – Est-ce que mon corps est directement derrière le fusil pour absorber le recul ?

– Est-ce que la main faible saisit fermement le fût avec une pression vers le creux de l'épaule ?

1 L'application de messagerie instantanée (et cryptée) en vogue chez les islamistes. Voir règle VII.

– Est-ce que mon regard est clair ? Est-ce que j'ai un bon champ de vision dans ma lunette ?

– Est-ce que ma saisie de la poignée est correcte ? Est-ce que mon doigt va appuyer droit vers l'arrière de la détente ?

– Est-ce que ma respiration fait descendre et monter mon réticule bien dans l'axe de la cible ?

– Est-ce que mon réticule croise bien la cible ? »

Ou encore :

« Mauvaises habitudes : Tremblements : Ils peuvent être dus à une tension musculaire involontaire à cause de l'anticipation du recul. Ils sont annoncés par :

– des mouvements de tête

– les yeux qui se ferment

– tension dans le bras faible

– des mouvements des épaules

– la combinaison de plusieurs de ces facteurs. »

Il s'agit d'une traduction en français du guide des tireurs d'élite de l'US Marine Corps que d'ex-soldats irakiens ont emporté avec eux après la formation qu'ils ont reçue de l'Oncle Sam.

Soixante-huit pages de conseils, de détails techniques, de croquis, d'exemples d'infiltration de villages, de méthode de patrouille, de stratégie de repli, à appliquer pour une équipe de *snipers*.

On n'a jamais fait mieux ! N'importe qui peut désormais jouer à Rambo chez lui, entre deux footings et cinq prières.

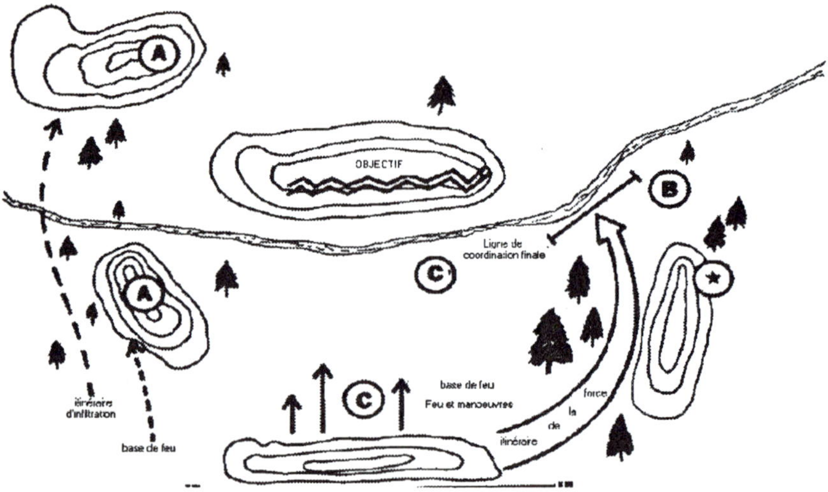

Infiltration: L'équipe sniper fait la reconnaissance de la ligne d'infiltration, choisit l'itinéraire et assure la sécurité et l'observation de l'axe d'infiltration et des points de rendez-vous.

Autres positions: d'autres positions possibles sont:
- les aérations au niveau de la rue ou les fenestrons de caves
- les pigeonniers ou fenêtres de greniers

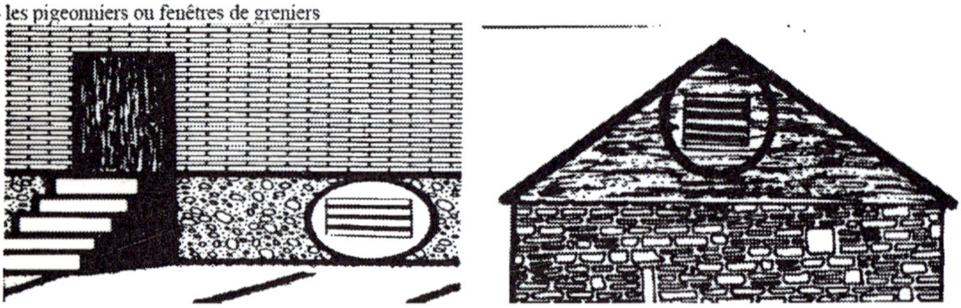

Règles générales et considérations: Les règles générales et les considérations à prendre en compte lors de la sélection et l'occupation d'une cache sont:
- qu'elle procure le maximum de couvert
- qu'elle évite le découpage de la silhouette sur un fond coloré

Il n'y a plus qu'à pratiquer.

Car l'apprentissage de la kalachnikov ne demande qu'une demi-heure de cours.

« Trois jours pour être vraiment bon », raconte Charles Saint-Prot, l'ex-conseiller aux affaires internationales de Saddam

Hussein qui ne se retient pas de me raconter une nouvelle anecdote :

« Vous m'excuserez, je ne devrais pas vous le dire... Mais je me souviens d'un attaché militaire russe qui me disait : « La kalachnikov, c'est tellement facile à utiliser que même des enfants y arrivent.»

Un djihadiste présent en Syrie me confie que pour « s'endurcir », son groupe se donnait parfois des coups de *taser*. Le tout en slip ! C'est ça, la virilité du Califat ! Des décharges électriques, entre copains, et en calebar, s'il vous plaît !

Je lui demande :

« Pour se donner du courage ou pour s'habituer à résister quand vous serez de retour ? »

Il s'est voulu rassurant :

« Haha ! On ne sera jamais de retour ! »

Avant de m'avouer :

« C'est au cas où on est pris. C'est pour s'habituer à la torture. »

En attendant les vrais stages pratiques sur les terres du Califat à tirer sur des méchants *rafidis*[1], le djihadiste peut développer ses muscles.

Chez ce dernier, on décèle un attrait certain pour une virilité joyeusement partagée, dans l'effort et la sueur ; quelque chose qui évoquerait ces soldats grecs de l'Antiquité, combattant nus, mêlé à l'encamaradement qui gouvernait aux jeunesses hitlériennes.

Bon nombre des figurants et acteurs des vidéos d'entraînement de Daesh pourraient servir de base documentaire pour les calendriers des Dieux du Stade. Que ce soit cette séquence où les soldats du Califat jouent à saute-moutons, ou celle où ils font des roulés-boulés dans le désert, il faut reconnaître que les bougres ne sont

1 L'autre nom des Chiites. Soit « ceux qui rejettent ».

pas dénués d'un certain esthétisme martial, où la mise en avant du corps, puissant et masculin, ne s'éloignerait que peu de certains canons de l'homosexualité des élites militaires de l'Athènes antique.

Peu surprenant, dès lors, que l'on retrouve parfois les prédicateurs et recruteurs de l'État islamique sur les *tatamis* des salles de musculation. Quitte à aller chercher des guerriers, autant les trouver directement là où ils se forment au combat.

« Avant de partir en Syrie, mon cousin, c'était école-salle de gym-école-salle de gym... Et cela pendant des mois. Ma parole, il était sérieux », raconte Saïd, le fils d'un commerçant de vêtements de Molenbeek.

Mais, bien sûr, Saïd, que ton cousin était sérieux ! Et discipliné ! C'est exactement ce qu'on attend d'un soldat.

On estime, à la louche, à 10 % de djihadistes bruxellois ceux qui ont été recrutés ou approchés dans des salles de sport. C'est peut-être surprenant, mais c'est parfaitement logique.

À Molenbeek, un entraîneur m'explique :

« Ah, ici, les islamistes aimaient bien le taekwondo. »

Un sport martial coréen qui, me dit-on, s'apprend rapidement, permet de développer ses appuis et, surtout, « ne contrevient pas aux règles de la bienséance islamique ».

Avec les jeunes qui font de la corde à sauter et les barbus qui se mettent des coups de lattes au visage, on se croirait dans un *remake* pakistanais du premier *Rocky*.

L'aura de Cassius Clay, devenu Mohamed Ali en 1965 après avoir rejoint les rangs de la très raciste Nation of Islam, rayonne encore beaucoup dans l'imaginaire des musulmans. Un type capable de mettre au tapis ce mécréant de George Foreman, de remercier Allah et d'accomplir le *hadj*, ça en jette. Sa photo apparaît souvent sur les profils Facebook des agités de l'islam.

Pourtant amateurs de symboles, ces derniers devraient y voir l'esclave affranchi qui retourne à la religion de ceux qui ont vendu ses ancêtres. La traite négrière des arabo-musulmans a duré une bonne dizaine de siècles et n'avait rien à envier à la traite transatlantique – et il y a des survivances de la première, d'une certaine manière, dans certaines contrées, et sous des formes modernes. Mais de cela, Cassius Clay ou Malcom X n'avait que faire.

La boxe n'est pourtant pas le sport le plus islamiquement correct qui soit. À la Boxing Factory de Colomiers, en banlieue de Toulouse, connue comme un repaire d'islamistes depuis le massacre perpétré par Merah[1], le gérant se défend d'accueillir la crème de la crème des barbus locaux chez lui.

« C'est vrai, on a bien eu Miloud Chachou mais, attention, à l'époque, ce n'était qu'un délinquant, qu'un drogué », me raconte-t-il.

C'était avant que ledit Chachou, trafiquant de *shit* et membre de la sphère de Mohamed Merah, ne soit impliqué dans une filière irakienne, proche de la cellule Cannes-Torcy.

« La boxe n'est pas le sport préféré des salafistes, explique encore le gérant. Ce qu'ils veulent, voyez-vous, c'est la lutte au sol. C'est l'idée de se soumettre qui leur plaît. Le combat qui permet de dominer physiquement quelqu'un sur le tapis a plus d'importance que le simple fait de se mettre des coups sur la gueule. »

Rigolard, le patron en veut pour preuve que le neveu d'Olivier Corel est « venu récemment se renseigner », mais il ne voulait surtout pas faire de la boxe.

Alors, repaire de fondamentalistes ou pas ?

Attention, la réponse tue :

« Non, la preuve : on a eu un papa qui a voulu inscrire son fils pour qu'il se prépare à faire ses classes avec Tsahal. »

1 *Merah, l'itinéraire secret*, Alex Jordanov, éditions Nouveau Monde.

Pas de quoi être inquiet…

Le *coaching halal* s'est développé ces dernières années. Avec une tendance : les femmes s'entraînent à la maison avec une *coach*. Les hommes, eux, vont en salle. Un peu comme à la mosquée. À Bobigny, le bien nommé Sunna Club, spécialiste en arts martiaux, sépare strictement les hommes des femmes.

Sur le Net, des communautés de sportifs musulmans pullulent. Il n'y a qu'à voir qui est abonné au fil Twitter de *Muslim fit* pour comprendre. La chaîne d'informations du Califat figure parmi ses *followers*, ainsi que tout un tas de partisans déclarés de l'État islamique, comme *Salafi News*, ou un certain Ibrahim Abou Ishaq, un « tweetos » supporter de Daesh et utilisant sa *kunya*.

Contacté, le *webmaster* du site *Muslim fit* me promet qu'il compte ouvrir une salle de sports. Parfaitement conforme au guide *Comment m'entraîner au djihad ?*

« Dans certains pays, il existe des salles de sport pour musulmans. Et des instructeurs en arts martiaux musulmans. C'est là qu'il faut aller. Et demander à suivre des techniques de combat de rue. »

En attendant, sur la page Facebook de *Muslim fit*, on peut suivre leur programme d'entraînement : quelques séries de pompes à faire tous les jours, le tout ponctué de recommandations coraniques, de citations du prophète et de photos, évidemment, de Mohamed Ali.

La pudeur islamique s'est invitée jusque dans les vestiaires des stades de football. On ne se douche plus nu mais en slip. Le Qatar est passé par là. Le petit Émirat n'est pas uniquement le généreux bailleur de fonds du PSG. Il l'est de tout un tas de petits clubs où les barbus ont pris le pouvoir. Lorsqu'il était directeur sportif du club Al-Wakrah Sports, le Français Pierry Fumanal avait été approché par des princes qataris.

« Ils voulaient se renseigner pour monter juridiquement des clubs de football dans les banlieues. Ce n'était pas une question de gagner de l'argent. Ils voulaient créer des équipes de jeunes musulmans. Et ils ne cachaient pas leurs arrière-pensées[1]. »

Le principe ? Mettre des jeunes salafistes comme entraîneurs. Et Allah fera le reste.

Il y a d'une part la volonté de communautariser davantage le sport, de faire de ces musulmans des athlètes, mais surtout de les endoctriner.

Le phénomène « vestiaires-mosquées » est connu des services de renseignement. De plus en plus de footballeurs exigent désormais de pouvoir faire la prière. Dans un rapport du Service central du renseignement territorial, le SCRT, plusieurs équipes ont été identifiées. Beaucoup en région PACA, quelques-unes en région nord et le reste en Île-de-France. On ne passe sans doute pas des terrains de stade au *djihad*, même si quelques cas de footballeurs professionnels partis en Syrie ont été remarqués en Tunisie, mais on échange des idées, des adresses ; on se politise entre deux dribbles, et ce qui ne peut plus se dire dans les mosquées se dit dans les vestiaires.

Le djihadiste se dope-t-il ?

Sans doute pas pour la compétition, abhorrée en islam. Et pas dans les proportions parfois fantasmées par les médias, notamment après les attentats du 13 novembre, où beaucoup de journalistes ont voulu imaginer les terroristes shootés au Captagon, cette amphétamine qui fait fureur au Moyen-Orient.

Après tout, durant le *Blitzkrieg*, les soldats allemands étaient eux aussi chargés d'amphétamines. Toutes les analyses de médecine légale ont démontré que les assassins étaient *clean*.

1 Entretien avec l'auteur.

Sur place, en Syrie, l'État islamique s'est empressé de filmer ses sbires incendier des tonnes de pilules de cette drogue, très prisée des carabins durant les années 1980 qui en consommaient pendant des semaines avant de passer leurs examens. Car en plus d'empêcher de dormir, le Captagon annihile toute forme d'appréhension.

À Sousse, en juin 2015, on a pensé que le tueur de la station balnéaire de Port-el-Kantaoui, qui avait provoqué la mort de trente-neuf personnes dans un hôtel fréquenté majoritairement par des Britanniques, se gavait lui aussi au Captagon. Mais aucune preuve n'a été apportée. Des témoins ont affirmé qu'il avait « l'air possédé ». Sans doute la lecture frénétique du Coran est-elle suffisante pour donner des airs de possédé à quiconque est sur le point de commettre un bain de sang.

Pourtant, quelques pharmaciens de banlieue témoignent notamment de l'insistance de certains musulmans intégristes pour obtenir des amphétamines, et des médecins commencent à tirer la sonnette d'alarme.

Le prétexte de leur visite, pour quémander des ordonnances, est souvent le même : fatigue, besoin de concentration ou enfants turbulents.

Une autre inquiétude a vu le jour à la DGSI. Celle de l'existence d'anciens militaires français parfaitement entraînés au maniement des armes et des explosifs. L'un des scénarios évoqués est celui d'un soldat de l'opération Sentinelle pétant les plombs[1], et se mettant à tirer dans la foule. Il y a aussi celui d'ex-hommes de troupe faisant défection pour rejoindre Daesh et y apportant leur savoir-faire.

Consigne a été donnée aux chefs de corps de surveiller les signes de radicalisation. La crainte est réelle. Six anciens militaires

1 *Le Canard Enchaîné*, 10 février 2016.

français sont déjà partis gonfler les légions du *djihad* en Syrie et en Irak. Parmi eux, un ancien du 1er Régiment parachutiste d'infanterie de marine de Bayonne[1], régiment d'élite de l'armée de terre, spécialisé dans les opérations spéciales. C'est là qu'il a suivi le très exigeant stage RAPAS – recherche aéroportée et action spécialisée –, une formation accessible à seulement très peu de soldats, où il a eu le loisir d'apprendre les techniques de combat, de tirs, de sabotage et de survie, parmi les plus abouties des armées occidentales.

Après cinq ans d'armée, ce Français d'origine maghrébine s'est reconverti dans la protection de sites pétroliers dans la péninsule arabique. Son licenciement l'aurait poussé à la radicalisation.

Aujourd'hui, le retour de djihadistes de Syrie en Europe inquiète de plus en plus les autorités. Ils sont aguerris, parfaitement formés au combat. Le niveau d'entraînement de ces vétérans est tel qu'il est possible de fabriquer en quelques semaines un djihadiste de qualité comparable à celui du Califat, depuis le sol français, sur le modèle et sur le rythme des formations acquises en Syrie.

Au programme, notamment : des séances de camping, apprentissage de la vie sans eau, comment vivre sans nourriture, comment faire des nœuds sur des cordes, comment se camoufler, etc.

On dirait les derniers jours d'Abdelhamid Abaaoud ! Pendant sa cavale, le terroriste était resté planqué pendant quatre jours dans un buisson, au bord de l'A86, à Aubervilliers, avant que sa cousine Hasna ne vienne le chercher. Un exercice d'endurance auquel le Belgo-Marocain a sans doute été lui-même initié au Sham. Un feu nourri de plusieurs heures, une nuit de novembre 2015 à Saint-Denis, l'empêchera d'initier à son tour.

1 *L'Opinion*, 21 janvier 2015.

RÈGLE VIII

CONSTITUE LE BUTIN.

« Allah vous a promis des masses abondantes de butin que vous prendrez. Il a hâté pour vous cette prise et il a détourné de vous les mains de ces gens. Il a fait cela afin que ce soit un signe pour les croyants et pour vous diriger dans une voie droite. »

Le Coran, sourate 48, « Le succès », verset 20.

Après-midi tranquille dans le quartier de La Guillotière, au centre de Lyon. Les mosquées salafistes se vident de leurs fidèles. Ceux-ci se rechaussent dans la rue, en s'appuyant sur des pare-chocs de voitures. Les plus âgés vont siroter leur verre de café au lait à la terrasse d'un bar de l'avenue Jean-Jaurès. La Guillotière se remplit à nouveau de ses habitants. Les dealers reviennent à leur business. On se donne l'accolade. On se serre la main, puis on se la rabat sur le cœur :

« *Salam* ! ... Et la famille, ça va ? »

Jolie et un poil vulgaire, une petite Asiatique, en mini-jupe et bomber, d'une trentaine d'années, fait les cent pas accompagnée par deux ou trois Africaines qui, visiblement plus habituées qu'elle, gardent un œil discret sur la rue Paul-Bert.

Depuis l'un des rares bars qui servent encore de la bière dans ce quartier pluriethnique, j'observe ce manège. L'Asiatique qui tourne sur elle-même comme une toupie au ralenti, s'arrête de temps en temps pour discuter avec de jeunes rebeus, plantés au pied d'immeubles, vigies invisibles d'une rue où l'on ne prête plus attention à rien, tant elle semble être abandonnée à l'islam et aux petits caïds. Elle emprunte l'escalier d'un immeuble de la rue, redescend, tire sur un joint, fait signe à une Africaine de l'accompagner, pose de l'argent liquide dans le creux de la main d'un jeune Maghrébin qui fourre *illico* l'oseille dans la poche de son blouson... Je finis par me lasser du spectacle, et demande, en toute naïveté, au patron du bar :

« Y a de la prostitution dans le quartier ? J'aurais pas imaginé La Guillotière comme ça. Si proche des mosquées, quand même. Ça manque de tenue ! »

Je prends un air indigné. Le patron – qui sert justement un verre à l'une des Africaines venue se réchauffer avec un thé vert – me répond :

« Ah ça, ça ne me regarde pas. Je veux qu'on me foute la paix. Ici, on vit bien… Z'avez qu'à leur demander… Hein, m'croyez pas ? »

Le genre de réponse qu'on obtient systématiquement à Molenbeek ou à Lyon, celle des derniers Gaulois installés en zone repeuplée…

Je n'aurai pas besoin de demander. À ma sortie, l'un de ces jeunes Arabes me repère, alors que je m'approche de l'Asiatique fumant encore un joint tout en tapotant de l'autre main son *smartphone*.

« Hé m'sieur, tu les aimes les Noisechi ? Ou tu préfères les belles doudous africaines ? Hé m'sieur… » Tapin multiculturel !

En plein quartier salafiste, véritable vitrine de l'islam rigoriste, de la pudeur millénaire des serviteurs d'Allah, cette vision pourrait offusquer le plus libéral des fidèles du secteur. Les barbus, pourtant, semblent s'en accommoder. Ce spectacle n'est pas tout à fait nouveau pour moi. On m'avait déjà proposé, au Caire, le même genre de services tarifés. De façon plus discrète, c'est vrai. Mais dans un quartier déjà islamiste, celui de la mosquée Al-Azhar[1].

Je ne veux pas tirer de conclusion. Je n'ai pas vu de jeunes beurs aller filer l'argent aux imams du coin.

« C'est pas impossible que ça alimente un réseau mafieux local ou des islamistes… », me confie une source policière qui n'en sait pas davantage que moi.

1 La mosquée Al-Azhar et son université forment l'un des plus vieux centres de la doctrine musulmane sunnite.

Le cas de maquereaux islamistes s'est déjà présenté dans un passé récent. D'authentiques petits banquiers du *djihad*.

Abdeslam Bahiad, ancien président de l'association Lumière de Dieu, qui gère la principale mosquée d'Orange, s'était fait pincer les mains dans le sac à main – au minimum. Ce Marocain avait organisé une filière d'immigrées clandestines qu'il faisait travailler dans des appartements[1]. Autre cas devant la justice, en août 2015 : celui d'un jeune homme âgé de vingt-trois ans, converti à l'islam à la prison de Villepinte[2], qui souhaitait partir en Syrie et qui prostituait sa copine Nina dans des chambres d'hôtel, notamment dans le quartier de la porte de Saint-Cloud. Revenus mensuels estimés : vingt-mille euros pour celui qui préférait être appelé de son nom de converti – Abou – et qui avait annoncé à sa mère vouloir mourir en martyr en Syrie. Avec ou sans Nina... On ne sait pas. Il avait déjà adopté les mœurs du proxénète islamiste en frappant sa nana lorsqu'elle « manquait de respect envers certains clients ». Du respect, lui, en avait à revendre ! Le titre de son annonce sur Internet en dit long sur la considération qu'il nourrissait à l'égard de sa tapineuse de fiancée : « Maghrébine en chaleur ». Pour certaines grandes causes islamiques, on ne peut avoir le beur sans l'argent de la beurette. Ni l'invocation sans la fellation.

Drogue, prostitution, vol : l'argent sale obtenu des mécréants, par le trafic ou la rapine, pour financer son *djihad*, est *halal*. Il défend la cause. Pourquoi ne pas se servir ? Le groupe terroriste Ansar al-Fath[3], créé en 2003, avait carrément baptisé l'une de ses cellules « appropriation de biens ». Parmi ces appropriations, l'argent liquide des prostituées pour financer des actions terroristes en France.

1 *Le Parisien*, 18 avril 2014.
2 *Le Parisien*, 19 août 2015.
3 « Les partisans de la victoire », en arabe.

Le vol n'est plus du vol. Quand la guerre oblige à considérer les biens de ses ennemis comme un butin légitime, c'est vers le réservoir de délinquants des quartiers que les réseaux djihadistes se tournent.

« La loi des gangs est largement préférable, en ce qui concerne la *charia*, au contrôle exercé par les autorités apostates qui persécutent le peuple en le livrant à leurs polices », peut-on ainsi lire dans le guide djihadiste *Gestion de la barbarie*.

Cette logique de guerre, proche de la pensée pratique mafieuse, présente au moins trois avantages : le financement en petites coupures d'une organisation islamiste ; la constitution, le cas échéant, d'un réseau de fidèles qu'il sera facile de transformer en djihadistes ; la désorganisation de l'économie du mécréant.

Le *djihad* coûte cher.

Prêcher, organiser des sessions d'entraînement dans les bois, louer des locaux servant de salles de prière, faire manger l'émir : ça chiffre vite.

Le gang de Roubaix a été l'un des précurseurs en matière de vol avec violence chez les mécréants.

Leur spécialité : le braquage de supermarchés, spécialement les enseignes de *hard discount* Lidl et Aldi. Le début de l'année 1996 n'a été qu'une suite quasi ininterrompue de descentes avec fusils à pompe, de meurtres, et de vols. Quelques milliers de francs à chaque fois. Pas suffisant pour financer la guerre sainte. C'est alors en Bosnie que les deux convertis, têtes du réseau, Lionel Dumont et Christophe Caze vont faire leur marché : mitraillettes mais aussi lance-roquettes. En mars 1996, ils attaquent ainsi un convoyeur de fonds… Sans succès.

Longtemps pourtant, la justice n'a pas perçu, derrière des islamistes, autre chose que des bandits. Elle s'intéressait au butin sans comprendre les motivations secrètes de ces brigands qui n'avaient pas l'air de fondamentalistes. Les choses ont changé après les attentats du 11-Septembre.

En 2004, Abdelnasser Benyoucef, Zine Khalid et Hassan Baouchi, sont jugés par la cour d'assises spéciale de Paris, compétente en matière de terrorisme. En tout, le trio salafiste avait dérobé un million d'euros dans divers distributeurs automatiques d'argent en Seine-Saint-Denis. Parmi ces islamistes, Hassan Baouchi était en charge de la maintenance des machines. Son frère, Mustapha, a longtemps été en France le chef de la cellule du Groupe islamiste des combattants marocains, plus connu sous son sigle GICM. Pratiquant à la fois le vol et la *taqiya*, Hassan se faisait passer pour le pauvre employé pris en otage... Quand on sait que le frère de Benyoucef fut l'un des organisateurs, en mars 2004, de l'attentat contre la gare de Madrid Atocha, cent-quatre-vingt-onze morts, cela donne froid dans le dos. C'est finalement un converti, Fred Gustave, qui finira par lâcher le morceau aux enquêteurs.

Dans la même veine, la cellule islamiste Cannes-Torcy se rémunérait aussi en attaquant et en dealant. Cette faction, violemment antisémite, finançait sa cause en volant dans les voitures ou en braquant des commerces. Telle pizzeria de Noisel, investie en octobre 2012, servait à alimenter la logique de la haine et à acheter des armes. Les enquêteurs découvrent chez Jérémie Bailly, alias Abderrahmane, converti dès l'âge de quatorze ans, un butin de vingt-sept-mille euros en cash. Le logeur de ce groupuscule, à Cannes, Sofen Hamrouni, vit de trafics de drogue et roule en Mercedes décapotable, mais il offre le gîte et le couvert à ses associés islamistes.

Dans les Yvelines, trois hommes, membres d'une cellule radicale, ont attaqué, en septembre 2013[1], un Quick, pour « financer leur participation à la lutte armée en Syrie ». Munis de deux armes de poing, ils ont réussi à faire main basse sur deux-mille-cinq-cents euros. Les cellules de recrutement pour le *djihad* de l'État islamique conseillent aux étrangers de ne pas partir avec moins de mille-cinq-cents euros en liquide, pour couvrir leurs dépenses, notamment en Turquie, et pour payer un passeur – de deux-cents à cinq-cents euros pour traverser la frontière avant 2015, et deux à trois fois depuis qu'Ankara commence à mieux surveiller sa frontière.

Le banditisme toulousain serait également à l'avant-garde de ce financement au fusil à pompe. Mohamed Merah avait ouvert la voie. Braquage de *fast-foods*, trafic de voitures, deal de *shit*[2] : les magistrats et policiers de la Ville rose commencent à s'intéresser aux motivations de cette délinquance qui n'hésite plus à faire des allers-retours entre la Syrie et la France, se payant sur le produit des *hold-up* et obligeant le parquet de Paris à ouvrir des enquêtes pour association de malfaiteurs en lien avec une entreprise terroriste.

Cette porosité entre délinquance de droit commun et terrorisme prend parfois l'aspect de petites infractions qui sembleraient bien anodines si nous n'étions pas en temps de guerre. Prenons l'exemple de ce djihadiste de vingt ans, arrêté en février 2016, à Vénissieux, alors qu'il payait ses courses avec des formules de chèques et une carte d'identité volées[3]. Lors d'une perquisition chez lui, ont été retrouvés un fusil à pompe, des munitions, des bombes lacrymogènes ainsi qu'un testament dans lequel il demandait pardon à sa mère et donnait des consignes pour ses

1 *Le Parisien*, 6 septembre 2013.
2 *La Dépêche du Midi*, 27 juin 2014.
3 *Le Progrès*, 3 février 2016.

funérailles. En prime, huit téléphones portables et treize cartes à puce furent saisis.

Typique du djihadiste moderne, *made in France* : l'arsenal, les finances, la communication.

Pour un « loup solitaire », ça fait beaucoup.

Mais il y a encore plus malin : pour financer le massacre de *Charlie Hebdo*, Chérif et Saïd Kouachi revendaient des chaussures de sport contrefaites. Rien de vraiment original : les moindres étals de marché de banlieue dégueulent de ces godasses Lacoste avec le crocodile à l'envers. Rien de remarquable, non plus : la délinquance ne ressemble pas à du terrorisme. Et rien ne ressemble davantage à un délinquant qu'un autre délinquant dans ces endroits qui en regorgent. À Lunel, c'est le trafic de *shit* qui a pu payer – pour certains djihadistes – les billets d'avion et les dépenses vers la Syrie. Ça ne demandait pas beaucoup d'efforts de dissimulation dans une ville par ailleurs placée en zone de sécurité prioritaire, où les gendarmes étaient déjà dépassés par les petits larcins en tout genre.

Petite criminalité et recel : une perquisition menée par la police belge dans une planque à Molenbeek, au numéro 34 de la rue de la Meuse[1], donne la mesure de ce que la délinquance apporte comme devises aux partisans du Califat. Des pickpockets de gares, à Arlon, Bruxelles, Nivelles, ou encore Liège, avaient détroussé des voyageurs dans les trains. Le butin comprenait des tablettes, des valises et des passeports. Le rapport des services belges mentionne un certain Youssef, de Molenbeek, qui en récompense de sa dizaine de vols quotidiens, s'était « enfin vu proposer de partir vers la Syrie ».

1 *La Dernière Heure*, 19 novembre 2015.

En face de la mosquée Al-Nasr, à Molenbeek, le café Lavita[1] a longtemps servi de quartier général pour l'émir Zarkani, un recruteur pour le *djihad*, qui travaillait pour plusieurs franchises de la haine : Al-Qaïda, Ansar al-Charia en Tunisie ou les « bons frères » à Raqqa. C'est là, entre deux cafés noirs et des crêpes au fromage frais, que cette figure du djihadisme, qui n'a jamais bossé de sa vie, attendait de toucher ses émoluments. Pour les renseignements belges, « la petite délinquance subvenait à ses besoins : des centaines de petits vols pas plus graves que des vitres de voiture pétées ». Aujourd'hui encore, au même endroit, le peuple des petits voyous semble avoir pris racine. Comme ceux-ci se dispensent eux-mêmes de prières, ils attendent devant la mosquée al-Nasr. Au programme : trafic de *shit* en plein jour. Manège un peu visible. Manège un peu gênant pour les habitués quand on les interroge sur les activités de ces petits malfrats : « Oh, ils s'emmerdent... »

En France, on est plus malin. De quoi vivait l'Émir blanc, dans son bled reculé de l'Ariège ? C'est le mystère pour ses voisins. Un de ses amis agriculteurs me confie :

« Il vendait quelques poteries sur les marchés mais à part ça... Je ne l'ai jamais vu bosser. »

Ses fréquentations au sein de la petite délinquance toulousaine et son amitié, fidèle et jamais démentie – pas la moindre condamnation de ses actes – avec Mohamed Merah lui assurait-il de quoi vivre ? De quoi, par exemple, s'offrir ses camping-cars et sa petite voiture Suzuki, conduite par sa femme Nadia, quand celle-ci se rend dans la commune voisine déposer les feuilles de soin de son mari « malade des reins » au cabinet médical du coin ?

L'Émir cultive le secret. Son côté baba cool des mosquées – sa barbe et son air de ne pas y toucher – entretient le doute. Peut-être qu'il est réellement riche de ses céramiques. Peut-être que son art

1 *Dernière Heure*, 19 novembre 2015.

suffit à financer son isolement et sa haine de la société occidentale. Seul Allah le sait. Les renseignements, eux, l'ignorent.

Mais quid de la morale islamique ?

Déposséder le mécréant est « bien plus noble que de travailler comme businessman », écrit le cheikh Anwar al-Awlaki, imam américain dont se réclamait Chérif Kouachi[1].

Les cheikhs meurent, leurs écrits restent. Anwar al-Awlaki a fini en steak haché, au Yémen, sous un missile largué par un drone américain. Ses *fatwas* servent toujours de base aux djihadistes qui se les échangent sur Internet[2]. Et elles sont très instructives.

Voler, dealer, se servir de l'argent des mécréants est autorisé à la condition que ces mécréants soient en guerre contre l'islam. Ce qui est le cas de la France, depuis l'Afghanistan.

« Il n'y a plus d'accord qui vaille avec eux », écrit le cheikh.

« La propriété du peuple de la guerre[3] et leur sang est halal pour les musulmans. Personne ne doit bénéficier de protection. Les musulmans ont le droit de prendre leurs vies et leurs biens par tous les moyens nécessaires. Parce qu'ils nous font la même chose[4]. »

On y apprend notamment qu'il n'est pas besoin de combattre pour s'accaparer un butin. Le vol par ruse est autorisé. Attention toutefois :

« Le bénéfice de l'opération doit être supérieur aux risques pris. »

Inutile d'être un bras cassé du vol à main armée si c'est pour faire tomber une cellule islamiste. On y apprend par ailleurs que, parmi les cibles, doivent être privilégiées « les personnes connues pour leur animosité à l'égard de l'islam ».

Ça fait beaucoup de monde selon l'auteur :

1 Dans l'interview hallucinante qu'avait donnée Chérif Kouachi, le 9 janvier 2015, à BFMTV.

2 Notamment grâce au site justpaste.it.

3 Le « peuple de la guerre » : encore un nom donné aux mécréants.

4 Règle de dépossession de la richesse des mécréants, p. 4. Document remis à l'auteur.

« Dans le cas des États-Unis, on ciblera à la fois les fonctionnaires du gouvernement mais aussi les citoyens privés. »

Car le citoyen privé « a pour imam le gouvernement ». Et, en prime, il vote « pour un gouvernement qui veut la guerre aux musulmans ». La seule condition imposée au voleur est de remettre 20 % de ses gains – « pas moins » – à son imam. Rien de mieux qu'un voyou comme bailleur de fonds d'un imam.

« Comme le djihad mondial est à la recherche de moyens financiers, nous encourageons nos frères en Occident à en faire une priorité. Plutôt que de financer le djihad de sa propre poche, les musulmans doivent le financer dans les poches de l'ennemi. »

Ce petit guide du vol à l'usage du bon musulman est présenté sous la forme de questions-réponses. Exemple savoureux de ce quiz :

« Cette fatwa ne risque-t-elle pas de ternir l'image des musulmans en Occident ? »

Réponse du cheikh :

« Et depuis quand les musulmans auraient-ils une bonne image à l'Ouest ? L'Occident n'a que mépris pour l'islam. Vous n'avez qu'à regarder leur littérature ou lire leurs médias… Vous n'avez pas à vous inquiéter de l'image qu'ils ont de vous. Inquiétez-vous plutôt de l'image qu'Allah a de vous. »

On ne résiste pas non plus à cet échange :

« Mais n'est-ce pas bon pour la *da'wah*[1] ?

– La meilleure façon de faire la *da'wah*, c'est l'épée. Et cette fatwa n'est qu'un moyen de financer l'épée. À La Mecque, Mahomet a fait la *da'wah* pendant treize ans. Seulement quelques centaines de personnes sont devenues musulmanes. Quand il a émigré à Médine, cent-mille personnes se sont converties à l'islam. »

1 Voir « Règle V – Convertis ».

Le mois de ramadan est aussi le mois du cash. Les mosquées se livrent à une vraie bataille de captation de fidèles. C'est à celles qui en auront le plus, pour recouvrer le plus de *zakat al fitr*, l'aumône des musulmans, très généreux pendant cette période sainte. En France, des millions d'euros en liquide sont ainsi reversés, sans le moindre contrôle de leur destination. Du liquide mais aussi des biens. À Montpellier, dans la mosquée de l'inénarrable Khattabi, vedette des radicaux, j'ai ainsi vu une Harley Davidson garée sur les tapis de prière – « Un don d'un fidèle », m'avait confié le clerc mis en examen depuis pour fraude aux prestations sociales.

Officiellement, il s'agit de venir en aide aux plus démunis et de soutenir les frères nécessiteux de par le monde. Les mosquées salafistes, n'ayant de cesse d'affirmer que le *djihad* en Syrie n'a qu'un but humanitaire, sont-elles si regardantes sur l'usage de ces fonds quand il s'agit d'aider l'*oumma* ?

Comme si les justifications religieuses tirées du Coran ou de la jurisprudence islamique ne suffisaient pas, le djihadiste aime aussi rappeler qu'après tout, ces « vols » ne sont que la juste compensation de ceux commis par les Occidentaux pendant la période coloniale.

Le forum pour la communauté musulmane marocaine *Yabiladi* regorge de conseils en ce sens[1] pour ceux d'entre les fidèles qui veulent accomplir leur *hijra* tout en continuant à bénéficier des prestations sociales.

« *Salam aleykoum*, c'est bien à cause des *kouffar* qu'on est en France, ce sont eux qui sont venus chez nous en premier et pas eux. Donc ils méritent ce qui leur arrive ! » se plaît à affirmer un internaute, qui souligne que les Français n'hésitent pas à piller le sous-sol des pays arabes.

1 Voir *yabiladi.com*.

L'émigrant pour la Syrie qui part avec ses alloc' ne serait finalement qu'une sorte de Robin des Bois des temps modernes, volant le voleur, ruinant celui qui est allé chercher son père pour le faire bosser dans une usine Peugeot alors qu'il n'avait rien demandé. Victimisation digne des adeptes de Dieudonné. Le futur martyr venge ses ancêtres. Juste retour des choses. Ce ne sont plus des sommes indues, c'est à la fois une *djazia* levée auprès du *dhimmi* contribuable d'un État mécréant en guerre contre l'État islamique, qu'il y consente ou non !

Lisons donc les conseils donnés par le site islamiste *Islamqa* particulièrement instructif :

« Le moins qu'on puisse dire est qu'il s'agit ici d'appliquer la règle de la réciprocité, car les biens des musulmans ont été saisis, leurs droits bafoués et leurs maisons occupées. Leur réaction vise la récupération de leurs droits et ce qui leur avait été usurpé. Il ne s'agit que de les rétablir dans leurs droits. À ce propos, Allah le Très Haut a dit : « Quant à ceux qui ripostent après avoir été lésés, ceux-là pas de voie (recours légal) contre eux... » (Coran, 42:41) C'est-à-dire qu'ils ne commettent aucun péché. »

Soixante ans après la décolonisation, l'enfant d'immigré djihadiste peut coraniquement se payer sur la bête. « Juste retour des choses », « réciprocité », « vengeance » : le lexique des exonérations du djihadiste semble inépuisable... On croirait entendre un discours du Parti de gauche !

La fraude aux prestations sociales assurées par le mécréant a également de beaux jours devant elle en terre d'islam.

Tous les moyens sont bons : en 2013, des soldats français avaient retrouvé, dans une cache islamiste au Mali, des formulaires vierges d'inscription à Pôle emploi prêts à être envoyés pour payer les soldes des djihadistes maliens.

Jusqu'à une période récente, près de trois-cents Français partis rejoindre l'État islamique continuaient de toucher les allocations familiales, le RSA ou le chômage.

Grâce à la plate-forme de signalement des candidats au *djihad*, « le cas de ceux qui ont quitté le territoire national est immédiatement signalé aux autorités en charge du versement de ces prestations sociales », s'était expliqué Bernard Cazeneuve.

On est rassuré.

Quid de ceux qui n'ont pas été signalés sur cette plateforme ? Quid, enfin, de ceux qui soutiennent le *djihad* ou sont liés de près ou de loin à une activité terroriste ? Faut-il, en plus de les déchoir de leur nationalité française, les priver, eux aussi, des aides sociales, au risque, encore une fois, d'écœurer la gauche ? Quelle différence peut-on faire entre ceux qui volent dans les voitures pour financer le terrorisme et ceux qui accumulent les aides et restent toute la journée chez eux, à prêcher le *djihad* sur Internet ?

En Belgique, les centres publics d'aide sociale, les CPAS, n'ont pas interrompu le versement de différentes prestations sociales à cent-vingt djihadistes partis en Syrie, plus de deux ans après que le ministère de l'Intérieur du royaume a promis de mettre un terme à ce financement *de facto* de l'effort de guerre djihadiste par les deniers publics !

Un vaste foutoir. L'administration des aides sociales de nos voisins apparaît bien davantage timorée que la nôtre. En effet, en l'absence d'instruction, la plupart des CPAS refusent de communiquer les noms et adresses des bénéficiaires de leurs versements. Cela donne parfois lieu à de surréalistes combines, comme celle de ces hommes quittant momentanément l'État islamique et franchissant la frontière turque pour retirer des distributeurs automatiques du pays d'Erdogan un butin mensuellement soustrait à l'État-providence, les poches pleines des cartes bancaires de leurs camarades. Voilà un remarquable détournement d'achat de la paix sociale.

Les États occidentaux, en vérité, sont démunis. Il est bien aisé de clôturer un compte en banque, de pointer du doigt les paradis fiscaux, mais il est risqué socialement et politiquement de s'en prendre à la petite criminalité. On imagine déjà les détracteurs professionnels de l'islamophobie crier au scandale et à la discrimination si la France cessait d'être un État-providence, au bénéfice même de ceux qui lui feraient la peau.

L'explosion des sac-*jackings*[1] à Bruxelles, et particulièrement à Molenbeek, devrait retenir l'attention des renseignements. Cette pratique a été introduite par les filières tchétchènes belges au début des années 2000 pour aider les djihadistes en guerre contre les Russes. Elle a évolué, au point d'être en pleine explosion en Belgique[2]. Et sert désormais à la communauté maghrébine pour arroser les prédicateurs en Europe, payer les armes, les logements, les voitures, les faux papiers, etc. Autre astuce, moins violente dans son exécution qu'un sac-*jacking*, et recommandée par l'État islamique : prendre des photos recto-verso des cartes de paiement de clients… Il n'y a plus qu'à transformer le tout en Bitcoin, cette monnaie alternative et dématérialisée qui a envahi le Web pour les achats de drogues et d'armes… La combine, bien connue des Marocains tenant des restaurants pour touristes au pays, a été exportée en Europe.

Ce n'est malheureusement pas TRACFIN[3] qui peut remonter une filière d'investissement terroriste fondée sur la petite délinquance. Les transactions s'opèrent en liquide. Les flux sont nombreux et les sommes, prises en compte de façon isolée, sont

1 Le fait de casser la vitre d'un véhicule et de s'emparer du sac à main d'une conductrice ou de la passagère.

2 Le quotidien belge *Dernière Heure*, 10 février 2012

3 Traitement du renseignement et action contre les circuits financiers clandestins.

minimes. Seules les opérations de plus de deux-mille euros – et encore... sur un mois glissant, disons... – doivent faire l'objet de déclaration de la part de Western Union. Il n'a jamais été aussi facile de disposer de l'argent des autres et de le transférer. D'autant qu'à Molenbeek, ces transferts depuis Western Union se font souvent avec la connivence – si ce n'est la complicité – d'employés, peu regardants sur l'identité des mandants.

Pendant que l'État islamique se nourrit de pétrodollars, le *djihad* en Europe vit de petites coupures.

À la fraude aux prestations sociales, ajoutons les nombreux commerces, bêtes noires des brigades financières, où l'argent liquide est roi et où le paiement de la TVA est optionnel. On retrouve les classiques du genre : restaurants de kebab, les fameux taxiphones, etc.

En banlieue de Tours, plusieurs de ces commerces sont soupçonnés d'avoir pris une part active dans le blanchiment de l'argent du *djihad*. Rien de plus facile que de facturer de faux kebabs ! L'omniprésence des règlements en liquide rend trop ardue la détection de mouvements de fonds suspects. En termes d'opacité des transactions, la guerre sainte n'a rien à envier au trafic de drogue. Plus les cellules sont petites – jusqu'à n'être qu'un loup solitaire –, plus elles sont difficiles à repérer, et moins les attentats sont coûteux.

On estime à moins de trente-mille euros le coût des attaques du 13 novembre 2015. Quelques liasses cédées par chaque terroriste, le plus souvent par un apport personnel. Une paille pour des gens qui n'avaient pas à économiser pour la retraite. Un rendement équivalent aux quelque cinq-cent-mille dollars qu'auraient coûté les attentats du 11-Septembre, préparation comprise. Un cas d'école.

Et pour le terroriste qui ne veut pas taper dans ses économies, le crédit à la consommation reste un *must* du genre. Amedy Coulibaly, le tueur de l'Hyper Cacher, n'a même pas eu besoin d'un mandat postal d'Al-Qaïda au Yémen… Un mois avant d'aller massacrer des Juifs à la kalachnikov, il avait contracté un prêt de six-mille euros auprès de Cofidis en s'inventant un boulot – fiche de paie bidon à l'appui – de chef de projet – ce qui en soi n'était pas faux – auprès d'une société parisienne, immatriculée au registre du commerce et des sociétés, mais totalement fictive.

« Un emprunt de moyenne gamme, n'obligeant pas à détailler les dépenses », selon l'organisme financier[1].

Le non-remboursement de dettes auprès d'une société pratiquant l'usure – pratique *haram* – est *halal* ! Objectif de ces fraudes : rendre les mécréants plus pauvres et les croyants plus riches.

Autre petit tour de passe-passe que les réseaux mafieux connaissent bien : l'achat d'or et de bijoux. Le guide du djihadiste *Comment survivre en Occident* indique :

« Rien n'est plus légitime que de posséder quelques bijoux chez soi. Vous ne serez pas accusé ainsi de blanchiment d'argent. »

En mars 2014, treize personnes avaient été interpellées dans le cadre de l'opération Rétrovirus. Des trafiquants de drogue marocains opérant en France avaient trouvé le moyen de changer l'argent ainsi récolté en or non poinçonné, via Anvers. Le métal, dissimulé dans du café moulu, partait après à Dubaï pour être transformé en bijoux, acheminés par la suite au Maroc.

Le *djihad*, cette entreprise bénie par Allah, présente aussi l'avantage de laver plus blanc que blanc. En vigueur depuis le Moyen Âge dans les pays musulmans – où rappelons-le l'usure est interdite car contraire à la charia –, les transactions *hawala* permettent de transférer de l'argent de manière anonyme et rapide sans passer par des

1 *Paris Match*, 14 janvier 2015.

organismes Western Union. Il n'y a même pas besoin de signer le moindre papier !

L'instrument financier, fondé sur la confiance, et sorte d'ancêtre de nos lettres de change, fait intervenir quatre personnes : un déposant remet l'argent à un particulier qui contacte un associé à l'étranger, lequel se chargera, contre un code – parfois un verset du Coran –, de reverser la somme au destinataire final, moyennant une commission. Très souvent, le mandataire financier, le *hawladar*, est propriétaire de petits commerces où les transactions liquides sont usuelles. Le *hawala* est particulièrement prisé pour des opérations de transfert de fonds dans les zones où les systèmes bancaires sont inexistants ou ne fonctionnent pas, comme la Syrie, la Somalie ou l'Afghanistan.

Ce procédé a ainsi permis de financer les attentats de Bombay, en Inde, qui causèrent, en 2008, la mort de cent-soixante-quatre personnes. À Washington, la commission nationale sur les attaques terroristes contre les États-Unis a établi qu'Al-Qaida utilisait régulièrement ce système[1]. Khalid Sheikh Mohamed, le cerveau des attentats du 11-Septembre, était passé par des agences de *hawala* en Espagne.

L'Espagne est spécialiste en la matière. Quelque trois-cents agences clandestines ont été identifiées par les services de sécurité espagnols, à Barcelone, Madrid, Tolède, Bilbao ou Tarragone[2]. Comme souvent, il s'agit de boucheries *halal*, de centres téléphoniques ou de salons de coiffure. Beaucoup de ces commerces, tenus pour la plupart par des Pakistanais, servent de relais pour payer les *moudjahidin* de l'État islamique ou du Front al-Nosra.

C'est depuis l'Espagne et grâce à ce système qu'a été financé un gigantesque trafic d'uniformes de l'armée. La police a ainsi saisi, en mars 2016, vingt-mille tenues kaki à Valence et à Alicante. Ces

1 *Le Monde*, 5 février 2015.
2 *El País*, « Una extensa red de 250 locutorios y carnicerías financia la yihad en Siria », 2 février 2015.

cinq tonnes de treillis et de vestes, destinées à habiller les djihadistes présents en Syrie et en Irak, dont ceux de Daesh, ont transité dans des containers de la marine marchande. L'argent du *hawala*, récolté sous couvert d'aide humanitaire, payait ces vêtements usagés. Tant pis si la coupe n'était pas parfaitement ajustée et si les uniformes avaient été déjà portés par des mécréants : le butin était trop beau !

Évidemment, les agences de *hawala* fonctionnent dans les deux sens. Les djihadistes basés en Europe peuvent très bien recevoir des fonds pour financer leurs actions. Birmingham est une des principales plateformes de financement du *djihad*. Le MI5, service de renseignement britannique, a révélé qu'Abdelhamid Abaaoud avait fait du tourisme en Angleterre quelques mois avant les attentats du 13 novembre. Au programme : visites de monuments à Londres, avec prises de photos, et petit saut à Birmingham. Le coordinateur des attaques contre le Bataclan et le Stade de France a-t-il fait du shopping à Selfridges ? Ou est-il allé rendre visite à l'un de ces nombreux kebabs de la deuxième ville de Grande-Bretagne pour rapporter, en ferry, les fonds nécessaires à la logistique du massacre prévu à Paris ?

RÈGLE IX

FORNIQUE.

« La femme musulmane a un caractère qui la distingue de la femme mécréante et de la femme préislamique. Le caractère de la femme musulmane est marqué par la jalousie de son honneur, la discrétion, la chasteté et la pudeur.

Quant à la femme préislamique, son caractère est l'exhibitionnisme et la séduction. »

Youssef al-Qaradawi, *Le Licite et l'Illicite en islam.*

Le meilleur des hommes, elles l'ont dans la peau. À défaut de savoir à quoi il ressemble, les femmes du Califat craquent pour lui. Le plus sage, le plus courageux, le plus viril aussi. Plus *sexy* que Mahomet, tu meurs sous les missiles des *kouffar*...

Les profils Facebook des califettes[1] du *djihad* sont souvent à pleurer de rire. Assortiment désarmant de romantisme cucul, de conseils dignes de *Femme actuelle*, mélange de photos d'enfants, de liens vers des sites vendant des *niqabs*, et d'enthousiasme fleur bleue pour les *moudjahidin*, le tout agrémenté de *smileys* en forme de cœur... C'est *love* à fond chez les niqabées.

Pour fanatiser, rien de mieux que l'amour. Alors s'il est en plus dirigé vers Mahomet et vers des terroristes, c'est le pactole sentimental du miracle islamique.

Elles sont au moins deux-cent-vingt à avoir rejoint les rangs de Daesh, dont 25 % de converties et cinquante mineures (sur quelque quatre-vingt-dix mineurs présents au Sham). Davantage si l'on inclut les autres groupes terroristes tels que le Front al-Nosra. Un tiers au total des Français présents en Syrie, contre seulement un dixième en 2013. Un vrai succès, qui tient beaucoup à la présence de personnalités magnétiques.

Regardez Samy Amimour. Le front bas, le regard absent. Une vraie tête de con. Et une carrière d'islamiste à la RATP demandant

1 C'est ainsi que les surnomme Mathieu Guidère, islamologue spécialiste de la question terroriste.

à sa direction de ne pas conduire après les femmes car « leur transpiration sur les sièges » pourrait l'exciter. Pas le genre d'un Justin Bieber. Et pourtant... Après avoir prêté allégeance à l'État islamique, il est devenu l'un des héros romantiques du XXIe siècle, une sorte de figure du soldat musulman idéal pour un tas de jeunes femmes convaincues que si elles sortaient sans *niqab*, l'Occidental moyen leur pincerait les fesses.

Il faut lire les mails de Kahina, la veuve d'Amimour, pour comprendre l'effet que produit un Samy armé[1] sur une lycéenne, en l'occurrence sa veuve, qui l'a connu alors qu'il était chauffeur de bus. Elle écrit à une de ses connaissances :

« T'es choqué des attentats ? LOL ! Un des kamikazes du Bataclan était mon mari. Il s'est fait exploser hamdulillah... Tu veux toujours continuer à te pavaner à Paname ? »

Ou encore :

« Je suis tellement fière de mon mari et de vanter son mérite, ah la la, je suis si heureuse. »

Naturellement, son soutien fut total :

« J'étais au courant depuis le début et j'ai encouragé mon mari à partir pour terroriser le peuple français qui a tellement de sang sur les mains. Rien ne sera plus comme avant. J'envie tellement mon mari, j'aurais tellement aimé être avec lui pour sauter aussi. »

Et tant pis si elle avait eu à servir la soupe aux soixante-douze vierges offertes dans l'au-delà à l'amour de sa vie.

Au rang des *sex symbols* du Califat, feu Abdelhamid Abaaoud tient la dragée haute aux autres djihadistes. Sa barbe à trous, façon Che Guevara des mosquées, ses moments de poésie quand il parlait dans les tranchées et sa cavale post-attentat lui valent quelques supportrices. Abaaoud, c'est le Robert Pattinson de la mitraillette et des explosifs. Le lendemain de sa mort – pardon,

1 *Le Parisien*, 28 décembre 2015.

de son martyre –, le *chahid* Abaaoud avait déjà droit à des vidéos d'hommage sur Twitter. Des petits clips, avec chansons, entrecoupés d'images de lui prises çà et là sur Youtube, où il apparaissait apaisé après avoir dépouillé des *kouffar*. Elles en bavaient pour lui quand il était en vie ; elles sont raides dingues maintenant qu'il est en plusieurs morceaux. Pratique pour la polygamie ! Plus de jalouses...

« C'est pas mon côôôôpain, c'est pas mon côôôôpain ! Laissez-moi sortir ! »

Ce cri strident résonne dans la rue du Corbillon à Saint-Denis où Hasna Aït-Boulahcen doit essuyer les tirs continus des hommes du RAID et de la BRI. C'est elle qui est allée récupérer son « cousin » Abdelhamid. Elle est amoureuse de lui. Elle, la fille d'un ouvrier de PSA habitant à Creutzwald, dans cette partie de la Moselle au paysage lardé d'usines rouillées et de barres d'immeubles aussi grises que le ciel de Lorraine, admire ce héros du Califat, sorte de Superman *halal* qui rend justice à l'*oumma* et se joue des frontières.

Placée dans des familles d'accueil, elle passe son enfance « à refuser les câlins » d'une de ses mères de substitution[1]. Plus tard, adolescente, elle joue à la petite caïd auprès de lascars de la cité des 3000, à Aulnay-sous-Bois. Elle aime les boîtes de nuit, les rappeurs, le *shit*, la vodka bon marché, son chapeau de cow-boy, et prend ses airs de fille libérée dans des photos qu'elle poste sur son mur Facebook. Elle est rigolote, dit-on. Ses amies l'appellent d'ailleurs « La vache qui rit ». Hasna passe son temps à se regarder, à changer de pose, à changer d'avis. Un chagrin d'amour l'aurait poussée à épouser les thèses du *djihad* et à enfiler le *niqab*. Fini les conneries... Hasna n'est plus « la pute » que les frères méprisent tout en fantasmant, en secret, sur le site Beurettesvideo.

1 *Le Monde*, 21 novembre 2015.

Ce sera une guerrière de l'islam, pense-t-elle, quand elle écrit sur les réseaux sociaux :

«Jver biento aller en syrie inch'Allah biento depart pour la turkie. » [*sic*]

Ce voyage en Syrie ne se fera pas. Elle le vivra à travers l'épopée martiale d'Abdelhamid Abaaoud, la grande gueule, la belle gueule, justicier vengeur de l'humiliation que croient subir les musulmans des quartiers. Il était chouette, son légionnaire qui l'a laissée crever par asphyxie sous un mur de l'appartement de la rue du Corbillon, écroulé sous les tirs d'armes automatiques. C'est ça, le respect... Même pas morte en kamikaze. Pas eu le temps ou le courage. Si l'islam promet soixante-douze *houris* pour les hommes martyrs, les *chahidas* n'ont le droit, au paradis, qu'à leur mari. Triste iniquité de l'islam, même dans l'au-delà.

Ce traitement ne refroidit pas les califettes. Qu'écrivent-elles à la ligne « employeur » sur leur profil Facebook ?

« Travaille au service d'Allah. »

Elles ont accepté les termes du contrat. Comme Hayat Boumedienne, la femme d'Amedy Coulibaly, le tueur de l'Hyper Cacher. Une longue histoire d'amour entre les deux tourtereaux d'Allah, commencée au moins en 2007. Parsemée d'entraînements au tir au pistolet, dans le Cantal, à Murat, avec leur mentor, l'Algérien Djamel Beghal, ancien du GIA, reconverti dans le recrutement de djihadistes en France. Hayat préfère le tir à l'arbalète dans les bois du Massif central. Elle s'amuse, elle aussi, à prendre des *selfies* en compagnie d'Amedy, qui l'a épousée religieusement sans qu'elle assiste au mariage – elle était représentée par son père.

En vraie dévote, elle s'enferme dans son *niqab* du matin au soir et espère voir Amedy passer du simple fidèle au guerrier. Un peu comme dans les réunions Tupperware, les femmes de djihadistes se font facilement des amies. Hayat est ainsi la grande copine de Izzana Hamyd, la femme d'un autre terroriste, Chérif Kouachi. Selon la police, en 2014, elles s'appellent cinq-cent-quatorze fois. À la différence d'Hayat, Izzana a condamné les attentats contre *Charlie Hebdo* et est sortie blanchie de sa garde à vue.

Hayat, elle, reste fidèle à l'islam radical. Le lendemain de l'attaque contre la rédaction satirique, elle s'envole pour la Turquie, et rejoint l'État islamique. Elle se fait un nom, une réputation. La veuve noire, orpheline à l'âge de huit ans, l'ancienne fille timide des foyers écumés pendant l'enfance, est devenue une véritable star, même avec ses sourcils aussi épais que de la paille qu'elle refuse d'épiler « car ce n'est pas conforme à l'islam ».

Son statut de célébrité semble lui monter à la tête. Elle se pavane comme une *diva* de la téléréalité. Et donne des interviews à *Dabiq*, la revue anglophone du Califat ainsi qu'à *Dar al-Islam*, sa version francophone. Du *Closer* pour niqabées. Extraits :

> « Qu'a ressenti votre mari lorsque le Califat a été proclamé ?
> La sœur : Il s'est énormément réjoui et a tout de suite rendu véridique le calife ainsi que le Califat *wa lillahi-al-hamd*. Qu'Allah lui fasse miséricorde et le compte parmi ses rapprochés. Son coeur brûlait d'envie de rejoindre ses frères et de combattre les ennemis d'Allah sur la terre du Califat. Ses yeux brillaient à chaque fois qu'il visionnait les vidéos de l'État islamique et il disait : « Il ne faut pas me montrer ça » car cela lui donnait envie de partir immédiatement. »

On sent la complicité avec l'intervieweur quand celui-ci passe au tutoiement. Ce n'est peut-être pas conforme aux canons de la *charia* mais c'est tout de suite plus intime :

> « As-tu un message à faire passer aux musulmans en général et aux soeurs en particulier ?
> La sœur : (...) Etudiez la vie du Prophète (paix et bénédiction sur lui) et des compagnons et voyez quel était le but de leur vie. Leur but était d'adorer Allah comme Allah le souhaite non pas comme leurs âmes le suggèrent.
> J'ai vu en vous des personnes généreuses et motivées alors ne perdez pas ce potentiel en suivant aveuglement certaines personnes, demandez sincèrement à Allah de vous guider et combattez vos passions peut-être réussirez-vous. Mes sœurs, soyez pour vos maris, frères, pères, fils, des bases arrières sûres, soyez pour eux de bonnes conseillères, qu'ils trouvent en vous repos et tranquillité. Ne leur rendez pas la tâche difficile, facilitez-leur les choses, soyez fortes et courageuses. Tout ce que vous faites, faites-le exclusivement pour le visage d'Allah et espérez sa récompense. Sachez que si les compagnons (qu'Allah les agrée) ont propagé l'Islam à travers de larges territoires, c'est qu'ils avaient derrière eux des femmes pieuses. Ne perdez pas votre temps et votre énergie dans les futilités et dans ce qui ne vous regarde pas.
> Apprenez votre religion ! Apprenez votre religion ! Lisez le Coran méditez-le et mettez-le en application[1]. » [*sic*]

1 *Dar al-Islam*, n°2, pages 11 et 12.

Hayat, porte-voix du Califat. Il n'y a pas de hasard. L'État islamique est en manque de femmes. Et ses soldats préfèrent les filles venues d'Occident, moins compliquées à gérer que les Syriennes ou les Irakiennes. Le repos du guerrier passe par le foyer.

Voici un autre texte de veuve destiné aux futures femmes de *mudjahidin*. Il a été écrit par Umm 'Umar à son mari Abou 'Umar al-Firansi – encore un ! :

> « Par Allah, mes sœurs, profitez de vos maris, faites preuve de patience, faites en sorte que votre maison soit un refuge pour eux, qu'ils s'y sentent mieux que nulle part ici-bas si ce n'est au combat ou auprès des frères. Si vous avez des lacunes dans l'obéissance, prouvez-leur que vous voulez y remédier mais que le diable se joue de vous car il jubile à l'idée de semer le désordre dans votre couple. »

Sans oublier le *coaching* pour ménages heureux :

> « Par Allah mes soeurs, demandez sans cesse le pardon de vos maris pour vos oublis, vos erreurs, vos désobéissances et vos manquements. Cherchez leur satisfaction ne serait-ce qu'en demandant s'il apprécie son repas ou s'il a bien dormi. Ne voyez pas la petitesse de votre acte mais l'intention, la récompense et surtout le geste car on dit toujours que c'est ce qui compte le plus. Les hommes aiment cela, il ne faut pas se leurrer, ils aiment qu'on prenne soin d'eux. »

Le mariage est devenu la règle, sinon une condition du départ pour les jeunes femmes qui souhaitent rejoindre le Sham. Se montrer utile, c'est ouvrir les cuisses, procréer pour le calife. Mettre son ventre au service de la cause. Rester vierge avant le mariage... Ça peut coincer de ce côté.

Au Planning familial, on m'a raconté les visites de ces néo-islamistes qui veulent redevenir pures et viennent quémander une aide financière. Une nouveauté, me dit-on. Il y a quelques années, les femmes excisées demandaient à être opérées pour qu'on leur reconstruise un clitoris. Désormais, la nymphoplastie de l'hymen est tendance dans les quartiers. La *hachouma*[1] totale pour celles qui espèrent encore trouver un pieux mari, si on n'est pas vierge. Une nouvelle vie qui passe par l'intégrité bricolée de son entrejambe.

Les médecins généralistes ne savent plus comment réagir. Au mieux, les patientes exigent que le mari soit présent. Au pire, elles se font la malle. Dans les services d'urgence, les gynécologues de garde n'ont pas le droit de regarder. Il faut attendre une interne femme. Fini l'époque où la musulmane acceptait de s'exhiber.

Les recruteurs insistent bien. La femme musulmane est un des éléments de la *hijra*. Dans le baluchon du djihadiste, il y a la promesse du paradis, un Coran, et l'espoir de se marier, *inch'Allah*.

« Il faut les comprendre, aussi, me dit un salafiste... Les femmes françaises les ont rejetés toute leur vie... »

Ah, les sal... !

Daesh assurera leur dépucelage si nécessaire. *Yallah* !

Le Califat, qui ne se départit jamais de son sens pratique, a édité un « manifeste et étude de cas », intitulé *Les Femmes dans l'État islamique*[2]. C'est certes de la propagande mais c'est un petit guide très instructif pour la future califette.

1 La honte.
2 *Women in the Islamic State* – Manifesto and case study.

« Le problème aujourd'hui est que les femmes ne remplissent pas leurs rôles fondamentaux [...]. Elles ne connaissent pas la véritable nature de l'homme, en raison de l'augmentation du nombre d'hommes émasculés qui ne portent pas sur leurs épaules la responsabilité qui est la leur envers elles, à travers l'*oumma.* »

C'est une rengaine que l'on retrouve chez les femmes djihadistes parties ou désirant partir au Sham. L'Occident a castré les hommes – en tout cas, le pensent-elles. Il n'y a plus de différence entre les sexes. Ni dans les mœurs, ni dans les familles, ni dans la façon de se vêtir. Les Conchita Wurst, ce n'est pas leur truc. Le Califat, c'est le lieu où l'harmonie prévaut : un homme y est un homme et s'y conduit en homme. Et en plus, il a la barbe.

> « Le modèle préféré par les infidèles de l'Ouest a échoué à la minute où ces femmes ont été libérées de leur foyer. Les problèmes ont émergé les uns après les autres une fois qu'elles ont été corrompues par des croyances et idées exécrables au lieu de s'intéresser à la religion, à la sharia et à la méthodologie de la vie ordonnée par Dieu. Leur gouvernement s'est d'ailleurs rendu compte de cette imposture quand il a décidé de leur verser des salaires pour qu'elles retournent à la maison et élèvent des enfants, acceptant l'idée qu'elles étaient des femmes au foyer. »

L'islam « véridique » propose une alternative séduisante. Fini les hommes avachis dans leur canapé à regarder la télé en bouffant des pizzas, à regarder le PSG éclater Chelsea, sous perfusion continue des *minima* sociaux, et qui ne fichent rien pendant que leurs compagnes triment de petits boulots en petits boulots dans l'espoir d'améliorer le quotidien des enfants.

Au Califat, la djihadiste ne travaille pas à l'exception de quelques rares métiers autorisés : médecin, employée de la police des mœurs, garde-frontière et enseignante. Pour le reste, c'est une vie sédentaire seulement interrompue par les cours de Coran. On est loin de ce que souhaitent les candidates au départ pour le Sham, qui sont souvent des jeunes filles rêvassant de terrain, d'humanitaire, de grande cause, de Palestiniens explosés sous les bombes, de bébés syriens orphelins. Elles s'imaginent pédiatres, elles finissent au mieux à palper des femmes à la frontière turque, trois jours par semaine seulement. Pour les autres, c'est Coran, maison, cours de travaux manuels, histoire de la vie du prophète, etc.

Une enseignante de Nîmes, qui, en l'espace de quatre ans, a connu une dizaine de jeunes filles parties en Syrie – et une quinzaine ayant tenté de partir –, essaye de les convaincre qu'elles ne feront pas d'humanitaire. Mais elles se rêvent tellement en infirmières au grand cœur et, surtout, s'emmerdent tellement dans leur cité... Peine perdue. En même temps, Nîmes est une peine perdue. Le principal recruteur de califettes françaises, Brahim El Khayari, est originaire de la capitale gardoise. Depuis le Califat, c'est lui qui les saisit à l'épuisette, grâce à Facebook. Il s'est même fait une spécialité de la chasse aux mineures, qui sont si influençables.

« Venez demain, après ce sera trop tard. Les frontières vont fermer, vous ne pourrez plus venir[1] ! »

Et puis il est à peu près certain qu'elles sont vierges...

Apprendre l'islam comme un émir au féminin, c'est le pied. C'est déjà la vie que mènent certaines musulmanes en France. Nul besoin d'aller en Orient pour cela. À Lyon, Roubaix, Marseille, les centres islamiques –souvent adossés à une librairie – débordent de ces femmes qui interrompent l'ordinaire de leur quotidien, en allant le soir apprendre le *fiqh* et la vie du prophète. On ne les voit

1 *Le Monde*, 4 mars 2016

guère à la mosquée le vendredi, mais davantage dans ces succursales de la culture islamique.

« Tenez-vous dignes, dans vos foyers ; et ne vous montrez pas de la façon dont on se montrait lors de l'ancienne ignorance. »

Le Coran, sourate 33, « Les Coalisés », verset 33.

À Montpellier, Caroline Raymond, la jeune femme qui s'était procuré un faux ventre de femme enceinte dans l'espoir de se faire sauter (au sens pyrotechnique du terme) dans un centre commercial, ne sortait plus de chez elle depuis longtemps. Cette convertie vivait déjà comme à Raqqa. Quand son fils est né, une voisine lui avait offert un cadeau. Gênée par cette marque d'affection mécréante et matérialiste, elle est allée toquer, en *niqab*, à sa porte pour lui donner un Coran, avant de retourner bachoter le sien et l'art de manier les explosifs.

Une vie d'ascète, *ma'shallah* ! Loin des tentations et de l'exhibition de ce monde qu'elles vomissent en chœur sur les forums Internet, entre deux achats sur un site de vente de *jilbab*, l'orthographe réformée en prime :

> « Salam wa aleykoum, tu va bien ?
> J'ai récupérer mon jilbab la couleur j'aime trop je suis hyper heureuse al hamdullilah j'me sent trop bien dedans. J'ai courru le montrer à mon mari lol. Qu'Allah fructifie ton magnifique commerce et qu'Il aide les sœurs à porter le jilbab. Barak allah u fiki pour ta gentillesse[1]. » [*sic*]

1 Extrait de la page Facebook d'un site de vente perpignanais de vêtements islamiques pour femme.

Le Califat à la maison.

Do it yourself!

La République ne tolère pas la *charia* ; c'est la *charia* qui s'installera chez toi.

Et si les gamines n'arrivent pas à l'imposer, elles s'en vont. Point barre. Tant pis pour papa et maman. Ils n'avaient qu'à comprendre.

« LOL !!! Le Coran est le seul livre saint à être intact depuis 1 400 ans, alors arrête de te chercher des excuses. Et puis bien joué le cliché fanatique et extrémiste du 20 h de TF1 !! Pff, vous êtes des cerveaux lavés par le Diable[1]. »

Léa, partie en Syrie en novembre 2013, à sa mère Valérie.

La jeune Léa s'est embarquée avec son petit ami pour cette aventure islamique. Ce cas est fréquent.

« On constate de plus en plus ces histoires d'adolescentes qui disaient ne pas être respectées par les jeunes Français. Là, elles rencontrent des princes charmants qui pour une fois ne s'intéressent pas qu'à leurs fesses », m'explique François-Bernard Huyghe, spécialiste du terrorisme à l'Iris.

Valérie avait rencontré le jeune homme :

« J'ai fait la connaissance de son copain il y a deux ans. Lorsqu'elle me l'a présenté, il ne m'a pas regardé dans les yeux. Il ne m'a pas serré la main. Pour moi c'était un très mauvais signe. Puis il est venu à la maison il ne parlait qu'à mon mari. Il lui a tout de suite parlé de mariage. Moi je n'existais pas du tout. C'est là qu'on a dit à notre fille qu'il fallait absolument arrêter cette relation avec lui. Elle a dit oui, mais il lui a acheté un autre téléphone pour qu'elle continue à le contacter sans que l'on s'en rende compte[2]. »

1 *Embrigadée*, Valérie de Boisrolin, Presses de la Cité, septembre 2015.

2 Rapporté sur le site de l'association *Syrien ne bouge.*

Et puis d'abord, c'est Allah qui décidera !

Caprice islamique.

Bras d'honneur d'ados voilées à des parents *qui-peuvent-pas-comprendre-l'amour.*

Mieux vaut être mariée. Car les utérus du futur Califat ne sont pas traités à la même enseigne quand elles débarquent seules. Il faut aimer la promiscuité dans les dortoirs pour sœurs, les fameux *maqar*. C'est l'étape obligée. Entre deux cours de Coran, une sorte de mère maquerelle de Daesh vient jouer les entremetteuses, avec séances de *speed dating*. Cinq minutes pour voir si Allah a allumé la petite flamme entre le *mudjahid* et la jeune femme.

« Le mariage n'est pas une petite chose. Je conseille sincèrement à mes sœurs de ne pas se montrer trop hâtives quand elles choisiront un de nos frères. »

Petite recommandation signée d'Abou Saïd al-Britani à destination des Occidentales qui font leur *hijra* toutes seules et qui souhaitent épouser un homme rencontré sur les réseaux sociaux[1].

La suite des pensées de ce djihadiste britannique ?

« Beaucoup de sœurs se sentiront excitées par la nouveauté du Shâm. Cette excitation à épouser un moudjahid peut altérer l'esprit et la logique. »

Abou Saïd al-Britani est drôle malgré lui. On apprend ainsi que les djihadistes qui sont tout le temps sur Twitter et sur Facebook ne sont sans doute pas des combattants.

> « Ce n'est pas parce qu'ils ont un pistolet qu'il s'agit de moudjahidin. L'immaturité pousse à l'excitation. Poster des photos de soi avec un pistolet est un signe de cette excitation.

1 À lire, pour ceux qui le trouvent encore sur le Web, son texte *Hijrah advice for sisters*, effrayant et hilarant à la fois.

> Aussi, posez-vous ces questions :
> Quel est son rôle au Califat ?
> Sur quel front est-il actuellement ?
> Depuis combien de temps n'est-il plus sur le front ?
> Quelle période la plus longue a-t-il passé au Ribat ?
> Est-il depuis longtemps au Shâm ? »

Conclusion, digne de la rubrique « Parlons entre amies » de *Marie-Claire* :

> « N'ayez pas peur de refuser une proposition, il y a beaucoup d'autres frères au Shâm. Ne laisse pas ton enthousiasme te précipiter. Les plus beaux sont ceux qui sont au front et sont complétement inconnus des réseaux sociaux. »

Encore faut-il que les pères, à l'Ouest, acceptent que leurs filles se marient. Mais l'État islamique a trouvé une parade contre ces mécréants qui croient encore les revoir. C'est au mâle le plus proche de donner son assentiment : frères, cousins, etc. Et si jamais ça coince encore, Daesh désigne une sorte de tuteur, de haute moralité et compatible avec les engagements religieux de la fiancée. De quoi émanciper encore peu plus les occidentales vivant au Sham. Car il s'agit bien, pour elles, d'émancipation par l'islam.

Autre extrait d'une lettre laissée à une mère par sa fille djihadiste : « Maintenant, je suis libre [*sic*] de faire ce que je veux. De m'habiller comme je veux. De mener ma vie selon la loi d'Allah. »

Sa mère aurait pourtant pu lui faire de la cuisine *halal*, la laisser se promener en *niqab*. C'est de sa faute. Trop républicaine... Prends ça dans les dents, maman !

Parfois, les mères apprennent qu'elles sont devenues grand-mères. Un petit est né à Raqqa. Deux ans de congé maternité et un appartement pour les heureuses jeunes mamans. Une politique familiale digne des plus hauts standards européens. Les ventres de Raqqa et de Mossoul sont choyés.

Bienvenue dans les *Lebensborns* de l'État islamique, là où naissent les musulmans parfaits, les lionceaux du Califat – et, ceux-là, leurs cerveaux ne nécessiteront pas de laborieuses mises à jour coraniques.

Éducation à la dure. Pages de livres scolaires représentant le corps humain arrachées. Fini la théorie de l'évolution. L'histoire du Califat en boucle pour tout bagage culturel. Les mères peuvent être fières : elles ont enfanté de véritables bâtisseurs.

Islam année zéro.

Mais il faut jouer le jeu. Pas question de faire comme Maëva, la jeune djihadiste lunelloise qui, avec son mari Houssem – du temps où ce jeune père modèle était encore en vie – regardaient des matchs de la Ligue des champions. Prometteuse relève du Califat ! Heureusement, Maëva, selon le dernier carnet rose en date, aurait trouvé un nouveau mari, moins footeux, plus disposé à réciter le Coran. Un supporter de perdu, dix sourates de retrouvées. C'est le petit qui en a, de la chance.

En grandissant, il aura peut-être le privilège de devenir une des vedettes des vidéos de l'État islamique qui se la jouent dans les séquences destinées aux réseaux sociaux pour épater la *caillera* restée sur place :

« Ouais, je viens de Toulouse, de La Reynerie. Je voudrais dire aux bébés qui sont encore en France, qu'ici, c'est la Syrie. On est à Raqqa, c'est la guerre. Ouais ! C'est pas pour les tapettes[1] ! »

1 Vidéo diffusée sur Internet en novembre 2014. Avec un enfant de Toulouse et un autre de Strasbourg, âgés de moins de dix ans.

Ou l'un de ceux qui auront le privilège de tuer un *kafir*, comme le neveu de Mohamed Merah, âgé d'une dizaine d'années, qui sur l'ordre de son père, Sabri Essid, est capable de flinguer à bout portant.

« Oh vous les juifs, Allah nous a permis de tuer vos frères sur le sol français, et ici sur la terre de l'État islamique. Les jeunes lions du Califat vont tuer ceux que le Mossad imbécile a envoyés pour espionner les *moudjahidin* et les musulmans... »

Que fera la France quand de jeunes lionceaux gavés de Coran et saturés en *hadiths* reviendront dans leur patrie d'origine ? Il en faudra des Dounia Bouzar pour les exorciser ! Le retour à une vie normale est déjà dur pour les exfiltrés de Pyongyang qui ont fui la Corée du Nord et qui n'ont connu que le régime communiste ; qu'en sera-t-il de ces enfants drogués dès le plus jeune âge au *fiqh* et à la kalach' ?

Pour l'instant le record est détenu par un Britannique, Isa Dare, âgé de quatre ans. Quasiment né sur le sol du Califat, puisque sa mère s'y est installée en 2012, on aperçoit le petit appuyer sur un détonateur pour faire exploser une voiture remplie d'espions ! L'espoir du Califat. Il faut dire que sa mère, Grace, originaire du sud-est de Londres, s'est officiellement portée candidate pour devenir la première femme à être filmée décapitant un captif.

Tous obsédés, en France, c'est bien connu. Ce n'est pas comme si les djihadistes se servaient des chrétiennes et des Yézidis comme esclaves sexuelles ou comme récompenses pour les meilleurs soldats de l'État islamique. Ça n'a rien à voir. Pas d'amalgame, s'il vous plaît. Les putains font partie du butin du djihadiste occidental. C'est prescrit. C'est Allah qui régale la troupe ! Ce qui n'était, dans les années 1990, que de vulgaires tournantes en France est désormais érigé en véritables encouragements au combat et au sacrifice de soi. Puisque le Coran le dit...

« Oui, ils sont gagnants, les croyants,
Ceux qui sont dévoués, dans leur Office,
Et qui se détournent de la vanité,
Et qui sont pratiquants de l'impôt,
Et qui réservent leurs sexes,
Sauf pour leurs épouses ou pour les esclaves que leurs mains possèdent, car là, vraiment, ils sont *hors de blâme*.
Alors que ceux qui cherchent outre,
ce sont eux les transgresseurs. »

Le Coran, sourate 23, « Les Croyants », versets 1 à 7.

Les femmes ne sont pas que des ventres à enfanter. Elles sont aussi des sexes, des fourreaux pour réconforter le soldat. Y a pas de mal à se faire plaisir en faisant du mal.

Au Sham, le sentier d'Allah est parsemé de vagins de *kouffarettes*, bons à prendre. De vulgaires orifices impurs pour éponger les frustrations des soldats d'Allah. Les Françaises ont d'ailleurs la réputation d'être moins exigeantes, moins contrariantes que les locales. On serait tenté de dire, pour être tout à fait clair : plus faciles. Voire plus bandantes. C'est le summum de ce que recherche le djihadiste syrien ou moyen-oriental. Sans doute l'effet conjugué, dans l'imaginaire du *moudjahid*, du charme de Sophie Marceau et de la rigueur morale d'une femme de calife.

« Pauvres diables, que nous sommes
Vulnérables, misérables, nous les hommes
Pauvres diables, pauvres diables...
Dès qu'un autre vous sourit on a tendance
À jouer plus ou moins bien l'indifférence
On fait tout pour se calmer puis on éclate. »

On dirait un petit mot laissé par un kamikaze sur la route de son attentat-suicide. Mais c'est du Julio Iglesias. Parfaitement raccord, il y a déjà presque quarante ans, avec la vision gnangnan des soldats de l'État islamiques.

RÈGLE X

SOIS BRAVE AU CALIFAT.

« Ainsi le peuple, les masses, tournent en rond avec la sensation irritante d'avoir un chèque non honoré en poche, et quiconque leur dira : « Oyez, Oyez, le Royaume est au coin de la rue, au « deuxième carrefour à gauche », fera d'eux ce qu'il voudra. Plus ils éprouvent cette démangeaison, plus ils font faciles à prendre. Si vous leur dites que leur Royaume sent le cadavre, ils vous répondront que ç'a toujours été leur parfum préféré. »

Arthur Koestler, *Les hommes ont soif.*

Explosés par l'artillerie chiite, dronés par les Américains, émiettés comme de la semoule en boîte par l'aviation russe, ils ne laisseront pour tout souvenir au Califat que les empreintes sanglantes de leurs martyrs au coin de leur bouche et leurs effluves virils de musc.

« Hmmm, *mash'Allah* ! Sens celui-ci mon frère. Sens ! Il sent le musc ! Tu as vu, ma parole, il sent le musc. *Wallah*, je ne mens pas, il sent le musc[1] ! » – l'odeur promise aux martyrs.

La vidéo a été tournée au portable par des djihadistes français en admiration devant les cadavres de leurs camarades allongés sur une table, leurs nez littéralement plongés dans leurs barbes.

Depuis novembre 2015, cent-cinquante de ces martyrs sont Français ou vivaient en France sans en avoir la nationalité. Et ça commence vraiment à sentir le musc un peu partout en Syrie. Encore une fois, Lunel se distingue. Après avoir été la ville au plus grand nombre de djihadistes partis en Syrie, elle est aussi celle qui compte le plus de morts. On n'a rien sans rien. De la vie au *djihad*, au paradis d'Allah, il n'y a souvent qu'une katioucha[2].

1 Croyance islamique selon laquelle le sang du martyr dégage une odeur de musc. Ce parfum serait la preuve qu'il s'agit d'un vrai martyr.

2 Surnom donné par les Russes à un lance-roquettes multiple de la Seconde Guerre mondiale.

À sa proclamation, le Califat n'était pourtant que *charia*, luxe et volupté. Le paradis sur Terre. Un miracle venait de se révéler à la face du monde : il avait la tête de Demis Roussos et beuglait de chouettes menaces sur les pays mécréants tout en promettant force vierges, monts et merveilles aux pionniers de l'État islamique. Un véritable État, avec des attributs étatiques réels, quoi qu'en disent les faux-culs du Quai d'Orsay qui ne raisonnent qu'en terme de reconnaissance.

La Terre promise des fous d'Allah avait son administration, sa police, ses banques, ses hôpitaux, ses infirmiers, ses enseignants, ses taxis, ses ambulances, ses pompiers, son drapeau, ses shérifs de la *charia*. On annonçait qu'elle allait battre monnaie au moins aussi bien qu'elle battait ses femmes – ne jamais viser le visage, au fait, car ce n'est pas *halal*. Il ne manquait guère plus qu'une compagnie aérienne pour faciliter la *hijrah*. Al-Baghdadi, c'était le Théodore Herzl des islamistes. *Ya Allah* !

Presque deux ans après cette renaissance prophétique, le bilan n'est pas terrible. Les djihadistes français s'interrogent.

« *Ya Allah* ! Le calife m'aurait-il menti ? »

Dommage qu'il ait été nommé sur terre par Allah, et pas élu celui-là, parce qu'attention… Là, *mash'Allah*, la démocratie des *kouffar*, tu verrais ça, al-Baghdadi… Il y a longtemps qu'un autre, plus réformateur, plus attentif à la qualité de la vie, aurait pris le pouvoir…

Non, le calife ne t'a pas menti, petit djihadiste *faransi*. Mais la *dounya*, c'est dur en zone de guerre. Et qu'est-ce que tu croyais ? Que le fait d'avoir une kalach' rendait pur et invincible ? Celui qui était un petit con à La Courneuve restera petit con au Califat. Même avec une mitraillette. La politesse se perd à Raqqa.

Les Français des cités commencent sérieusement à épuiser les locaux avec leurs coutumes adoptées des *kouffar*. Et il n'y a pas que les Syriens à en avoir ras la *djellaba*.

« Les Français, mais c'est des tarés, sérieux ! Moi, j'étais à l'entraînement avec des Français... Jamais je voudrais retourner avec eux, ils ne font que se plaindre. Là, je suis avec des Tchétchènes, et eux, ils se conduisent bien et connaissent le Coran. Et si tu déconnes, ils gueulent. »

Tel est le témoignage d'un djihadiste belge qui en a plein les rangers de ces *faransi* qui donnent l'image de branleurs à peine plus à l'aise avec les autochtones qu'un groupe de touristes Fram fraîchement débarqués de leur car en pleine place Jemaa-el-Fna.

Bravo et merci, messieurs, pour l'image de la France.

« Pousse-toi de là, j'ai vu la piscine avant toi... »

Ah ! Ces *moudjahidin* trop pressés de se jeter dans l'eau des hôtels quatre étoiles – norme locale – de Bachar. Quelle bande de ploucs ! Voilà que l'État islamique a ses cas sociaux maintenant. La population locale n'est pas loin de se sentir envahie par nos compatriotes. Il ne manquerait plus qu'ils votent Le Pen.

Mais l'État islamique, c'est aussi de la bonne vieille *real politik*. Les djihadistes français foutent la merde pendant l'entraînement ? On les sépare. De préférence, on les mettra avec les Tchétchènes. Eux connaissent le Coran et se sont déjà bâfrés des missiles de Poutine. Et surtout, ils savent ouvrir leur bouche au bon moment. Inutile de faire un dessin : la vie à Grozny au début des années 2000 était plus difficile qu'à Sartrouville et même plus glauque encore qu'à Raqqa.

Quand les Français investissent une maison luxueuse abandonnée, les frères tchétchènes rappellent à leurs frères de l'*oumma* qu'un Spartiate du calife vit justement de manière spartiate. On ne défèque pas dans la piscine. On ne s'affale dans le canapé oriental à regarder Al-Jazeera Sport. On ne fait pas *vroum vroum* avec les Humvees piqués aux Irakiens. On ne râle pas parce que les toilettes sont à la turque. On mange du bord de l'assiette vers l'intérieur, et pas l'inverse. Et on arrête de regretter le KFC des *kouffar*. *Plus belle la vie*, au Califat. Et puis les combattants d'origine française, quelle bande d'insoumis. Incapables de s'intégrer correctement à l'armée, adorant contester les ordres des supérieurs, « ces branleurs de l'armée de Saddam qui se font mettre par les Américains et qui jouent aux p'tits chefs », à peine plus respectables que leurs éducateurs sociaux de quartier.

> « Si le pays du Shâm sombre, c'est qu'il n'y a plus de bien dans ma communauté ; il ne cessera d'y avoir un groupe de ma communauté sur la vérité combattant l'Antéchrist[1]. »

Une histoire m'a été racontée par la mère d'un djihadiste, qui en dit long sur les déceptions des émigrés :

« Et en plus, la population locale ne parle pas le même arabe que celui qu'ils ont appris à la mosquée ! Du coup, mon fils doit se débrouiller en anglais... Mais il parle si mal anglais... »

Le *souk* dans la machine à tuer de Babel ! Sans compter les *muhajira*[2] qui se plaignent : coiffeuses incompétentes, Nutella introuvable, *moudjahidin* d'origine française lourdingues dans la drague et qui squattent les cafés Internet au lieu d'aller se battre.

1 *Hadith* rapporté Mu'awiya Ibn Qurra, cité dans *Les Mérites de la région du Sham*, Al Hadith éditions.

2 Les femmes qui ont fait la *hijra*, l'émigration en terre d'islam.

Un djihadiste belge m'a confié « regretter les kebabs de Charleroi » bien meilleurs que ceux de Raqqa et qui ne « te filent pas la chiasse ».

Que fait-on quand la soupe n'est pas bonne ? On va goûter celle d'à côté. La vie est dure avec les terroristes du Front al-Nosra ? L'Occidental, lui, s'en tape. Il va changer de franchise et essayer celle de Daesh, bien meilleure en termes de propagande. Il suffit de regarder leurs vidéos : Daesh, c'est le Burger King de l'islamisme... al-Nosra, c'était le kebab du coin. Y a plus que les *losers* pour rester fidèles à une crémerie pareille : 15 % des Français sur le front Syrien sont ces nullards de la com'.

Mais pas question de trop mentir au candidat martyr. Comme souvent, le Califat a édité plusieurs guides à destination des impétrants. Une sorte de *memento* de l'immigrant[1]. Un fascicule ressemblant à ceux que le consulat canadien distribue aux Français voulant vivre au Québec.

Première déception : les Syriens eux-mêmes.

> « Mon cher frère, ma chère soeur, sache que les gens sont souvent des ignorants qui n'ont vécu que dans la perversion, la dépravation des mœurs, la mécréance pour certains, sous le règne des tawâghites de la famille Assad. (Raqqa était connu pour ses maisons closes, cabarets etc.). Ils te voient arriver de France, ou d'ailleurs, et Satan leur insuffle de mauvaises choses à ton égard comme :
> – Ils sont venus te prendre ton pays.

1 *Conseils bénéfiques à ceux qui veulent quitter la France maçonnique pour rejoindre le Califat islamique*, Khilafah Da'wah.

– Ils sont venus te tuer comme des khawârij car pour eux tu n'es guère un musulman.
– Ils sont venus vous prendre vos filles en plus... »

Saletés de Syriens qui ne comprennent rien à l'*oumma* ! Ils se sentent colonisés et sont solidaires entre eux avant de l'être avec les soldats du Califat. Oui, ils voient dans ces Français d'origine maghrébine ou, pire, dans ces blancs-becs qui se sont convertis, des colons... Et ils n'ont pas tort. Ça grince des dents sous les *burqas* à la vue de ces types habillés en prophètes qui patrouillent avec la police des mœurs, qui font la loi chez eux et qui s'installent gratuitement dans des baraques qu'ils ont payées pendant une existence entière. Vous avez bossé toute votre vie et un Abdelhamid Abaaoud emménage dans une belle demeure et vous donne des leçons d'islam...

De quoi s'énerver.

Le Syrien se venge à sa façon. Les commerçants voient dans ces colons d'un nouveau genre des occidentaux pleins de fric et prêts à le lâcher pour une paire de fausses Adidas deux fois plus chères que celles vendues aux autochtones. Sans compter les clochards qui les suivent à la trace : l'aumône est en euros ou en dollars ! Et en billets, s'il vous plaît : les soldats d'Allah venus d'Europe, c'est bien connu, se promènent avec leurs liasses.

Attention à ne pas stigmatiser la population locale :

« Ne fais pas de ceci une excuse pour justifier un quelconque retour en terre de mécréance, comme certains rêveurs qui croyaient qu'ils allaient venir à la Médine du prophète, qui d'ailleurs, avait aussi ces hypocrites notoires.

Car beaucoup se plaignent du regard des madanis sur eux, mais oublient que cela est aussi dû (parfois) à leur manque de comportement à eux en premiers[1]. »

En France, ils se plaignaient de la CAF, de Pôle emploi, de la CPAM, de tous ces fonctionnaires qui n'allaient pas assez vite, qui les méprisaient, et qui lambinaient. Ils les regrettent désormais. *Bukrah, inch'Allah* ! Demain, si Dieu veut ! C'est la ritournelle des personnels administratifs de l'État le plus *halal* du monde. Retard dans le paiement des soldes, logements toujours pas attribués pour les couples mariés, et sourires de façade en réponse à toutes les réclamations.

« Après un mois et demi à entendre les mêmes mots, ça m'a irrité. J'ai commencé à leur dire que même les *kouffar* travaillaient plus dur et plus vite », confie le *moujahid* Abou Saïd al-Britani dans une vidéo pour les futurs citoyens de l'État islamique. Et puis, ce dernier n'hésite pas à tenir des propos racistes à l'encontre de ses coreligionnaires :

« Les Arabes ont tendance à s'énerver rapidement quand on leur dit leurs quatre vérités. Ils sont une catastrophe dans l'administration. Si vous les énervez, c'est à vos dépens. Même si vous leur dites la vérité. [...] Malheureusement, dans le monde arabe, construire une structure administrative ne fait pas partie des points forts des habitants. Ils commettent beaucoup trop d'erreurs. Surtout s'ils ne sont pas éduqués – ce qui constitue la majorité des cas. L'arabe typique a tendance à être paresseux. »

Le Califat, terre de discorde...

Engueulade entre djihadistes, locaux méfiants, indolents, et corvée de chiottes pour ceux qui refusent d'aller au combat. Le

1 *Ibid.*

balai qui remplace la kalach', c'est tout de suite moins séduisant pour les poses Twitter.

« J'en ai vraiment marre. J'ai pas le moral. Pfff, ça me saoule. Heureusement, j'ai de la lecture. Mes frères me laissent lire. »

Les *mujatweets*, comme les appellent les djihadistes combattants, se lâchent parfois. Confiscation d'iPhone pour les plus bavards qui se trouvent le plus souvent être sur un lit d'hôpital à goûter à l'excellence des soins prodigués par les médecins du Califat.

Pendant que l'administration locale se roule les pouces, la vie à la dure se poursuit. Levée 4 h 30, pour la prière du matin, cours islamiques dans la foulée, entraînements physiques de 6 h à 8 h, nettoyage de 8 h à 9 h, petit-déjeuner de 9 h à 9 h 30, techniques militaires de 10 h à 12 h 30, et ainsi de suite, avec extinction des feux à 22 h, pendant des semaines jusqu'au jour béni où le troufion peut rejoindre le front[1]. Ils avaient déjà du mal, pour la plupart, à suivre des cours en France, les voilà à devoir étudier la jurisprudence islamique, faire le ménage, se vautrer dans la boue, le tout en se faisant engueuler par d'anciens officiers baasistes et des vétérans du mercenariat international djihadiste qui, de la Somalie à l'Afghanistan, en ont maté des plus coriaces que ces petits branleurs.

Il est remarquable que les premiers à foutre le camp des *katibas* de l'État islamique soient les Syriens eux-mêmes. Et d'après les renseignements extérieurs, c'est encore de la faute des djihadistes occidentaux – Marre de cette racaille qui a envahi les villes !

Les indigènes du Califat préfèrent encore rejoindre leur famille à la campagne et se faire oublier plutôt que d'avoir à supporter le

1 D'après une photo d'emploi du temps récupérée par le Metropolitan Police Service de Londres sur le téléphone d'un djihadiste.

comportement des petites frappes que leur lèguent les pays européens, ceux qui se convainquent que c'est chouette de se filmer en train de jouer au foot avec la tête d'un apostat. Eux ne sont pas venus en camps de vacances, à la faveur d'un recrutement à Paris et en regardant des vidéos sur Internet. Cette terre du Sham, c'était d'abord la leur. Cette guerre, c'était aussi et d'abord la leur. Que viennent faire ces petits nervis qui prétendent leur enseigner la morale islamique et l'art de la guerre ?

Mais le Califat ne serait pas le Califat sans ses immigrés. Savoir retenir le Daeshien d'Occident est le nouveau combat de l'État islamique. Certains Français, exaspérés de ne pas avoir trouvé le paradis d'Allah, impatients de se marier avec les jeunes femmes qu'on leur avait promises au moment de s'engager, commencent à déserter. C'est ainsi que les combattants se trouvant en Irak tentent leur chance au Koweït voisin pour obtenir du boulot. D'accord pour la *charia*, mais les dollars d'abord. Cela reste toutefois très anecdotique. Surtout comparé au nombre des déçus qui reviennent ou souhaitent revenir en France.

Une balle dans le dos à la frontière pour les traîtres. Les défections et les désertions sont risquées. La police est paranoïaque. Les passeurs demandent jusqu'à trois fois plus d'argent dans le sens retour que dans le sens aller.

Jusqu'à une période récente, ces trahisons étaient surtout le fait de post-adolescents. Le paradis, les soixante-douze vierges, très peu pour eux. À la limite, une vidéo ou deux sur Youtube. Pas plus.

La fraternité promise ? Du flan ! Quelle fraternité entre deux jeunes des cités et deux Tchétchènes ? Il a fallu faire tant de kilomètres, abandonner mère et père, pour s'apercevoir que persistaient encore et toujours des différences nationales dans ce Califat. Il prétendait pourtant abolir les nationalités et exigeait qu'on brûlât les passeports. Deux semaines d'apprentissage de la guerre chez les fous d'Allah suffisaient souvent à les dégoûter à jamais de la vie au Califat.

M. B. – ainsi qu'il se fait appeler pour les médias – m'a confié qu'il a fallu à son fils Y. « deux semaines pour se rendre compte de la réalité ». Résultat : papa est allé le chercher à la frontière turque.

« Au début, le gouvernement d'Assad m'avait proposé un marchandage : je disais publiquement du bien de leur régime, devant les caméras de la télé publique syrienne, et ils allaient le chercher eux-mêmes. »

Le Quai d'Orsay n'était que très moyennement partant. Y a-t-il eu versement d'argent aux djihadistes ? Peut-être. Le père n'a pas voulu me le dire.

« Mais j'ai mis toutes mes économies pour récupérer mon fils. »

Fils aussitôt cueilli par les services de renseignement et le parquet antiterroriste à sa descente d'avion ; mineur ou pas, déserteur ou pas, objecteur de conscience ou pas, le tarif ne change pas. Même si l'intéressé a flirté avec des groupes que la France avait, au moins au début du conflit syrien, sinon aidés matériellement, du moins soutenus moralement, en fermant un peu les yeux et en priant les Turcs de ne pas être très regardants à leurs frontières.

« Le Quai d'Orsay a une politique diplomatique qui fait sans doute la différence entre les diverses affiliations. Nous, on ne fait pas de différence. Il n'y a pas d'un côté Daesh et de l'autre côté les gentils de l'Armée syrienne libre. Pour nous, c'est tous des méchants », me confie une source du renseignement.

« La seule distinction, c'est en termes de propagande. Les autres groupes terroristes se refrènent un peu plus. Disons qu'ils font moins la publicité de leurs exactions », poursuit-il.

Ils sont déjà plus de deux-cinquante à être rentrés en France. L'immense majorité est identifiée et fait l'objet de procédures judiciaires. Certains sont en liberté sous contrôle, d'autres sont en détention dans l'attente d'un procès. Ces différents traitements se sont décidés en fonction des preuves disponibles : Ont-ils combattu ? Ont-ils apporté une aide logistique ? Ont-ils été uniquement de corvée de chiottes ? Qu'est-ce qui les a fait rentrer ?

Difficile de trier entre les repentis et ceux qui adhèrent à l'idéologie mais que le confort offert par les *kouffar* renvoie comme des balles de jokari vers l'Europe.

En France, on aimerait beaucoup imaginer que le djihadiste revient pour des raisons bassement matérialistes. Le Califat déçoit parce que les shampoings ne sont pas terribles et qu'il n'y a toujours pas de Starbucks dans les rues de Raqqa. La vie y est dure. Ce n'est pas l'existence rêvée. Mais les privations terrestres ne font pas encore préférer les galeries commerciales géantes de Dubaï aux échoppes pittoresques de Raqqa.

« C'est vrai que la qualité de la connexion Internet n'est pas terrible. C'est vrai aussi que les coupures d'électricité ne facilitent pas la vie. Mais c'est à cause des bombardements. C'est les Russes et c'est vous, les Français, qui êtes responsables de tout ça ! » me raconte un djihadiste belge sur Facebook qui tolère tant bien que mal les affres d'une vie au combat sous le soleil trompeur du Califat, du moment qu'il a son RedBull – une obsession chez lui –, qu'il trouve encore « trop cher ».

Voilà qu'en plus d'être responsable d'avoir colonisé la moitié de l'Afrique du Nord, la France est également coupable d'avoir bombardé les lignes téléphoniques de Daesh et de la hausse du prix des boissons énergisantes. Si les Abaaoud de demain ne peuvent plus jouer à *Candy Crush Saga*, ils abandonneront peut-être leurs projets mortifères en revenant à pied vers la frontière turque ou en allant se livrer, en Irak, au consulat français d'Erbil.

Foutaises que de les croire aussi obsédés par de telles trivialités.

S'agit-il d'ex-terroristes, de terroristes en puissance, de soldats incapables ?

« Difficile de savoir ce qu'ils faisaient vraiment sur le terrain. Et on ne peut pas sonder les âmes. », admet un ancien de la DST. Le mot qui reviendrait le plus souvent est « désillusion ».

Utopie *kaputt* ! Le vernis commence à se fissurer.

« On doit tirer aussi sur des sunnites ! »

Ce n'était pas ça, le *deal* idéologique de départ.

Les djihadistes devaient décapiter des chiites, crucifier des Yézidis, lapider des femmes adultères, préparer la chute de l'entité sioniste, reconquérir l'Andalousie, détruire les monuments pré-islamiques, les statues idolâtres, fortifier l'*oumma*, se détendre en allant au bordel et se servir en esclaves sexuelles. Tout ça, c'était entendu. C'était le programme.

Il fallait bâtir le Califat jusqu'à la fin des temps sur des rivières de sang de mécréants, d'associateurs et d'apostats, d'accord. Mais pas tirer sur des frères ! *Zyva, ils sont devenus oufs ou quoi ?* Ce n'est pas protocolairement très islamique, tout ça.

C'est d'ailleurs l'un des éléments de contre-propagande des mosquées dites « modérées ». Il ne s'agit pas de dissuader les candidats au *djihad* d'aller faire la chasse aux mécréants, de convertir à tour de bras, d'appliquer la *charia* ; il s'agit surtout de leur dire :

« Mais enfin, tu ne vas quand même pas aller tuer tes propres frères ! »

Il paraît que ça marche. Uniquement si l'on insiste sur le fait que le frère est un sunnite. Et le jeune radical aime les preuves. Si possible en vidéo.

Que le sang ne soit pas l'élément déterminant pour décourager un candidat au *djihad*, cela va de soi ; c'est le propre des combats que de faire gicler l'hémoglobine. Et toute guerre sainte soit-elle, elle n'est pas plus propre qu'une guerre classique. Qu'il y ait des sadiques, cela aussi constitue le propre des conflits armés, depuis toujours aimants à sociopathes et psychopathes.

Pour que des Eichmann pussent bosser, il fallait bien des Rudolf Höss[1]. Abaaoud était probablement plutôt du genre pervers et cruel. Et aucun de ses compagnons d'armes ne lui a reproché son goût pour le morbide et pour les mises en scène sanglantes. En revanche, s'attaquer aux sunnites, c'est « un acte de rébellion envers Allah », c'est un voyage sans retour vers l'enfer, c'est un sacrilège. C'est se fermer les portes du paradis. C'est religieusement répugnant. Et la tendresse, bordel ?

> « Ho les croyants ! Evitez de trop conjecturer ; oui, une partie de la conjecture est pêché. Et n'épiez pas ; et ne médisez pas les uns des autres, – l'un de vous aimerait-il manger la chair de son frère mort ? Non ! Vous en avez horreur ! – Et craignez Dieu. Oui, Dieu est le grand accueillant au repentir, miséricordieux. »
>
> Le Coran, sourate 49, « Les Appartements », verset 12.

Aucun déserteur n'a pour l'instant dénoncé les brutalités infligées aux minorités chrétiennes. Des violences rapportées, oui. Mais jamais dénoncées. Le sort réservé aux *kouffar* est tout à fait accessoire comme facteur de réexamen des mythes de l'État islamique.

On aimerait les entendre les « repentis » s'excuser des exactions commises aux dépens des Yézidis. Pour l'instant, la condamnation des massacres de civils d'autres religions est parfaitement absente de la « mise à jour de leur logiciel mental » comme disent

1 Commandant du camp d'Auschwitz, réputé pour sa cruauté.

les psys. L'extermination implacable de populations entières, tant qu'il ne s'agit pas des frères sunnites, reste encore ce qui les unit le plus au fondement moral de l'État qui les avait tant fait rêver : l'épuration. Mais certains djihadistes, spécialement ceux qui viennent de l'Ouest, sont des idéalistes presque aussi niais que les pacifistes de leurs pays d'origine. Ils ne supportent pas les dommages collatéraux !

« Selon les auditions effectuées sur deux-cents personnes qui seraient revenues de la zone syro-irakienne au 9 mars 2015, elles présentent des profils très différents. Certains, notamment lorsqu'ils ne se sont pas vu confier de réelles responsabilités, sont déçus. D'autres dénoncent les exactions auxquelles ils ont assisté ou participé, beaucoup de ces repentis développant une forme de syndrome post-traumatique. Les causes premières du retour résident souvent dans la solitude, notamment lorsqu'un proche est tué sur place, ou dans la fatigue et les blessures. Il apparaît cependant que la plupart d'entre eux ne renient pas leur engagement et restent extrêmement déterminés ; endoctrinés, aguerris et entraînés au maniement des armes, ils présentent une menace directe sur le territoire français. Cette menace est cependant difficile à évaluer, dans la mesure où la plupart d'entre eux adoptent une stratégie de discrétion et de dissimulation – la *taqiya* : la repentance affichée, à travers un discours souvent stéréotypé, est très souvent purement formelle[1]. »

C'est dit sans faux-semblant : le repenti, travaillé entre sa déception et son envie toujours pure de voir naître un Califat où tous les sunnites s'aiment et se respectent sous le regard protecteur d'Allah, est peut-être encore en train de pratiquer la *taqiya*, au moment de se mettre à table devant les services de renseignement.

1 *Rapport du Sénat au nom de la commission d'enquête sur l'organisation et les moyens de la lutte contre les réseaux djihadistes en France et en Europe*, 1er avril 2015.

Arrêté puis cuisiné par le parquet antiterroriste, l'un de ces déserteurs français a littéralement craqué en pleine audition. Et a expliqué le plus simplement du monde qu'il « était possédé par le diable » au moment de s'engager. Il ne manquerait plus que l'on fasse témoigner à son procès le *Shaitan*[1] en personne pour qu'il soit tiré d'affaire.

Ce n'est pourtant pas comme si la France n'avait pas connu par le passé ces déserteurs d'un nouveau genre, mercenaires revenus des *katibas* lointaines, du sable dans les godasses et des projets d'attentat dans la tête.

Somalie, Bosnie, Afghanistan... L'Europe connaît déjà ce genre de repentis. Et les chiffres n'incitent pas à être optimistes.

« L'étude la plus récente, qui date de 2013, montre que, entre 1990 et 2010, sur 945 djihadistes occidentaux s'étant rendus sur un théâtre d'opérations à l'étranger, 107 ont été impliqués dans la commission d'actes de terrorisme, soit plus de 11 %. En France, le magistrat antiterroriste Marc Trévidic estime que cette proportion est de 50 %[2]. »

Nos esprits de mécréants pourris par nos sociétés démocratiques voudraient que la violence dont les djihadistes ont été au moins témoins, au pire, acteurs, les ait assagis. C'est que notre système de valeurs croit en la rédemption des êtres à défaut de croire en celle des âmes.

Méfions-nous de l'*oumma* qui dort. Mohamed Merah, de retour d'Afghanistan et du Pakistan, s'était établi paisiblement à Toulouse pour exercer la profession de carrossier. Pincé à Kandahar, en janvier 2011, il a prétendu devant les services de

1 Le Diable.

2 Rapport du 2 juin 2015 de l'Assemblée nationale sur la surveillance des filières et des individus djihadistes. Marc Trévidic est ex-magistrat antiterroriste.

contre-terrorisme afghans être venu visiter les ruines des statues de bouddhas géants détruites par les Talibans[1]. On le croyait guéri de l'islam violent. On le savait radicalisé, à la fois à Artigat, en Ariège, auprès de l'Émir blanc et au cours de ses voyages. On ne voulait pas admettre qu'il était devenu un terroriste en puissance. Mohamed Merah était un petit djihadiste qui faisait du tourisme, qui plus est sur un site où il n'y a plus rien à voir, il fallait y penser ! C'était si commode. Qui sait ? On verra peut-être dans les mois et années qui viennent des djihadistes français prétendre avoir juste voulu visiter Palmyre, ou ce qu'il en reste.

Tous archéologues quand Daesh disparaîtra du Levant ! Une forme hybride de djihadistes émergera des cendres du Califat : les Indiana Djihadjones ! Celle lancée par le lycéen turc d'origine kurde qui voulait, à Marseille, le 11 janvier 2016, tuer un enseignant juif. Aux policiers qui lui ont demandé quels voyages il envisageait, il a répondu :

« La Syrie, pour visiter Palmyre[2]. »

Commentaire des policiers dans le procès verbal :

« Nous constatons qu'il nous regarde avec un sourire narquois en formulant sa réponse. »

Les excuses bidon, les califettes en raffolent. Il est le fait de la poignée – une dizaine tout au plus, mineures en général – de femmes à être rentrées en France.

« Madame le juge, ce n'était pas parce que je croyais en l'État islamique, mais c'était pour venir en aide aux enfants syriens. »

Les profils « Mère Térésa », comme on les surnomme à la DGSI...

Plus ou moins au courant des exactions commises par l'État islamique mais uniquement là pour aider l'orphelin et l'unijambiste,

1 Documents déclassifiés publiés dans *Le Parisien*, le 9 août 2012.

2 *Le Monde*, 30 janvier 2016.

pour poser les pansements et servir la soupe entre deux actions humanitaires. Toutes des saintes. Et certainement pas des terroristes en puissance.

Autre prétexte évoqué : le besoin de revoir sa famille, qu'on avait un peu trop vite oubliée en partant. Fares Cheboub et Medhi El Batmi, vingt-six et vingt-sept ans, deux Avignonnais qui languissaient après être restés deux mois en Syrie en 2014, se sont donné le beau rôle lors de leur procès en février 2015.

« Une aventure ! »

Et quelle aventure !

« On était logés gratuitement dans un immeuble luxueux avec salle de gym, frigo neuf, écrans plats. On faisait la prière, on jouait au foot, tout le monde parlait français[1]. »

Il décrit son Club Med daeshien à Kassab, village de l'Ouest syrien ayant une très forte communauté arménienne, tyrannisée et pourchassée depuis. Coïncidence troublante : les deux jeunes djihadistes sont rentrés en France « car leurs parents étaient malades » et que « l'expérience avec Jabhat al-Nosra les a déçus ». Fares et Mehdi ont du cœur.

Et dire qu'ils s'étaient portés volontaires pour commettre un attentat-suicide. Si seulement Fares avait évité de raconter, dès son retour, à un de ses proches que la France était « un pays de mécréants, du papier toilette », ils n'auraient pas été condamnés à sept ans de prison pour « association de malfaiteurs en vue de préparer des actes terroristes ».

Le repentir des néo-apostats de l'islamisme tient à peu de choses.

1 Rapporté par l'Agence France Presse.

RÈGLE XI

JOUE-TOI DES FRONTIÈRES.

« Lorsque certains responsables politiques ont commencé à parler de réfugiés *et non plus d'*immigrés, *cela a contribué à faire évoluer l'opinion. S'il s'agit de* réfugiés, *il y a un devoir d'accueil, de protection. Les mots sont importants, comme on le voit. »*

Federica Mogherini, chef de la diplomatie européenne,
dans *Libération*, 15 septembre 2015.

Abdeslam en France. Abdeslam en Belgique. Abaaoud en Grande-Bretagne. Abaaoud en Autriche. Abaaoud en Grèce. Nemmouche en Allemagne, Nemmouche en Grande-Bretagne. Ce ne sont pas des attentats que les djihadistes devraient préparer mais une réactualisation des guides du *Routard*.

Flux et reflux de la racaille islamiste, favorisés par des années d'obstination à diluer la sécurité dans le poison de l'ouverture. Une vague à la hauteur des égarements d'une Europe sans frontières qui paie au prix fort sa charité. Confidence faite par le Gallois Rob Wainwright, à la tête d'Europol et ancien analyste aux services de sécurité britanniques du MI5 : trois à cinq-mille combattants du Califat ont atteint le sol du continent de Jean Monnet et de Paul-Henri Spaak. Une armée entraînée à tuer. Des régiments prêts à bénéficier des accords de Schengen. Des petites unités égarées dans les camps de réfugiés. Laisser-aller. Laissez-faire. Laissez-passer. *Laisser-tuer*. C'est facile.

« Tant que je serai président de la Commission européenne, il n'y aura pas de remise en cause des accords de Schengen », a promis Jean-Claude Juncker, qui est à la sécurité des citoyens européens ce qu'Edouard Daladier était à celle des Français. Sauf que Daladier savait qu'il se mentait à lui-même. Juncker y croit dur comme fer.

Comme toujours, ce sont les djihadistes qui sont les premiers sidérés par notre bêtise. En particulier Abdelhamid Abaaoud, alors qu'il venait d'échapper au raid mené par la police belge contre la cellule islamiste de Verviers.

« Dabiq : Raconte-nous ton voyage au Sham

Abou Omar Al-Baljiki : Alhamdullilah, Allah les a aveuglés et j'ai pu partir et venir au Sham malgré le fait d'avoir été pourchassé par beaucoup de services secrets. Tout cela prouve qu'un musulman ne doit pas craindre la réputation exagérée des renseignements des croisés. Mon nom et ma photo étaient partout dans les médias et pourtant j'ai réussi à rester sur leur sol, à planifier des attentats contre eux et à partir tranquillement quand cela est devenu nécessaire[1]. »

Merci l'Europe !

« Comment voulez-vous faire ? On a littéralement laissé le contrôle des frontières extérieures à des pays comme l'Espagne ou la Grèce... Voilà où on en est. Pendant des années, on a expliqué que les frontières intérieures ne servaient à rien, alors on a délégué les nôtres. Après les attentats du 13 novembre et le rétablissement des contrôles douaniers, on a refoulé plus de trois-mille personnes. C'est bien qu'elles sont essentielles, ces frontières ! »

Il ne s'agit pas d'un propos de comptoir au café du commerce mais des mots d'un très haut responsable du renseignement français[2], souhaitant garder l'anonymat tant le sujet est ultra-sensible. Schengen a littéralement bouffé ce qui restait des souverainetés nationales. Il eût été surprenant que le djihadisme n'en profitât pas.

L'article 7 du Règlement (CE) n° 562/2006 du Parlement européen et du Conseil du 15 mars 2006 établissant un code

1 *Dabiq*, numéro 7, février 2015.
2 Entretien avec l'auteur. Anonyme.

communautaire relatif au régime de franchissement des frontières par les personnes, dit « code frontières Schengen », interdit de vérifier systématiquement les passeports des ressortissants Schengen. Concrètement, une personne fichée par les renseignements, de retour de Turquie, n'est pas contrôlée quand elle rentre à nouveau dans cet espace. À quoi sert-il de pointer les islamistes dangereux s'ils peuvent se déplacer librement, mais aussi revenir sans avoir à franchir d'autres obstacles, aux portes d'un territoire de mécréance, qu'un rapide et éventuel coup d'œil à leur passeport ?

Le délirant périple à travers l'Europe de Salah Abdeslam, probable logisticien de l'attaque contre le Bataclan, est la parfaite illustration du foutoir général aux frontières. Trois mois avant les attentats de novembre 2015, il est en Grèce et embarque dans un ferry au volant d'une voiture immatriculée en Belgique, direction Bari, en Italie. En septembre 2015, de retour de Hongrie, la police aux frontières autrichienne le contrôle. Il est avec deux personnes, dont Ahmed Dahmani, le djihadiste soupçonné d'avoir repéré les lieux des tueries de Paris. Des milliers de kilomètres, effectués dans les deux sens, dans la chaleur estivale d'un continent occupé à gérer le flux des réfugiés, sans être inquiété une seule fois. Pourtant les Belges l'avaient inscrit au fichier SIS – Système d'information Schengen – pour un certain nombre de délits de droit commun, sans aucun lien avec des activités terroristes.

Il faut croire qu'en matière de *djihad*, la chance sourit aux audacieux. Elle a souri encore une fois à Salah, quelques heures après les attentats au Bataclan et au Stade de France. Exfiltré et accompagné de deux autres individus, après avoir échappé à trois barrages routiers, allongé sur la banquette arrière, le Molenbeekois est finalement contrôlé par des gendarmes à la frontière franco-belge. Il se paiera même le luxe de donner son adresse à Bruxelles.

C'était quelques heures avant qu'un mandat d'arrêt international ne soit lancé contre lui. Depuis, Salah avait longuement disparu, laissant quelques traces dans un appartement de Schaerbeek, à Bruxelles, à une centaine de mètres du quartier rouge de la capitale belge, haut-lieu du multiculturalisme et de la prostitution, où il serait resté quelques semaines. À nouveau repéré dans un autre appartement, à Forest, une commune de la capitale belge, il a finalement été appréhendé à Molenbeek, le 18 mars 2016.

Son épopée meurtrière s'achève quasiment là où elle a commencé, au cœur même de ce territoire annexé par ses propres habitants. Il ne pouvait y avoir meilleure planque que *chez soi*. C'était une manière de ne pas se cacher – *La Lettre volée* d'Edgar Allan Poe revisitée.

Plus c'est évident et moins on le voit.

Salah aura-t-il eu assez de ces quelques mois pour recruter les djihadistes belges et français de demain ?

Quant à son camarade Ahmed Dahmani – arrêté trois jours après les événements, à Antalya en Turquie, en compagnie de deux Syriens –, il pourrait également avoir joué le rôle de passeur de migrants, en empruntant toujours le fameux trajet Turquie–Grèce–Italie ; le circuit de la traite djihadiste est identique à celui utilisé par les professionnels des filières d'immigration clandestine. Si cela marche pour les migrants, ça marche aussi pour les soldats de la guerre sainte.

Ayoub el-Khazzani, le Marocain qui a voulu commettre un carnage dans le Thalys, en août 2015, fait aussi partie de cette longue liste de voyageurs chanceux ayant profité du miracle européen. Celui qui fut petit trafiquant de drogue s'était fait une spécialité de ces pérégrinations intra-européennes grâce à sa carte de séjour émise en Espagne. En six mois, il se sera déplacé, chaque fois en train, en Allemagne, en Autriche, en France et en Belgique. Fiché par les autorités espagnoles comme individu « potentiellement dangereux », il est devenu, en 2012, un véritable apprenti djihadiste, condamnant sur les réseaux sociaux « la France coloniale », accusant « les juifs et les chrétiens d'être à l'origine du terrorisme[1] » et fréquentant les six mosquées d'Algésiras, en Andalousie. En 2014, il part en Seine-Saint-Denis et travaille comme homme-sandwich pour la petite compagnie de téléphonie britannique Lycamobile, ayant pour principale clientèle les communautés d'expatriés, et très présente dans les banlieues françaises. Quelque temps auparavant, les services de renseignement espagnols avaient signalé à leurs homologues français qu'el-Khazzani avait l'intention de franchir la frontière. Les services français émirent alors une fiche S, sans que cela ne l'empêche de partir en mai de la même année à Berlin pour embarquer dans un avion à destination d'Istanbul, puis de réapparaître en Belgique pour s'y procurer des armes, comme l'avait fait avant lui un certain Amedy Coulibaly, autre éminent passeur de frontières qui avait fait son marché en matériel létal à Charleroi.

Si seulement la question se posait avec autant d'acuité que pour les voies terrestres ! N'importe quel voyageur ayant fait l'expérience d'un retour vers l'Union européenne le sait : le contrôle d'un ressortissant de l'espace Schengen s'opère en vingt secondes maximum dans les guérites surchargées des aéroports français. Une illustration pathétique de cet état de fait ressort d'une de mes conversations datant d'octobre 2014 avec le président de la mosquée de Lunel, Lahoucine Goumri, radical ne condamnant pas les départs en Syrie. Il avait gloussé en me contant son voyage en Turquie :

1 *Le Monde*, 24 août 2008.

« J'ai passé l'été à Istanbul. Je suis allé faire du shopping… Quand je suis rentré, aucun douanier ne m'a posé de questions à l'aéroport de Marseille ! Pourtant avec ma barbe et ma *djellaba*… »

Son œil expert ne s'était pas trompé. Que le passage des frontières intra-européennes ressemble à une passoire, soit. Que celui d'un extrémiste, de retour du pays qui sert de point d'entrée à la majorité des djihadistes européens ne donne lieu à aucune vérification est plus inquiétant. Tout état de fait de notre dispositif de sécurité enclenchant l'hilarité d'un islamiste est inévitablement un problème.

Est-ce pour des raisons économiques ou pour sa souplesse en matière de contrôle d'identité que les djihadistes qui choisissent la voie des airs préfèrent ainsi les compagnies *low-cost* et notamment la compagnie turque Pegasus Airlines ? Combien de stewards procèdent encore, en salle d'embarquement, à la « réconciliation » – la procédure qui vise à s'assurer que le nom figurant sur le billet correspond à celui figurant sur la pièce d'identité du voyageur ? Voyager sous une fausse identité reste encore trop facile en Europe, ce qui est pratique quand les autorités judiciaires françaises vous ont ordonné de remettre votre passeport et votre carte d'identité à l'administration.

À la différence des États-Unis, l'Europe ne possède pas de fichier aussi élaboré que le *Passenger Name Record*, le PNR, soit le registre des noms des passagers aériens. L'Europe sait battre monnaie. Elle ne sait pas mettre en commun un répertoire de noms de terroristes potentiels. Trop délicat. Sous la pression de la France, ahurie par les révélations des voyages effectués par ses propres djihadistes, un projet de directive existe et qui devrait être adopté en 2016. Mais Paris se heurte encore aux bonnes consciences des fonctionnaires de Bruxelles qui mettent en avant la défense des libertés civiles et le risque de stigmatisation. Ainsi, ce programme promet d'éviter de discriminer sur le fondement d'origine ethnique, religieuse, sociale et linguistique. Les données ne seront conservées que pendant six mois et carrément effacées après cinq ans. De quoi se refaire une virginité assez rapidement. Cette courte vue offre d'ores et déjà un sursis aux islamistes voyageurs.

De tels registres existent bien dans certains pays européens. En France, il est accessible à un policier de l'air et des frontières via le logiciel Cheops, souvent en maintenance ou en panne, comme ce fut probablement le cas au moment où Imad Djebali, ami de Mohamed Merah, Abdelouahed Baghdali, l'époux de Souad Merah, et Gaël Maurize, un habitué de la communauté salafiste d'Artigat dirigée par l'Émir blanc, étaient arrivés à l'aéroport de Marseille Provence, après avoir été expulsés de Turquie ! Dormez tranquilles, braves intégristes, l'Europe ne veille pas sur vous.

Et les Turcs ont, au moins jusqu'à l'été 2015, époque à laquelle Ankara a enfin décidé l'érection d'un mur à sa frontière avec la Syrie, souvent été complaisants en matière de contrôle. Si en prime l'*oumma* des frontières peut avec une plus ou moins bonne volonté affichée rendre service…

Et pourquoi ne pas joindre l'utile à l'écologique ? La voie terrestre offre plein de possibilité pour ceux qui veulent économiser de l'argent et passer inaperçu. Personne n'a encore atteint le Califat en Vélib' mais d'autres ont réussi ce voyage improbable grâce au site de covoiturage BlaBlaCar. C'est ainsi qu'un Lillois a embarqué avec lui toute une famille pour Istanbul, le 14 juillet 2015. Quatre-cents euros pour voyager avec cinq personnes. Un voyage à son insu, dit l'intéressé, lui-même turc :

« Si elle portait le voile intégral, lui n'avait aucun signe distinctif et les enfants, dont un bébé, étaient des enfants[1]. »

1 *La Voix du Nord*, 19 février 2016.

En Europe, on peut traverser le continent avec une femme portant le *niqab*, direction la porte d'entrée du Califat, sans être inquiété aux frontières. C'est aussi simple que cela.

Les carnets de réservation des hôtels de la province du Hatay, l'un des principaux points de passage vers le Levant, étaient remplis de noms de Français, et ses spas débordaient d'Européens se délassant une dernière fois avant le *djihad*. En une journée, un passeur empochait de quelques dizaines à quelques centaines de dollars pour guider les djihadistes sous un grillage de fils de fer barbelés, si éventré par endroits, qu'il finissait souvent par simplement s'affaisser sous le poids des chaussures de randonnée des futurs soldats du Califat.

L'*oumma* n'est-elle pas, après tout, via l'institution du projet califal, une entité politique supranationale aux frontières terrestres condamnées, une union douanière à monnaie unique, une utopie sans démarcations nationales, similaire à certains égards aux lubies idéologisées de bureaucrates bruxellois ? N'y a-t-il pas un brin d'ironie mimétique qui lie obscurément la vision du monde de Juncker et celle d'al-Baghdadi, considérant tous deux, universalistes rivaux, l'exercice des souverainetés nationales comme un conservatisme *has-been*.

À chacun sa religion après tout. L'islam pour Daesh. Le mondialisme pour l'Union européenne. La fin des temps pour al-Baghdadi. La fin des peuples pour Juncker.

Comme si cela ne suffisait pas, en novembre 2012, l'abolition de l'autorisation de sortie du territoire pour les mineurs souhaitant se rendre vers des pays où seule une carte d'identité nationale doit être présentée a facilité énormément le départ de jeunes vers la Turquie. Et donc vers la Syrie. Le *djihad*, encore plus facile que les années Erasmus !

« Je n'en revenais pas quand j'ai appris que mon fils avait pu partir comme ça. Sans que je l'y autorise ! L'État est responsable ! »

Excuse donnée par le père d'un mineur toulousain, âgé de quinze ans, et revenu depuis.

Sarah, jeune Audoise de dix-sept ans, a aussi pris l'avion depuis Marseille pour se rendre ensuite au Califat, sans que l'officier d'immigration n'ait prévenu les parents. La mère de l'adolescente avait déposé une requête pour faire condamner l'État. Le tribunal administratif de Paris l'a rejetée. C'était à la mère de déposer une interdiction de quitter la France pour peu qu'elle ait pu déceler dans le comportement de sa fille des velléités de refaire sa vie chez les machos de l'État islamique.

Il aura fallu attendre trois années pour que l'Assemblée nationale adopte en octobre 2015 une proposition de loi, issue des rangs de la droite, rétablissant l'autorisation parentale de sortie. Une nouvelle fois, une grande partie de la gauche s'est distinguée par son laxisme complice et par son aveuglement doctrinal : écologistes, radicaux de gauche et Front de gauche se sont abstenus. Comme si chaque tentative de rendre le passage des frontières plus compliqué pour les djihadistes était un complot ourdi contre la liberté de circulation. Entre-temps, des dizaines de jeunes s'étaient déjà fait la malle profitant de cette aberration juridique.

Aujourd'hui, les djihadistes reviennent s'établir chez les mécréants. D'abord, parce qu'il n'est pas forcément agréable de récolter des missiles russes en compagnie d'anciens caïds de cité reconvertis en exégètes du Coran. Ensuite, parce qu'il y a les déçus du rêve du rassemblement de l'*oumma* : le Califat, c'est pas vraiment ça, et finalement, les mécréants c'était pas si mal.

Enfin, et c'est le plus inquiétant, parce que le *djihad* moderne, c'est aussi rendre les coups directement chez l'ennemi. Et pour ça, il faut revenir sur son territoire sans trop se casser la tête.

Première méthode : parcourir le chemin inverse en brouillant les pistes, ce qui implique, la plupart du temps, de revenir par la Turquie. En prenant son temps. En se rendant dans un hôtel, pour dormir quelques jours, comme n'importe quel touriste. Puis, en ralentissant son passage aux frontières.

Pour passer sous le radar, le djihadiste évitera de regagner sa destination finale par un vol direct et privilégiera les *stopovers* dans certaines capitales européennes, les aéroports de Prague, d'Athènes et de Budapest étant réputés être des sas de décompression pour soldats du Califat soucieux de garder leurs déplacements discrets. Les contrôles aux frontières y seraient moins stricts qu'ailleurs. Et rien n'est plus banal aujourd'hui qu'un retour d'Europe centrale en *low-cost*. Il y a même mieux : l'escale aérienne suivie d'un retour en bus. *Per caelum et terram.*

Deuxième méthode : se faire passer pour réfugié et profiter de la faiblesse, sinon des largesses, des Européens en la matière. Il n'y a pas plus anonyme qu'un « réfugié ». Il n'y pas plus bienvenu en Europe qu'un « réfugié ». Il n'y a pas plus victime qu'un « réfugié ».

Pour la seule année 2015, l'Europe a dû faire face à l'arrivée de huit-cent-mille « migrants », nouvelle appellation garantie bien-pensante des immigrés clandestins. Un flot qui s'ajoute à celui des années précédentes pour atteindre un million de passages. Frontex, l'organisme européen chargé de contrôler les frontières extérieures de l'Europe, est débordé. Il manque de moyens et ne peut que naviguer à vue et parer au plus pressé : sauver la vie de ceux qui fuient les combats sur des radeaux de fortune, et par la même occasion, sauver l'image aussi de cette Europe secouée par la photo d'Eylan, le petit Syrien de trois ans, retrouvé mort le visage plongé dans le sable d'une plage de Bodrum, station balnéaire turque prisée des Allemands. Sous le choc, deux mois avant les attentats du 13 novembre, Merkel ouvrait grand les vannes d'une immigration en provenance d'un pays consumé par les factions islamistes et dévoré par le djihadisme... Un exil sans passeport, sans passé. Blancs comme neige. Tous innocents. Victimes de Bachar. Victimes de l'État islamique. Comme si la décision de la chancelière allemande allait mettre un terme aux drames des traversées en Méditerranée et au business des passeurs, souvent libyens.

Les rares pays européens comme la Pologne ou la Hongrie à s'être montrés hésitants, pour ne pas dire méfiants, ont très rapidement rejoint dans l'imaginaire européen le camp des fascistes, pendant que des sympathisants de l'idéologie la plus criminelle au monde depuis la chute du Mur de Berlin débarquaient par grappes entières dans les gares allemandes. Et les Européens se souciaient surtout d'un accueil fait de sandwiches *halal* et de bannières « Welcome » dans les gares. Et tant pis si parmi ces réfugiés se trouvaient des terroristes. L'Allemagne raciste Hitler faillit avoir la peau de l'Europe, l'Allemagne de l'antiracisme délirant est en train de l'achever.

« On est rentrés sans documents officiels. On est venus à plusieurs. Il y a des Syriens, des Irakiens, des Français, des Allemands, des Anglais. On est rentrés à quatre-vingt-dix, on est un peu partout en Île-de-France. »

Confidence adressée à Sonia, l'amie d'Hasna Aït-Boulhacen, qui a balancé la planque d'Abaaoud à la DGSI. L'organisateur des attentats du 13 novembre, mort lors d'un assaut du RAID, est-il vraiment rentré en Europe, au milieu d'un groupe de migrants ? Les enquêteurs le pensent, même si aucune preuve matérielle ne permet de l'affirmer. Mais rien qu'au mois de novembre 2015, cent-cinquante-mille migrants, dont la moitié venus de Syrie, ont traversé la Méditerranée. Abaaoud et consorts pouvaient bien se planquer, rasés de près, au milieu de cette vague. Qui les aurait aperçus ?

Qu'Abaaoud fût un infiltré ou un mythomane, peu importe. Le risque de pénétration terroriste est réel. Et son message posthume ressemble étrangement à un mode d'emploi à l'usage des futurs terroristes de retour du Sham : tromper l'ennemi, se dissimuler, profiter d'un système où les digues sautent les unes après les autres, à mesure que Berlin et Bruxelles approfondissent l'exorcisme de leur mauvaise conscience, à mesure que cette Europe, bouffie par les métastases islamistes, continue de s'enfumer.

Aujourd'hui, la Syrie. Demain, la Libye.

Les départs des côtes turques finiront par se tarir au profit d'autres points d'embarquement. Partout où appareillent des passeurs, se dissimuleront des terroristes, trop heureux que Frontex les attende avec des bouteilles d'eau et les achemine vers les côtes européennes quand leurs rafiots prennent l'eau. Il faut admettre que la France a désormais une frontière maritime avec l'État islamique. Et qu'il suffit d'une nuit de traversée pour débarquer sur les côtes européennes. Gare à ne pas tomber à l'eau : c'est tout. L'Europe ne fait pas rebrousser chemin à ceux qu'elle a appelés à venir.

On a beaucoup commenté la surreprésentation statistique des hommes dans ce flot continu de migrants. Certains prétendant qu'il s'agissait d'un fantasme raciste. À croire que le chiffre de 72 % d'hommes (contre 12% de femmes et 15 % d'enfants) avancé par l'Agence des Nations Unies pour les réfugiés[1] est le résultat d'un gigantesque complot d'extrême droite. Comment expliquer ce différentiel ? Qu'y a-t-il de moralement condamnable à comparer les photos de l'exode de 1940, suivant la victoire de l'Allemagne nazie sur la France, avec les photos des cohortes de migrants, pour

1 Voir : http://data.unhcr.org/mediterranean/regional.php

la majorité de sexe masculin, ayant prétendument fui Daesh ou Bachar al-Assad ? À moins de soulever une question : comment se fait-il que ces hommes, en âge de combattre, et la plupart en bonne santé, préfèrent risquer leur vie à regagner sans leurs familles l'Europe plutôt que de la risquer à défendre les femmes et les enfants qu'ils ont laissés sur place ? Questions éminemment taboues. Se les poser, c'est faire la différence entre les bons et les méchants. C'est imaginer qu'il puisse y avoir de l'entrisme djihadiste chez les réfugiés. Davantage encore que ne le craignent déjà les services de renseignements qui, à la différence des politiques, analysent les faits tels qu'ils sont et ne font de pas de sentiments.

« C'est une folie stratégique que d'accepter tout le monde. La gestion des flux, depuis la Libye, où il n'y a plus d'État, est une arme en soi », s'étrangle un responsable français de la lutte antiterroriste.

Une arme : quand on prend le risque de faire pénétrer des combattants, c'est qu'on a délibérément retourné l'arme contre soi.

Tic-tac... Tic-tac...

Ça ressemble à des bombes à retardement. Des bombes que nous, Européens, avons posées sur notre propre sol.

Cette arme prend aussi la forme de menace de pressions démographiques insurmontables, sinon insupportables. Le message a été clairement exprimé par l'État islamique en Libye, à l'occasion de coups de fil interceptés par la police italienne : « Si vous intervenez contre nous, nous vous enverrons cinq-cent-mille migrants ! »

Des centaines de barques pour déstabiliser l'Europe[1]. « Une menace psychologique », dit un djihadiste dans une conversation téléphonique captée par les renseignements italiens. La prophétie mortelle de Kadhafi essuyant les bombes de l'Occident se concrétise : après moi, le chaos terroriste. Après moi, le déluge

1 *Il Messaggero*, 17 février 2015.

démographique. Démerdez-vous ! La *(re)reconquista* de l'Europe est en marche. Et avec, ce vieux rêve de l'eschatologie djihadiste : Rome qui tombe, comme Constantinople, aux mains de l'islam – dernière étape du triomphe musulman dans l'établissement d'un Califat mondial. Après tout, il n'a fallu guère plus de cent ans entre la révélation du prophète et la conquête du sud de l'Espagne. Et à l'époque, Juncker n'existait pas. Pegasus Airlines non plus.

Tous les réfugiés Syriens ne sont pourtant pas des supporters de l'État islamique. Mais bien trop semblent l'être d'après une étude menée auprès de neuf-cents réfugiés syriens par le Centre arabe de recherche et d'études politiques de Doha, une institution qatarie difficilement soupçonnable d'être à l'avant-garde de l'islamophobie[1] et des thèses racistes.

Selon ce sondage, 36 % des personnes interrogées ne soutiennent pas une participation arabe contre Daesh. Toujours chez les réfugiés syriens, à la question : « Quelles sont les plus grandes menaces pour les pays arabes ? », seulement 10 % répondent l'islamisme, contre 22 % répondant « Israël » et 19 % « les États-Unis ». Logique, car pour 66 % des réfugiés syriens, « Daesh est une création des puissances étrangères ». Ce qui ne les empêche pas d'avoir, pour 15 % d'entre eux, une opinion positive de l'État islamique.

Une pacotille ! 15 % d'un million de réfugiés, après tout, cela ne constitue que cent-cinquante-mille personnes susceptibles de soutenir les terroristes sur notre continent ! Mais c'est sans doute le prix à payer pour que Jean-Claude Juncker dorme tranquille. C'est en effet le président de la Commission européenne qui disait, en septembre 2015, lors du discours sur l'état de l'Union devant le parlement européen :

1 *The military campaign against the Islamic state in Iraq and in the Levant: Arab public opinion.*

« Les près de cinq-cent-mille personnes[1] qui ont gagné l'Europe depuis le début de l'année ne représentent jamais que 0,11% de la population totale de l'Union. C'est l'Europe qui, aujourd'hui, aux yeux des femmes et des hommes du Moyen-Orient et d'Afrique, incarne l'espoir, un havre de stabilité. Nous devrions en être fiers et non pas en avoir peur. »

En clair : que quelques dizaines de milliers d'hommes aient une opinion favorable à l'État islamique ne doit rien soustraire en termes de bons sentiments à notre obligation d'un suicide collectif sur l'autel de la fierté européenne.

Et même si on voulait réellement séparer les islamistes du reste des réfugiés, le pourrait-on seulement ? La Grèce, aidée par les fonctionnaires européens de Frontex, a déjà du mal à faire face à l'afflux de « migrants » clandestins sur ses îles, on l'imagine mal désormais faire du repérage et du tri entre ceux qui fuient l'État islamique, ceux qui le soutiennent et ceux qui sont carrément envoyés par le calife pour, le moment venu, se faire exploser dans les centres commerciaux de Paris, Berlin ou Londres ou tirer dans les salles de concert prisées des infidèles.

Pour l'instant, l'incursion islamiste en terre de mécréance ne se voit pas. Enfin, pas trop...

La jungle de Calais constitue la planque idéale pour un djihadiste. Pas de police, une zone où le droit ne s'applique plus, pas de passé, pas de papiers et des milliers d'hommes seuls qui naviguent entre les salles de prières en tôle ondulée et qui, quasi quotidiennement, en décousent avec les forces de l'ordre, débordées. En septembre 2015, la police a essayé de mettre la main sur un combattant de l'État islamique qu'on présumait infiltré au sein de ce bidonville[2]. Un parmi combien d'autres ? Une fois la jungle dis-

1 Chiffre revu largement à la hausse depuis.

2 *La Voix du Nord*, 10 septembre 2015.

persée, et si elle n'est pas reconstituée, ici ou ailleurs, combien d'anciens de cette *favela* régie par la *charia* se transformeront en potentiels terroristes ?

L'attitude de réfugiés musulmans à l'égard de « leurs frères en humanité », expression du répertoire de la *taqiya* pour éviter de dire « mécréants », c'est-à-dire des chrétiens, devrait nous alerter sur la réalité des conflits religieux à venir. Dans les centres de réfugiés allemands, des rixes éclatent régulièrement : les musulmans aimeraient bien imposer la *charia* à ces infidèles qui viennent, eux aussi, profiter des largesses de Mama Merkel. Les tensions commencent sur les rafiots des passeurs, où on n'hésite pas à balancer les chrétiens par-dessus bord. Elles gagnent désormais la terre ferme.

La Fédération des sociétés de sécurité, syndicat de la police allemand, avait notamment proposé, en octobre 2015[1], de séparer les réfugiés musulmans des réfugiés chrétiens, pour réduire les agressions éventuelles, commises également contre les femmes musulmanes qui ne semblent pas l'être assez pour certains. Proposition rejetée par la droite comme par la gauche d'un pays qui a reconnu, en février 2016, avoir perdu la trace de pas moins de cent-trente-mille demandeurs d'asile passés sur son sol.

Pas de discrimination entre musulmans et chrétiens ! Pas de discrimination entre l'État islamique d'Europe et les chrétiens syriens. On est tous frères en humanité. Et le *vivre ensemble*, c'est pour tout le monde. Comme la *charia*.

1 *AFP*, 1er octobre 2015.

RÈGLE XII

JOUE-TOI DE LA SÉCURITÉ.

« Car si tous les manuels nous enseignent qu'il ne faut se fier qu'aux informations certaines et ne jamais se départir d'une défiance générale, c'est un conseil purement livresque qui appartient à cette sorte de sagesse où se réfugient, faute de mieux, les écrivassiers auteurs de systèmes et de manuels. »

Carl von Clausewitz, *De la guerre.*

C'est l'expression posthume du vainqueur qui crâne. C'était tellement facile !

« La France, c'est zéro ! »

La phrase est d'Abdelhamid Abaaoud, elle aurait été adressée à « Sonia[1] », la copine de Hasna Aït Boulahcen venue en voiture récupérer le cerveau des attentats du 13 novembre dans un buisson bordant l'A86.

Abaaoud, connu de tous les services de renseignements européens, s'est joué de la sécurité de l'Europe, comme un enfant défiant ses surveillants. C'est la terreur dans la terreur, celle qui permet à un individu dangereux d'agir librement sur le sol de sa cible. Quelque dix-mille individus signalés pour des faits de radicalisation en France, dont certains partis en Syrie puis revenus dans l'Hexagone, bravent les interdits d'une Europe fraternelle, incapable de mettre la main sur ceux qui souhaitent sa mort.

Les services de renseignement sont malades, sous-équipés, dotés d'un personnel réduit au possible, ne faisant plus vraiment de terrain et subissant des années de coupes budgétaires.

Tous connus ou presque des services de renseignements !

Samy Amimour, l'un des assaillants du Bataclan, avait déjà été mis en examen, en 2012, pour association de malfaiteurs en liaison avec une entreprise terroriste. Placé sous contrôle judiciaire, l'ex-chauffeur de la RATP, future star vidéo de Daesh, avait tenté de se rendre au Yémen et au Pakistan. Lors de ses auditions, il avait admis être favorable au *djihad*. C'est toujours placé sous contrôle judiciaire qu'il finit par se rendre en Syrie en septembre 2013. Malgré un mandat d'arrêt international, il a pu revenir tranquillement en France pour abattre des dizaines de personnes à Paris.

Foued Mohamed-Aggad, l'Alsacien de Wissembourg, abattu par un policier au Bataclan, provoquant l'explosion de sa ceinture

1 Prénom d'emprunt, utilisé lors de son interview accordée à RMC-BFMTV, sous couvert d'anonymat.

d'explosifs, était lui aussi une vieille connaissance des renseignements. Membre de la filière de Strasbourg-La Meinau, il est parti avec son frère Karim, en Syrie, en 2013. Si son frangin est rentré précipitamment en France en compagnie de sept autres djihadistes, et placé en détention provisoire, Foued, lui, est resté en Syrie à crâner sur Facebook, postant des photos de lui, aux côtés de sa femme en *burqa*. D'ex-compagnons djihadistes de Foued avaient pourtant balancé son nom aux autorités judiciaires après l'assaut donné contre la filière djihadiste de La Meinau et mené par les policiers du RAID en mai 2014. Si la mère de Foued, qui a reçu un SMS de sa belle-fille l'avertissant de la mort de son fils, a paru étonnée, c'est peut-être parce qu'il aura fallu plus d'un mois pour faire le lien entre cet homme de vingt-trois ans et les quelques morceaux de chair ayant laissé des traces ADN. Tant qu'il n'avait pas été condamné, Foued n'était qu'un djihadiste parti en Syrie, comme un millier d'autres de ses compatriotes.

Ismaël Omar Mostefaï, le dernier assaillant du Bataclan, tué par la ceinture d'explosifs de son complice, faisait depuis dix ans l'objet d'une fiche Sûreté de l'État. Dix ans pendant lesquels il était parfaitement identifié comme étant un islamiste radical. Parti une première fois avec Samy Amimour en Syrie, il revient en France en 2014, à Chartres. Là, il rejoint un groupe de salafistes dont trois membres sont déjà surveillés. Lui échappe à tout contrôle !

« Le fait qu'il soit passé sous le radar est sans doute une erreur », glisse un ancien de la DST.

Les erreurs, c'est aussi la spécialité belge. Taper sur les Belges est un peu l'excuse en *off* des fins limiers du contreterrorisme. À l'appui de leur justification, les nombreuses pages de la fiche de synthèse des services de renseignements belges sur Abaaoud. Un vrai petit roman. Il est déjà identifié comme un individu radicalisé dès 2012, année où il accumule les peines de prison pour de petits délits, jamais supérieures à trois mois. En 2013, alors qu'il est toujours à Molenbeek – où, dit-on, il a cessé de traîner avec ses copains fumeurs de pétards – il est pisté sur Facebook par la Sureté de l'État. Sur ce réseau social, il communique avec des compatriotes déjà présents en Syrie. Il part en février 2013 pour le futur État islamique, qui ne se proclamera comme tel qu'à l'été 2014, puis revient en septembre à Bruxelles.

En 2014, ayant regagné le Sham de ses rêves d'ex-délinquant, il réapparaît dans une vidéo : on le voit traîner derrière un 4x4 déglingué les corps de mécréants sanguinolents et qu'il vient de dépouiller de leur argent. Outre-Quiévrain, ça a fait *tilt* dans la tête des renseignements qui finissent enfin par le classer comme djihadiste avant de lancer, en août 2014, un mandat d'arrêt international.

Depuis la Grèce, Abaaoud organise son réseau, planifie des attentats. En juillet 2015, il est condamné par contumace à vingt ans de prison dans le cadre du procès dit des « filières syriennes » ; procès où la plupart des prévenus qui ne sont pas encore en Syrie comparaissent libres et prétendent, à nouveau, avoir voulu faire de l'humanitaire !

Abaaoud, c'était le mec à abattre tant qu'il était en Grèce. « Mais on ne pratique plus les assassinats ciblés », raconte un ex-analyste de la DGSE. Le jeune Abou Omar al Baljiki, sa *kunya*, se la racontait dans une interview donnée, en février 2015, à *Dabiq*, magazine en langue anglaise de l'État islamique[1], après le raid mené contre la cellule de Verviers, en janvier 2015, la semaine suivant les attentats contre *Charlie Hebdo* et l'Hyper. Cette cellule projetait une attaque contre le quartier général de la police fédérale et du commissariat de la police locale de Molenbeek et la décapitation d'un officiel belge. Manque de bol, Abaaoud n'est pas là. Extrait de cet entretien :

1 *Dabiq*, numéro 7, page 72.

« *Dabiq* : Si tu n'étais pas présent pendant le raid, comment se fait-il que tu sois considéré comme un suspect ?

Abou Omar al Baljiki : Les services de renseignements me connaissaient déjà puisque j'avais été emprisonné par eux. Après le raid mené contre la cache, ils ont compris que j'avais été avec mes frères et que nous planifiions des opérations ensemble. Ils ont ainsi rassemblé tous les services secrets du monde, d'Europe et d'Amérique, pour me capturer. Ils ont arrêté des musulmans en Grèce, en Espagne, en France, en Belgique pour m'appréhender. *Subhanallah*, tous ceux qui ont été arrêtés n'avaient rien à voir avec moi ! Qu'Allah les libère des prisons des croisés ! »

Jusqu'à la fin de sa vie, Abaaoud aura gardé ce sourire de défiance à l'égard de son second pays. Le sourire bravache qu'avait aussi Bilal Hadfi, kamikaze du Stade de France, inscrit sur la liste « Syrie » par les autorités belges, qui avaient, entre mars et novembre 2015, perquisitionné trois fois le domicile de sa famille. Le sourire également du matamore Brahim Abdeslam, le kamikaze du boulevard Voltaire, connu des services belges, pour avoir essayé de rejoindre la Syrie, avant de se faire serrer, comme un bleu, en Turquie. Pas de danger apparent. La fratrie Abdeslam ne présentait pas les signes d'une possible menace.

Dans une Europe où l'on partage jusqu'à sa monnaie, il semble difficile d'imaginer un tel déficit de communication entre les différents services belges et français.

« La Belgique, c'est un État faible. Les renseignements font ce qu'ils peuvent, là-bas. C'est-à-dire pas grand-chose », selon un éminent dirigeant de la lutte antiterroriste française.

Ce manque de coordination entre notre État fort – pas davantage capable de mettre hors d'état de nuire ses nationaux identifiés comme dangers potentiels – et le royaume de Belgique est souvent désigné comme la faille majeure des renseignements ayant conduit aux attentats du 13-Novembre.

Facile de taper sur les Belges quand on n'a pas été capable de prendre en compte les différents messages d'alerte de pays amis. La Turquie avait signalé Mostefaï mais la France ne s'y est pas intéressée, laissant la cocotte-minute monter en pression. L'Irak avait également rendu compte de projets d'attentats par une cellule dormante sur le sol français.

Les Belges ne sont pas responsables des multiples *bugs* précédant les attentats de janvier 2015. À deux pas des Buttes-Chaumont, Amedy Coulibaly avait été fortuitement contrôlé par deux motards de la direction de l'ordre public et de la circulation, le 30 décembre 2014. Ces deux fonctionnaires se sont rendu compte qu'Amedy Coulibaly était fiché à l'antiterrorisme mais aucune réaction de la part de la hiérarchie policière. La fiche, datant de 2010, signalait : « Recherche de renseignements sans attirer l'attention. » Les deux policiers ont pu, au moins, relever l'adresse d'Amedy Coulibaly et le laisser repartir, en compagnie d'Hayat Boumediène, vers l'Espagne, d'où elle s'envolera pour la Turquie avant de rejoindre la Syrie. Comme l'a dit Bernard Cazeneuve, les policiers « se trouvaient avoir affaire à quelqu'un qui n'avait pas commis d'infraction depuis 2010[1] ».

Et c'est vrai ! Il venait après tout d'avoir achevé sa peine de cinq ans de prison ferme, transformée en placement avec surveillance électronique, pour conduite « quasi-exemplaire ». Condamné en 2013 pour avoir projeté l'évasion de Smaïn Aït Ali Belkacem, l'un des auteurs des attentats contre la station Saint-Michel, à Paris, en 1995, Coulibaly était un détenu modèle, ayant suivi une formation

1 Bernard Cazeneuve, cité dans le rapport rendu le 2 juin 2015 par la commission d'enquête sur la surveillance des filières et des individus djihadistes.

de vendeur, puis de secouriste, et ne montrait surtout aucun signe d'enrôlement dans l'islam radical. Bénéficiant de presque un an de remise de peine, il n'avait pas fait parler de lui depuis.

On l'avait juste surpris en possession d'un téléphone portable dans sa cellule. Trois fois rien pour un islamiste ! Il n'est pas le seul dans ce cas-là. C'est même devenu la plaie des surveillants de prison démunis face à la radicalisation des prisonniers et à la faiblesse des moyens engagés pour lutter contre ce phénomène.

« Avec la disparition, en 2013, des fouilles corporelles intégrales, il est devenu facile pour un détenu de faire passer un téléphone portable. Certains les mettent dans l'anus. Si le téléphone est en plastique, ça ne sonne pas au portique. Ni vu, ni connu en zonzon… Le détenu peut très bien communiquer avec ses copains djihadistes dehors et donner des instructions », confie Jean-Louis Picornell, secrétaire local de l'Union fédérale autonome pénitentiaire, l'UFAP, au centre de détention de Roanne, qui héberge entre autres gloires du terrorisme islamiste le commanditaire des attentats contre la station Saint-Michel de juillet 1995. C'est l'un des rares surveillants de prison à bien vouloir parler du problème et surtout à décrire sans faux-fuyant l'ambiance lourde qui règne en prison sous l'effet de la progression du nombre de détenus islamistes, dont beaucoup de petits caïds de l'islam à qui il faut faire allégeance et « qui traitent les gardiens de « sales mécréants », qui refusent de parler au personnel féminin ou qui se promènent en *djellabah* », ou qui se font passer de la littérature islamiste interdite en prison, en changeant la couverture des livres. Rien n'est plus facile que de tromper un maton débordé par son travail.

Généreux, l'État qui, en plus de leur offrir le confort d'une cellule individuelle avec Canal +, leur fournit également des repas froids pendant le ramadan. Laïque, la prison veille tout de même à la liberté du culte. Il serait dommage que les islamistes les plus endurcis contreviennent aux injonctions divines, le tout entre deux séances de prosélytisme.

Le niveau de sécurité passive est inquiétant. Seulement vingt-six établissements sur les cinquante recensés comme sensibles disposent de brouilleurs. Deux jours après les attentats contre *Charlie Hebdo*, un téléphone portable avait été retrouvé dans la cellule de Djamel Beghal, ancien du Groupe islamique armé, emprisonné près de Rennes et ex-proche de Chérif Kouachi et d'Amedy Coulibaly. Les prisons sont de vrais gruyères à cartes SIM. Pourtant enfermé dans une cellule ultra-sécurisée, Rachid Ramda, cerveau des attentats de 1995, détenu à Lannemezan, dans les Hautes-Pyrénées, avait lui aussi sa clé USB et sa puce téléphonique. Quant à Smaïn Ait Ali Belkacem, lui aussi condamné pour son implication dans les attentats de 1995, l'ordinateur que lui avait prêté – oui, prêté ! – l'administration pénitentiaire ne contenait rien de moins que des photos de djihadistes. Même ces figures du terrorisme islamiste, ces vieux de la vieille de la haine anti-occidentale, réussissent à tromper ces nids à djihadisation, où les théoriciens pactisent avec les praticiens de l'islam armé.

Une sorte de rituel s'est installée entre les « anciens », qui en imposent par leur charisme, leur connaissance de l'islam, et les nouveaux, dont beaucoup choisissent naturellement la prison pour se convertir, au milieu de matons pas du tout formés à repérer les fous d'Allah dans des structures où, de toute façon, la religion musulmane est majoritaire. C'est du donnant-donnant : le choix de l'islam contre la paix, contre la respectabilité. Une sorte de mafia où le serment se prête sur le Coran. Plus de drogues, plus de revues pornos : le système carcéral n'y voyait pas – au début – que des inconvénients.

Après les attentats de janvier 2015, l'État a donc décidé, un peu tardivement et sans doute avec trop de publicité, de miser sur les aumôniers musulmans. Ces cent-quatre-vingts laïcs – cinq fois moins que le nombre de détenus considérés comme des islamistes « sensibles » – sont en mesure de déceler ceux qui ont déjà basculé ou sont en train de glisser dans la radicalisation violente. En tout cas, ils les décèlent plus rapidement que des fonctionnaires laïcs dont la connaissance de l'islam et *a fortiori* de l'extrémisme islamiste n'est pas le point fort. Mais les aumôniers sont devenus les rustines pour contenir un système pourri par l'idéologie islamique et incubateur de djihadistes. Un système où la vision apocalyptique de l'islam l'emporte sur les bons sentiments d'aumôniers choisis et formés par l'État.

Un aumônier musulman de Montpellier m'a raconté ainsi être confronté à deux problèmes.

Le premier est d'attirer vers lui les radicaux. Ces derniers se moquent bien des discours républicains qu'on peine à débiter par cœur[1], considérant ces civils musulmans comme des collabos de l'État.

Le second tient à la concurrence que leur font les islamistes eux-mêmes, spécialement lorsqu'ils sont enfermés pour des faits liés à la radicalisation. Entre un héros de l'islamisme et un professeur de mathématiques à la retraite venu leur parler du Coran, ils ont vite fait leur choix. Entre l'islamiste qui vient systématiquement aux réunions des aumôniers pour l'interrompre en public et celui qui refuse de le voir en cellule, gloire à l'aumônier qui arrivera à retourner quelqu'un.

1 Contrairement à une légende entretenue par les médias, il n'y a pas d'imams en prison pour conduire des prières le vendredi. Les aumôniers sont des civils qui ne dirigent pas de culte.

Dans son rapport[1], remis en juin 2015, le Contrôleur général des lieux de privation de liberté notait lui-même, en prenant l'exemple de la maison d'arrêt des Yvelines à Bois-d'Arcy, que « la radicalisation s'accompagne de l'hostilité vis-à-vis du personnel de surveillance » et que « la nécessité de combattre les « mécréants » a pour effet de délégitimer la parole de l'administration. L'aumônier musulman lui-même, qui persiste dans un discours conforme aux valeurs de la République, éprouve des difficultés à aller au contact des personnes détenues les plus dures, ce qui affaiblit son autorité.

Confronté à l'idée que l'aumônier est une taupe agissant pour le compte d'un gouvernement qu'ils conspuent, et que la prison est remplie d'indics, réels ou supposés, des radicaux se sont adaptés. En faisant profil bas. Ça commence par la barbe, qu'on rase. Par la télé, qu'on finit par accepter. On consent à se doucher nu. On se joue des pièges qu'on croit tendus contre soi. Fini les appels à la prière qu'on gueulait par les barreaux de sa cellule. La prison est devenue une sorte d'atelier géant de la *taqiya* qui se pratique à grande échelle. À Bois-d'Arcy, le Contrôleur général des prisons observe que « les personnes détenues qui influencent le plus les autres ne sont pas des plus visibles et le repérage des prédicateurs devient de plus en plus en plus difficile ; même leur comportement vis-à-vis des femmes, autrefois ostensiblement distant, s'est modifié. »

On les verra peut-être bientôt assister aux futurs modules de citoyenneté et de laïcité prévus pour tous les arrivants en détention, compliquant tout repérage par les renseignements pénitentiaires.

Certaines prisons ont pensé rassembler les détenus radicalisés dans des unités spéciales. Créant ainsi des mini-Guantanamo qui ne disent pas leur nom. Le principe étant d'éloigner les prophètes

1 Intitulé *La prise en charge de la radicalisation islamiste en milieu carcéral*.

de malheur qui sévissent derrière les barreaux, de mettre un terme à la contagion de l'islamisme violent au sein-même des prisons, et d'éviter aussi le dangereux cocktail entre islamisme et banditisme.

Sept prisonniers, tous condamnés pour des peines de droit commun, étaient restés en contact étroit avec les auteurs des attentats de janvier 2015 : soutien logistique, fourniture d'armes, prêt d'argent, réseautage avec les gangsters en liberté. La promiscuité entre les djihadistes, ou impétrants djihadistes et les gangsters, pour qui l'argent n'a pas d'odeur, est une réalité dans les centres de détention français. Et puis si jamais on ne peut pas utiliser son portable, rien ne vaut les échanges épistolaires. Baraka City, l'organisation « humanitaire » préférée des salafistes, s'est fait une spécialité d'échanger et de soutenir les pires crapules islamistes qui croupissent en regardant Canal + dans les cellules de France.

Rassembler les fous d'Allah ? La prison de Fresnes est pionnière dans le genre. Vingt-deux personnes condamnées ou prévenues pour des faits de terrorisme islamique sont ainsi regroupées dans une Unité de prévention du prosélytisme (U2P). Cellules communes entre islamistes, promenades séparées ont tôt fait d'ériger ces nouveaux parias en héros de l'islamisme, d'autant plus considérés comme tels qu'ils donnent l'impression d'être visés pour leur religion. C'est ce que dit le rapport du Contrôleur général des lieux de privation :

« Le regroupement provoque sur le groupe un effet d'identification à double sens. Il stigmatise des personnes détenues dont le retour dans un régime de détention se trouvera plus difficile à effectuer, mais à l'inverse il identifie des comportements que les esprits fragiles peuvent considérer comme « héroïques ». Regrouper ces personnes détenues peut en conséquence revenir à leur donner une forme de charisme vis-à-vis de leurs codétenus. »

Et quel charisme ! Comme le note le très réticent aumônier de la maison d'arrêt d'Osny, cité dans le rapport du Contrôleur général, « le principe du regroupement peut donner plus de force aux détenus concernés, comme ce fut le cas avec ceux du Front islamique du salut qui, à leur sortie, se sont mis à tuer, même des bébés ».

Sans compter l'émulation et la création de réseaux entre détenus islamistes qui se retrouvent entre eux. Le djihadisme aime la débrouille. Un tour en promenade dans la cour de la prison vaut bien un prêche. Une cellule, un réfectoire valent bien bon nombre de mosquées clandestines. C'est à qui mieux mieux : l'islamiste endurci prendra le dessus du jeune en début de radicalisation. Tu l'as vu mon Coran ? Il est plus usé que le tien. Tu l'as vue ma *charia* ? Elle est mieux appliquée que la tienne.

La prison est le lieu de soumission par excellence. Que vaut un système où les gens les plus dangereux ne sont pas *de facto* isolés à la fois des autres détenus de droit commun mais également de leurs alter egos islamistes ? Rien ou si peu. Les droits fondamentaux d'abord ! État faible, djihadistes forts !

La scène se passe quatre jours après les attentats du 13 novembre 2015, à L'Arbresle, une petite ville d'à peine six-mille habitants, à une quarantaine de kilomètres au nord de Lyon, dans une vallée autrefois industrielle, entre le Beaujolais et les monts du Lyonnais. C'est là qu'une communauté salafiste se réunit dans une petite mosquée, sorte de maison déglinguée et sans charme, cachée du passage des voitures. L'endroit attire les radicaux, les convertis durs, les partisans de Daesh.

Il faut faire place nette. Et vite ! Avant le passage des forces de l'ordre.

« En dix ans, c'est la première fois que je les vois faire des sacs-poubelles. Ils roulaient les tapis de prières et puis embarquaient le tout… Je me suis dit : ils emportent peut-être leurs kalachnikovs ! » témoigne une voisine directe qui s'étonne encore que les gendarmes ne l'aient pas interrogée, « moi qui suis en première ligne ». Vingt-quatre heures après ce déménagement express, la gendarmerie venait perquisitionner ce lieu de culte. La première visite du genre sous l'état d'urgence. La première mosquée aussi à avoir été fermée par arrêté préfectoral. L'État montrait ses muscles. Un peu trop : la publicité sur les perquisitions n'a pas vraiment aidé à trouver quoi que ce soit d'illicite. On ne saura jamais ce que cachaient les tapis de prière et les sacs-poubelles. Ni ce qu'est devenu l'un des convertis disparus depuis quelques années !

Bienvenue dans un pays où les mesures exceptionnelles sont annoncées – presque agenda en mains – publiquement ! Car si la mosquée de L'Arbresle est la première à avoir été fermée, elle est aussi la première du genre à avoir été rouverte. Avec la promesse d'un nouveau bureau et « d'un projet associatif visant à la pratique d'un islam de paix, de tolérance et respectueux des règles de la République ». Où iront les femmes en *burqa* que voyait le témoin ?

C'est vraiment prendre les imams radicaux pour des gens parfaitement crétins que d'imaginer qu'ils allaient attendre les bras croisés les forces de l'ordre après que l'État eut abattu ses cartes quelques jours auparavant. Effet de surprise !

Voici un passage intéressant de *Gestion de la barbarie*[1], le manuel du parfait djihadiste, d'Abou Bakr Naji :

> « On demande à un de ces imbéciles de lire un document ou des directives puis de les brûler. Mais, désobéissant aux ordres, il ne les brûle pas. Quand on perquisitionne sa maison, on tombe sur les documents

1 *Gestion de la barbarie*, Éditions de Paris, p. 148.

> bien sûr, et pas sur un seul... Pour le coup, c'est une découverte importante pour les enquêteurs. Quand on demande à l'imbécile jeté en prison pourquoi il n'a pas brûlé les documents, il répond qu'il n'a pas pu se résoudre, en son âme et conscience, à détruire des textes écrits par des cheikhs et des leaders du djihad ! Conclusion ! Les imbéciles – à commencer par ceux que l'on ne peut canaliser – doivent être exclus de nos rangs. »

On croirait que le texte a été écrit à destination des mosquées et des salles de prière perquisitionnées. Sur les deux-mille-cinq-cents mosquées officielles que compte la France, seules trois ont été fermées. Une goutte d'eau alors que plus de cent-cinquante sont considérées comme « sensibles » par les renseignements.

Ces lieux sont, de toute façon, fliqués régulièrement et leurs prêches connus des renseignements territoriaux. La plupart des fonctionnaires de police étant repérés par les fidèles : on les imagine mal – à moins d'être des imbéciles, comme le suggère *Gestion de la barbarie* – se répandre en propos répréhensibles. D'autant qu'un certain nombre de ces imams dits radicaux ont obtenu une sorte de passe-droit en devenant des indics pour les renseignements quitte à balancer tout et surtout n'importe quoi. Pour sauver son *minbar* que ne ferait-on ?

Chez les particuliers, c'est le même topo. Un peu plus de trois-mille-deux-cents perquisitions pour cinq-cents armes, en comptant les gilets pare-balles, dont cinquante armes de guerre. Et seulement vingt-cinq infractions liées au terrorisme, dont la plupart sont des délits d'apologie sur les réseaux sociaux. Seulement quatre de ces procédures sont traitées par l'ex-quatorzième section.

Quant aux assignations à résidence, elles n'en portent que le nom. Il s'agit juste d'aller signer un papier au commissariat ou à la gendarmerie du coin. Libre à ceux qui sont supposément chez eux, d'aller se promener, pourvu qu'ils soient à l'heure pour la paperasse. Pendant que les djihadistes syriens reçoivent des bombes – surtout russes –, les nôtres se distraient ! On a vu ainsi plusieurs imams assignés chez eux prendre la parole sur Facebook, se plaindre de leurs conditions de vie, victimes d'une République qui, depuis des années, les a laissé faire, en toute impunité.

On a tellement voulu imaginer et prétendre que les islamistes devenaient terroristes sur Internet qu'on a oublié qu'il s'agissait de personnes physiques, bénéficiant de soutiens humains et implantées souvent au cœur de quartier où la police ne pénètre plus.

Des milliers d'individus fichés S ont ainsi pu naviguer entre leur délire islamique et leurs émirs. Mohamed Merah en est le parfait exemple. Il faisait l'objet d'une fiche S de niveau 5. Un niveau relativement élevé mais qui n'implique qu'une surveillance légère, notamment aux frontières.

Yassin Salhi, qui a décapité son patron à Saint-Quentin-Fallavier, en Isère, en juin 2015, avant de poser sa tête sur une grille à l'entrée de l'usine et de la recouvrir d'un drapeau islamique, a carrément disparu des fiches S en 2008, après deux ans d'une surveillance légère pour ses liens avec les milieux salafistes. « Une erreur totale », bredouille-t-on aujourd'hui dans les renseignements, où les moyens humains et matériels ne sont pas à la hauteur des menaces. Et il y a onze-mille-sept-cents fiches S liées à la mouvance islamiste radicale en France. Autant d'occasions de multiplier les erreurs et de perdre la trace de potentiels fauteurs de trouble.

Il faut dire que la fusion des Renseignements généraux et de la Direction de la surveillance du territoire, décidée en 2008 sous Sarkozy, pour donner naissance à la Direction centrale du renseignement intérieur, la DCRI, a affaibli les capacités de l'État à déceler les risques et à détecter les islamistes violents. Une vraie catastrophe. Fini l'époque où les RG allaient chercher directement les informations auprès des imams et des indics des quartiers. Fini le terrain et cette génération de policiers aguerris, ayant maillé les quartiers. Fini les policiers dévoués. C'est désormais l'ère du surdiplômé. De la recrue qui préfère la théorie, le renseignement informatique, l'analyse de *tweets*, aux affres du terrain. Parler à des gens ? Trouver des indics ? Bon pour les autres ! Bienvenue dans la bureaucratie inspirée du FBI. Les renseignements territoriaux ne comptent désormais plus que 60 % des effectifs des Renseignements généraux.

Deux-mille fonctionnaires sont notamment chargés de repérer les dérives dans les mosquées, les retours de djihadistes, les réseaux naissants, les convertis prosélytes. Une paille ! Les services sont débordés. Les experts ne savent même plus à quoi ressemble un commissariat. Anciens élèves de Sciences Po, couverts de lauriers, bardés de diplômes, ils n'ont jamais mis les pieds dans une mosquée, ne parlent pas d'autres langues étrangères qu'un anglais scolaire. Désormais, les renseignements doivent se fournir dans la Légion étrangère pour certaines traductions. Le problème s'était déjà posé aux services américains et notamment à la CIA après le 11-Septembre. On avait viré les profils atypiques : l'alcoolique qui parlait urdu, les forts en gueule qui avaient des contacts mais critiquaient leur hiérarchie, pour les remplacer par des jeunes issus des prestigieuses universités de la côte Est. Les services de renseignements américains s'en étaient mordu les doigts et s'étaient empressés de rappeler ceux qu'ils avaient bannis un peu trop vite : les pessimistes qui savaient que la question de l'islam radical était explosive, les anciens qui avaient du sable et de la boue dans les godasses. C'est très bien d'avoir un expert en informatique. Excellent d'avoir des *profilers* diplômés de facs de psychologie. Mais est-ce que tout cela nous met en relation avec notre ennemi ? Est-ce que tout cela « terrorise le terroriste », pour reprendre la phrase célèbre de Charles Pasqua ?

En France, ce n'est pas faute pourtant de travailler. C'est une polémique inutile, presque risible, d'imaginer que la sécurité est assurée par des gens aux trente-cinq heures. D'autant plus inutile qu'elle est fausse. Deux semaines durant, après les attentats du 13 novembre, les services de renseignement n'ont pourtant pas limité leurs efforts. Certains fonctionnaires de police restant pendant une semaine à dormir dans leurs bureaux. À rattraper, non pas le temps perdu, mais les fiches égarées.

Ajoutez à cela les ratés et les oublis de la justice. Comme pour les menaces qui pesaient sur le Bataclan depuis cinq ans. Une information judiciaire avait même été ouverte après la découverte du journal intime d'une certaine Dude Hoxha, une Française d'origine albanaise, proche de la branche palestinienne d'Al-Qaïda, et soupçonné d'avoir pris part à l'organisation de l'attentat du 22 février 2009, au Caire, visant un groupe de lycéens français. Dans son carnet[1], à la date du 28 juillet 2009, Dude Hoxha écrit ainsi que « le patron du Bataclan est un Juif qui finance l'armée israélienne ». Cette dernière est amie avec un Belged'origine tunisienne, Farouk Ben Abbes, une connaissance du Réunionnais Fabien Clain – qui a revendiqué les attentats du 13 novembre pour le compte de Daesh –, que la justice française soupçonne alors d'être impliqué dans l'attentat du Caire. Devant la DCRI, Dude Hoxha réitère ce qu'elle a écrit et confie que Ben Abbes veut faire exploser le Bataclan. Faute de preuves dans l'attentat du Caire, Ben Abbes a bénéficié d'un non-lieu en septembre 2012 mais est, depuis, assigné à résidence dans le cadre de l'état d'urgence. Pendant cinq ans, personne au Bataclan n'avait été mis au courant des menaces pesant sur la salle de spectacle. Ben Abbes était-il au courant des projets meurtriers des soldats de l'État islamique ? Son copain Clain l'avait-il mis au parfum ?

1 *Le Canard Enchaîné*, 16 décembre 2015.

C'est le malheur des démocraties. Elles offrent des droits aux pires salauds qui eux, ne reconnaissent pourtant que la *charia*. « Pas de liberté pour les ennemis de la liberté ! » Ce n'est qu'un slogan, entre deux attentats. Slogan vite ravalé quand on présente aux politiques le coût en termes de droits de l'homme plus important que le coût humain. Le reste du temps, quand la pression médiatique se relâche, il s'agit de protéger les fous d'Allah contre les abus d'un système qui, de toute façon, leur assure déjà la liberté d'expression. C'est presque une priorité. Oui aux mesures exceptionnelles... À condition qu'elles ne soient pas si exceptionnelles que ça. À condition de ne pas stigmatiser. À condition de ne pas donner l'impression que nous sommes en guerre contre l'islam, quand bien même une frange importante de ses fidèles l'est contre nous. La guerre sur notre sol se doit d'être propre. Les victimes collatérales ne peuvent être que les nôtres, pas les leurs.

Il en faut du temps, c'est vrai, pour accumuler les indices. Pour transformer un faisceau de présomptions en preuves tangibles. En Seine-Saint-Denis, un professeur d'histoire-géographie a ainsi bourré le crâne de plusieurs jeunes pour les inciter au *djihad*. L'un de ses élèves est parti en Syrie. Les services de renseignements n'ont pas accumulé encore toutes les preuves contre lui. Il peut, sans être inquiété, continuer à enseigner.

Les djihadistes savent parfaitement que nos services sont désorganisés, timorés, paralysés par la crainte de se planter. L'état d'urgence les fait rire, à défaut de leur faire peur. Ils sont sous le radar qu'ils voient arriver de loin, avec de gros sabots, bien sonores. Pendant que leurs frères se font ratatiner par l'aviation de la coalition, ils jubilent. Le Sham, c'est dangereux. La France, c'est un pays de cocagne. Le Califat de La Reynerie à Toulouse, ou celui de l'Ariane à Nice, c'est le *kiff*. Pas de missile, pas de troupes au sol, pas de présence permanente d'une police armée. De temps en temps, une perquisition suivie d'une garde à vue : mais elle est annoncée des heures à l'avance. D'ailleurs, les caméras de télé se trouvent souvent sur place avant qu'elle ne démarre. De quoi faire des sacs-poubelles. Pendant longtemps. Trop fastoche, le *djihad* en France !

RÈGLE XIII

PRÉPARE L'AVENIR.

« Nous disons à la France, défenseuse de la Croix : tout comme vous menez des attaques contre les États musulmans, nous allons vous attaquer au cœur de votre foyer, avec l'aide d'Allah... Je le jure, ce que vous avez vu n'est que le premier paiement d'un compte très lourd, et l'avenir sera pire et encore plus amer. »

Un djihadiste de l'État islamique – non identifié – après l'attaque au Bataclan.

Il est sept heures du soir dans un village reculé de Lozère. Ses trois-cents âmes reviennent du travail, après avoir parcouru, parfois, plus de quarante kilomètres sur des routes sinueuses, enneigées, mal éclairées, dignes du film *Fargo*, des frères Coen. Le dernier bus d'écoliers a déposé les enfants qui retournent à pied chez leurs parents. Quiétude champêtre. Dans ces contrées reculées, pas de cinquième colonne. Quelques bobos ont délaissé Paris pour se convertir à l'agriculture bio et aux joies du tourisme responsable mais on est loin du Bataclan et des apôtres de la diversité du Xe arrondissement de Paris. Pas de délinquance, pas de caméras de surveillance. Pas d'islam, modéré ou non. Jamais aucun salafiste n'a réclamé que la crèche du village soit remisée au nom « de la laïcité pour tout le monde et d'abord pour les autres ».

Quatre voitures de location stationnent aux entrées de la commune. Elles transportent une vingtaine de membres d'un commando. Ils viennent d'enfiler leurs gilets tactiques. Dans le coffre, des kalachnikovs mais aussi des machettes et des grenades. La nuit tombe. Shootés au Redbull et aux invocations coraniques, les djihadistes viennent d'avaler trois-cents kilomètres, depuis Marseille, empruntant des routes différentes. Les terroristes ne circulent pas en convoi. Deux voitures restent aux abords du village pour mitrailler ce qui pourrait éventuellement passer. Tandis qu'un premier terroriste court faire sauter l'armoire du transformateur, les autres commencent leur macabre visite. Le massacre peut commencer. La plupart du temps, les djihadistes n'ont pas à enfoncer les portes. Les villageois ne craignent personne. Les maisons sont ouvertes à l'heure de l'apéro.

Il faut une petite heure pour mitrailler et décapiter une cinquantaine de personnes, et poser les têtes sur les grilles des portails, avant de les recouvrir du drapeau de l'État islamique, et sans oublier de prendre des photos.

Le djihadiste aime les *selfies*. Il aime surtout les poster rapidement sur les réseaux sociaux :

« Une photo de décapitation, ça vaut cent morts, dans les esprits ! » raconte ainsi un jeune djihadiste belge, confiant tout de même ses états d'âme.

Puis il nuance :

« La méthode est dégueulasse, mais ça marche ! »

On aurait tort de laisser au seul territoire islamique la mise en œuvre de ce genre de *script*. Il faut toujours garder un œil sur ce que fait Daesh sur place pour comprendre ce que ses adeptes feront demain chez nous.

Le *modus operandi* d'une descente sanglante dans un village est éprouvé. C'est le *copycat*, remis au goût du jour, d'attaques qui ont eu lieu pendant la décennie noire de l'Algérie. Non pas une ou deux, mais des dizaines. Le Groupe islamique armé avait très souvent commis ce type d'horreur, reprenant là les méthodes du premier califat où la conquête se faisait au sabre. La reprise du *pitch* de la descente meurtrière dans le village de Béni-Messous, qui fit, en 1997, quatre-vingt-dix morts. Ou celle du massacre de Ksar el Boukhari, en août de la même année, à deux-cents kilomètres au sud d'Alger, où l'on dénombra une cinquantaine de victimes.

« Avec quatre-vingts *moudjahidin* armés, on rase un village ; avec une vingtaine, on fait déjà beaucoup de dégâts. »

« Raser » ; comprendre, dans la mentalité du djihadiste : « tuer tout le monde ».

Une sorte de pogrom anti-Français.

En France, l'armée finirait par intervenir, routes minées ou pas. Les terroristes ne pourraient pas vider leurs chargeurs sur tout le monde. En tout cas, pas indéfiniment. Au moindre bruit suspect, on a tôt fait de se planquer dans les villages. Mais qu'importe. Les djihadistes peuvent prendre leur temps. Mitrailler dans les greniers. Et si l'un d'eux est abattu d'un coup de fusil de chasse, ce n'est pas grave. C'était prévu dans le plan : s'il y a des martyrs dans l'opération France profonde, cela reste un succès pour l'État islamique. C'est le prix à payer pour la réussite. Quel symbole ! Le sang des mécréants abreuvant les sillons de cette campagne conquise à la mitraillette. C'est *La Marseillaise* revisitée.

« Ce que veulent les djihadistes, c'est frapper les esprits. Renouveler, chaque fois que cela est possible, le message : « Demain, ce sera pire », avec l'idée que personne en terre de mécréance ne sera en sécurité, où que ce soit. C'est, de toute façon, le message parfait du terrorisme », évoque une source des renseignements.

Pessimiste sur l'issue d'un tel schéma de terreur, le spécialiste poursuit :

« Comme les djihadistes ont oublié d'être cons, ils prendraient en otage deux villages distants d'une trentaine de kilomètres... Alors là, attendez que les hélicos décollent de grandes villes voisines. Ce sera un carnage. »

Les capacités de déploiement d'unités d'élite, telles que le RAID ou le GIGN, sont rapides en zone urbaine mais « essayez donc de faire la même chose au fin fond des Cévennes ».

En frappant loin des grandes villes, le message est on ne peut plus limpide : vous n'êtes en sécurité nulle part.

« On ne pourra pas sécuriser, par un plan Vigipirate bis, les villages d'Ardèche, de Lozère ou de la Creuse, c'est impossible, vu les effectifs », commente un membre de la DCRI.

Depuis le 13 novembre et l'instauration de l'état d'urgence, le gros des troupes de Vigipirate se concentre dans les grandes villes, au mépris de la sécurité des petites communes. Un ex-analyste de la DGSE ajoute :

« Est-ce que vous croyez qu'on va mettre des portiques de sécurité à l'entrée des villages, sur toutes les départementales ? Est-ce que l'Algérie en a installé dans les années 1990 ? Il n'y a aucun moyen préventif contre ce genre de carnage. C'est le pire des scénarios. Ce n'est pas étonnant que les djihadistes en rêvent. On les attend au pied de la tour Eiffel et ils massacrent un village ? Imaginez la terreur s'installer au plus profond de la France... Encore, la tour Eiffel, on peut toujours éviter d'y aller. Mais rentrer chez soi, dans son village... »

L'État islamique a déjà entrepris ce genre de nettoyage dans les villages yézidis d'Irak. Ce procédé est déjà une réalité ; il ne s'agit pas d'un fantasme de la DGSE. Deux heures suffiraient pour que soit commis un Oradour-sur-Glane islamiste. Ils nous ont déclaré la guerre, mais les attentats, qui sont pourtant bien conformes à leur mentalité d'admirateurs de *Scarface*, n'ont rien à voir avec un véritable crime de guerre, une razzia à la campagne, contre des innocents qui n'ont même pas l'outrecuidance de vivre dans la capitale où se décident des frappes contre l'État islamique ; un tel crime serait le *summum* de ce que les djihadistes pourraient faire sans trop épuiser leur imagination et leur créativité. Le pire dans ce scénario, c'est qu'il est plausible et donc réalisable.

« Frapper partout où cela est possible. »

« Possible » ; comprendre : « facile ».

Depuis le 11-Septembre, la *summa divisio* des attentats, selon les spécialistes du contre-terrorisme est, *grosso modo*, la suivante : cibles faciles, cibles difficiles.

Exemple de cible facile : un égorgement dans le métro, comme à Londres, le 7 décembre 2015.

Exemple de cible difficile : un attentat au Louvre, par exemple ; la plus grande réussite, dans cette catégorie, étant l'attaque du World Trade Center en 2001.

La cible facile est réservée aux loups solitaires, aux fameux « déséquilibrés », que semblent tant affectionner les politiques et les parquets français. La cible difficile, elle, est l'affaire de commandos. Entre les deux, tout un panel de possibilités qui ne requièrent pas nécessairement une importante préparation ; juste un peu de discrétion et de réussite, *inch'Allah*.

En faire baver à l'État. S'en prendre à ses représentants. Lâcher la meute sur l'autorité des mécréants. Détruire les flics. Abattre un gendarme. Kidnapper un préfet ou un élu. Filmer sa capture. Tourner le clip de son assassinat. Revendiquer. La recette est ancienne et empruntée au terrorisme d'extrême gauche.

En mars 1978, les Brigades rouges avaient pris en otage Aldo Moro, ancien président du Conseil italien et leader des démocrates chrétiens. La photo de son cadavre, retrouvé allongé deux mois plus tard, à Rome, dans un coffre de voiture, avait non seulement choqué l'opinion publique mais déstabilisé la vie politique italienne. Il n'avait fallu que quelques semaines de repérage aux terroristes – déplacement d'Aldo Moro, liste et nombre des gardes du corps, présence de sa famille à tel ou tel moment de la journée – pour préparer le rapt. Quatre-vingt-onze coups de feu, dix minutes d'action et cinq morts parmi ses gorilles auront suffi à faire trembler le pays d'horreur.

L'idée de reproduire pareil coup germe depuis bien longtemps dans la tête des djihadistes. Ils songent à avoir la peau d'un élu FN – à en croire, en tout cas, leur propagande. Le graal, évidemment, c'est de descendre le président de la République mais c'est bien plus compliqué.

La tête pleine de symboles à éliminer, un djihadiste se contenterait d'avoir la peau d'un préfet. Plus facile. Plus accessible. Après tout, en 1998, Yvan Colonna a bien eu celle du représentant de l'État en Corse, et avec assez peu de moyens.

Deux apprentis djihadistes Orléanais, arrêtés en décembre 2015, avaient, d'après les enquêteurs de la DGSI, prévu de viser un commissariat de police, une caserne de militaires, une gendarmerie et, également, les agents de l'État, dont le préfet de la région Centre. Les deux compères, âgés d'une vingtaine d'années, l'un d'origine marocaine, l'autre d'origine togolaise, s'étaient rendus à Marseille afin de se procurer des armes lourdes. L'argent liquide servant à la transaction leur avait été versé par mandat cash depuis la Syrie, probablement par leur contact, originaire lui aussi de la région d'Orléans, et ayant rejoint le Califat. Leurs emplettes en fusils d'assaut dans la cité phocéenne ont fort heureusement tourné court : leur contact marseillais, produit du banditisme local, ne s'est jamais pointé.

Cette opération interrompue – « mais bien planifiée quoique pas très avancée », selon une source du renseignement – révèle une méthode bien rôdée : repérage des sites des possibles attaques avait eu lieu pour étudier la faisabilité du coup, et prosélytisme de circonstance auprès des jeunes radicaux des coins durs d'Orléans, dont celui de l'Argonne, connu depuis des années pour être un vivier djihadiste[1], pour monter une équipe commando.

1 L'Argonne, comme la Source, à Orléans, fait partie de ces quartiers qui ont connu une radicalisation rapide. En 2012, trois djihadistes, originaires du quartier de l'Argonne avaient été interceptés au Baloutchistan, une province reculée du Pakistan et bastion des Talibans. Les trois apprentis terroristes d'Al-Qaïda fréquentaient la même mosquée de l'Argonne et avaient prétendu être partis en pèlerinage à La Mecque. Voir *Libération*, 20 mai 2013.

Il semble que le duo ait également pensé à un enlèvement. En l'occurrence, celui du préfet. Avec vidéo, revendication de Daesh et décapitation. Bref, toute l'usuelle artillerie médiatique de l'État islamique et de ses sbires. Le même procédé utilisé pour le Français Hervé Gourdel et l'Américain James Foley, tout à fait importable en France. Le terroriste futur se distinguera par le choix de la cible.

Un préfet, ça aurait de la gueule !

Le bon attentat étant – par définition – celui qui effraie, s'il n'effraie pas, l'État islamique, allégeance explicite du terroriste ou non, ne revendiquera pas. Ainsi, Daesh n'a pas souhaité endosser l'attaque ratée perpétrée par Yassin Salhi, le 26 juin 2015, contre Air Products et ce, même si Hervé Corna, le patron de la société de livraison pour laquelle le djihadiste raté travaillait, a été décapité – question de *standing*, surtout si la cible est facile.

Des plaquettes en français que l'État islamique a éditées après les attentats du 13 novembre expliquent parfaitement, sous forme de schémas simples, comment terroriser facilement les mécréants. Mais on n'y apprend pas grand-chose finalement. Ce genre d'attentat du pauvre, de celui qui ne peut pas se rendre en Syrie ou en Irak est pratiqué depuis deux ans en Israël. Il est ainsi conseillé de s'équiper de couteaux tranchants, de viser la carotide ou le cœur.

« Si vous ne pouvez pas trouver d'engin explosif ou de munitions, alors isolez l'infidèle. Écrasez-lui la tête à coups de pierres, tuez-le avec un couteau, renversez-le avec votre voiture, jetez-le dans le vide, étouffez-le ou empoisonnez-le », dit Abou Salma al-Faransi, un djihadiste français, converti à l'islam, originaire d'un petit village du sud de la France.

Combien de recommandations de ce genre peuvent créer des loups solitaires ?

Un autre tract renvoie à la photo d'une discothèque. Une main tient une grenade. Slogan :

« Le *djihad*, ce n'est pas qu'en Syrie. »

Petits moyens, mais grands effets.

Si, en principe, le loup solitaire n'a pas la puissance évocatrice – presque phallique – des commandos, comme celui des attentats du 13 novembre, sa puissance de feu peut être considérable.

Un Anders Breivik musulman, formé dans son coin, loin des camps d'entraînement de la frontière turco-syrienne, n'aura rien de saugrenu. Les autodidactes de la terreur, sensibilisés au meurtre sur Internet, puisant leur inspiration sur les innombrables forums djihadistes ou dans la scénographie des attaques du Hamas et de la Brigade des martyrs d'Al-Aqsa, quand ce n'est pas carrément dans les massacres commis par des lycéens blancs aux États-Unis, sont évidemment beaucoup moins repérables que trois djihadistes fonctionnant en cellules. Pas besoin de changer de portable, pas besoin de craindre le flicage des services de renseignement, pas besoin de compter sur un autre.

Un *djihad* solitaire avec pour seul compagnon Allah. Personne n'a encore inventé de technique télépathique pour repérer les fous de Dieu qui agissent de manière artisanale dans le secret de leurs appartements.

Mais qu'on ne se trompe surtout pas : le loup solitaire n'est pas un débile. Ce n'est pas parce qu'il agit seul qu'il est moins capable qu'un terroriste formé dans un réseau. Pour les services de sécurité intérieure, ce n'est qu'une question de temps avant que ne surgissent des terroristes indépendants parfaitement capables – à la Breivik, en somme – d'accomplir seuls l'œuvre potentielle d'un commando. La solitude dans la préparation de l'acte. La solitude dans la préparation matérielle, comme dans la mise en place des attentats. kalachnikov achetée seul, planification sans consulter les frères de Daesh... Au point que les allégeances à l'État islamique se feront toujours à la dernière minute, avant de passer à l'action, à charge pour les services de communication du calife de revendiquer ou pas.

Attention à ne pas commettre l'erreur de cette djihadiste montpelliéraine qui pensait se faire exploser dans un centre commercial[1] au moyen d'un faux ventre de femme enceinte dissimulé sous son *niqab*. Erreurs de débutante, qui marque du sceau de la bêtise cette tentative : le manque de discrétion – elle refusait de saluer ses voisins et se promenait toujours avec le Coran sous la main – et l'impossibilité pour la jeune femme de fabriquer, dans sa cuisine de HLM, un explosif stable.

On peut s'improviser kamikaze. Facile. Plus dur de devenir artificier. Surtout lorsque, comme elle, on laissait des traces sur Internet. Artisanat ne signifie pas amateurisme, surtout chez les terroristes.

Une autre peur concerne le risque d'infiltration dans l'armée, la police, et dans tous les corps de métier liés aux activités touchant à la sécurité. Elle n'est pas infondée. Il est peu probable que les fameux bagagistes de Roissy aient pu fomenter un attentat. Le fait qu'il y ait des salafistes parmi eux montre surtout qu'ils viennent d'un secteur urbain où ils sont de plus en plus nombreux. Leur présence dans un aéroport comme celui de Charles-de-Gaulle n'est malheureusement qu'un fait statistique.

Depuis l'instauration de l'état d'urgence, une soixante de salafistes ont perdu leur accréditation à Orly et Roissy. Tous n'étaient pas de potentiels terroristes, mais certains auraient pu tuyauter des frères sur les plans d'accès, les règles de sécurité ou sur d'autres informations relatives à la sécurité du site. Les services

1 La SDAT avance, quant à elle, que la cible aurait pu être un aéroport.

de renseignement américains restent persuadés que la bombe qui a causé le crash dans le Sinaï de l'Airbus A321 de la compagnie russe Metrojet et qui a coûté la vie à deux-cent-dix-sept personnes, a été installée par un employé de l'aéroport égyptien de Charm el-Cheikh. Roissy est-il aussi vulnérable que cette aérogare pour touristes ?

D'après la chaîne américaine CNN, citant une fois de plus une source du renseignement américain, cent employés de la RATP ont quitté la France pour la Syrie[1] depuis 2012. Ont-ils ou vont-ils tuyauter leurs collègues restés en France sur les dépôts de bus, les itinéraires, les pics de fréquentation, ou la surveillance de telle ou telle ligne ? C'est un fait établi que les djihadistes ont leur propre service de renseignements, et c'est une donnée des plus inquiétantes. On sait que les petites mains d'Allah ont déjà transmis des plans de centres commerciaux. Les terroristes du Bataclan étaient eux-mêmes en possession d'une carte détaillée des lieux qu'ils allaient mitrailler. Un coup de scanner. Un mail crypté sur TOR, ni vu, ni connu. Les conditions n'en demeurent pas moins difficiles à remplir : avoir accès à une certaine documentation, que les bagagistes n'ont pas, de la discrétion – l'aéroport de Roissy est probablement l'un des plus surveillés d'Europe – et des talents d'espion et de furtivité qui ne sont pas à la portée du premier barbu venu.

Même sous la protection d'Allah, le djihadiste n'est qu'un être humain. Il peut fanfaronner, certes, mais ne peut s'improviser des compétences qu'il ne maîtrise pas. On a beaucoup glosé sur la crainte de l'attentat chimique. Manuel Valls, lui-même, réveillait cette peur, à l'occasion de l'examen de l'instauration de l'état d'urgence, devant l'Assemblée, en novembre 2015. Cette angoisse

1 « Document shows fear of radical airport workers as early as 2004 », CNN, 27 novembre 2015, consultable sur le site cnn.com.

fait l'objet d'une littérature abondante, catastrophiste, et parfois un peu comique depuis 2001. Jean-François Daguzan, spécialiste des questions de sécurité et directeur-adjoint à la Fondation pour la recherche stratégique, dans son excellent livre *Le Terrorisme non-conventionnel*[1], faisait valoir, après le 11-Septembre, la possibilité imminente d'attaques chimiques. Il entame, aujourd'hui, un sérieux *mea culpa* :

« On a cru après l'attaque au gaz sarin dans le métro de Tokyo, en 1995, que ce serait récurrent. Les pays occidentaux ont acheté des matériels de protection. Or, à part l'épisode des lettres à l'anthrax, il ne s'est rien passé de tel. »

Trop compliqué à mettre en œuvre.

« Il y a bien, parfois, des camions remplis de chlore qui sautent en Syrie mais franchement, ajoute-t-il, c'est le degré zéro de l'attentat chimique. »

Quant au risque nucléaire, il n'est pas jugé crédible. Sauf à vivre dans un roman de James Bond, où les méchants volent un missile à la Russie, le convoient en pièces détachées, puis le remontent dans un garage...

Le djihadiste restera un petit ouvrier d'Allah, amateur du fait main, ne craignant pas les attaques brouillonnes, et qui veut de l'action rapide mais un bon rendement entre le temps consacré à la préparation d'un attentat et la réalisation de l'acte terroriste.

« Vous croyez vraiment qu'un type comme Abaaoud, dont le génie scolaire se limitait à ne pas casser la gueule à ses enseignants, et qui pourtant a été envoyé par Daesh en Europe parce qu'il était sans doute le moins con des djihadistes francophones sur place, perdrait son temps à étudier la chimie et les atomes ? Les djhadistes sont des guerriers, pas des apprentis scientifiques en mal d'expérimentation », rappelle avec humour un membre des services antiterroristes français.

1 Jean-François Daguzan et Oliver Lepick, *Le Terrorisme non conventionnel*, PUF, Paris, 2003.

Ce dernier pense qu'« on perd du temps à imaginer des pistes improbables et donc foireuses ».

Existe aussi la possibilité d'attaques aux visées bien plus symboliques : monuments, infrastructures, personnalités. Il y a eu, déjà par le passé, des jeunes islamistes se renseignant sur les mesures de sécurité de telle ou telle installation à risque. Un officier de gendarmerie m'a rapporté cette anecdote, assez croustillante avec le recul :

« Il y a quelques années, alors que j'étais en poste dans la région lyonnaise, j'avais organisé une conférence sur la sécurité de la raffinerie de Feyzin. Si un accident survient à Feyzin, le centre-ville de Lyon, à dix kilomètres de là, pourrait être rasé. Ce soir-là, dans la salle, je reconnais deux jeunes Maghrébins, des voyous bien connus de Vénissieux. Des gosses que j'avais connus parce qu'ils dealaient un peu de came au pied de leur tour, mais qui commençaient à s'habiller en *djellaba*. Les gars ne savaient même pas écrire et ils étaient là à écouter, à regarder les plans, les schémas, à s'interroger sur les consignes de sécurité. Je suis allé les voir. Je leur ai demandé : « Mais vous faites quoi, ici ? » Ils m'ont répondu : « On se fait du souci pour notre maman, au cas où il y ait un accident. » Dix ans après, dans le cadre d'une opération antiterroriste, on a retrouvé un lance-roquette chez eux. Alors, forcément, je me suis dit : « C'était moins une. »

Aucun spécialiste sérieux ne croit vraiment, pourtant, à une attaque d'ampleur avec un RPG[1]. Les attentats contre des symboles forts seront l'exception. Certainement pas la règle. J'ai bien essayé de soumettre quelques *scenarii* d'attaque d'avions au décollage. Des scénarios effrayants, dignes des grandes « enquêtes » publiées par la presse tabloïde britannique, volontiers productrice de psychose catastrophiste. La plupart des experts que j'ai

1 *Rocket Propelled Grenade* : un lance-roquette.

interrogés les ont balayés d'un revers de main. Mes questions étaient assez sommaires.

Exemple :

« Et si un terroriste abattait un avion en approche de l'aéroport de Blagnac avec un lance-roquette ? La vue est dégagée depuis Cornebarrieu, en banlieue de Toulouse. Les avions survolent à basse altitude l'immense cimetière de cette commune où est enterré Mohamed Merah, le train d'atterrissage déjà sorti… Ça serait un sacré symbole, non ?

– Pas assez précis, trop lent. Non, pas crédible, répond Yves Trotignon, ancien directeur adjoint de la cellule Al-Qaïda à la DGSE[1]. »

Bon pour un *SAS* ou des jeux vidéo. La kalach' et l'égorgement ont encore de beaux jours devant eux.

La véritable crainte concerne davantage le nombre de djihadistes que leur qualité. Mathieu Guidère, spécialiste du terrorisme arabe, et ancien directeur de Radicalization Watch Project, organisation basée à Washington, imagine le pire.

« Il a fallu cinquante personnes, pendant les émeutes de 2005, pour terroriser la France pendant trois semaines. À la fin, ils avaient atteint Paris. La capitale commençait à brûler ! Imaginez la même chose, avec deux fois plus de personnes impliquées, dans nos banlieues, mais avec, en prime, l'islamisme radical en arrière-plan. Ils ne se feront même pas attraper. Ce n'est pas grâce à une police aux trente-cinq heures qu'on les arrêtera[2] ! » Perspective effrayante à l'échelle de la France. « C'est facile à faire, un cocktail Molotov. Ainsi, vous en créez du chaos. Regardez ce qui se passait en Irlande du Nord. »

1 Entretien avec l'auteur.

2 Entretien avec l'auteur. Mathieu Guidère avait déjà tenu de tels propos à la télévision, suscitant la polémique chez les policiers.

Mathieu Guidère en est convaincu :

« C'est le rendement qui intéresse les terroristes. Pourquoi s'embêter à construire un missile téléguidé ou une sorte de *Google Self-Driving Car* sans pilote, alors qu'une voiture bourrée de plastic peut faire autant de morts ? Et qu'il n'y a jamais eu autant de candidats au martyre ! »

C'est simple, c'est efficace, ça permet d'être assuré d'aller au paradis, aucune raison de changer de méthode ou de perdre du temps.

« En fait, la voiture piégée, poursuit Mathieu Guidère, c'est l'étape qu'ils n'ont pas encore franchie. Mais ça viendra. Ils feront comme en Irak. Un premier mitraillage. Les secours arrivent. La foule s'agglutine et une voiture, garée à proximité, explose, tuant les pompiers, les policiers et les badauds. »

Le « surattentat », c'est l'attentat du futur. Du futur proche.

Le futur, c'est également le type qui se fait exploser dans une foule. C'est assez incroyable à imaginer mais, au début, l'État islamique n'a pas considéré les attaques du 13 novembre 2015 comme une réussite. Ces trois imbéciles qui se font exploser près du Stade de France, incapables d'arriver avant le coup d'envoi : insatisfaisant. Rendement quasi nul : un seul mort. Ils recommenceront où ils ont échoué. Il n'y a pas que la lutte antiterroriste qui fasse des « retex » – retours d'expérience. Les terroristes en produisent aussi. Les candidats au martyre apprendront à arriver à l'heure, et voilà tout. L'un de mes contacts djihadistes avec qui je corresponds régulièrement m'a raconté une chose ahurissante, pour nos yeux d'Européens craignant la mort et ne comprenant que peu de choses aux subtilités du sacrifice pour la cause d'Allah :

« Les meilleurs d'entre nous, après l'entraînement aux armes, reçoivent une formation pour les attaques suicides. C'est un privilège de mourir en martyr. C'est réservé au top des combattants. Et ce n'est pas mon cas ! Moi, je ne suis qu'un simple combattant. »

Vraie ou pas, cette assertion signifierait donc que les kamikazes envoyés à Paris étaient loin d'être des nuls.

Ils semblent pourtant fort éloignés de ces kamikazes japonais qui, sous l'effet conjugué du saké et de la propagande nippone – « Les soldats américains vous captureront et vous tueront », pour résumer – consentaient à écraser leur Mitsubishi Zéro contre les cuirasses des porte-avions croisant dans le Pacifique avec, pour les plus fanatiques, le vague espoir de sauver l'honneur d'un empire qui menaçait de s'écrouler.

Misère de l'histoire et de sa propagande : aujourd'hui, nous avons plutôt affaire à des combattants réellement convaincus qu'un harem de soixante-douze vierges les attend au paradis.

Et contre cette idée, il n'y a rien qui puisse être fait. Parce qu'on n'a rien de mieux à proposer que ce qu'Allah leur promet, et que Bernard Cazeneuve ne compte pas surenchérir en promettant le double de vierges aux candidats au martyre s'ils s'engagent à renoncer aux attentats suicides ?

Tout compte fait, les attentats contre *Charlie Hebdo* et le Bataclan rappellent ce que l'on oublie toujours : la simplicité est le premier danger. Indétectable, pas aussi effrayant qu'une attaque chimique. Et pourtant : du matériel léger, des bombes faciles à faire – il n'a suffi que de dix kilos d'explosif pour l'ensemble des terroristes – et des *soft targets* peuvent causer autant de morts qu'une bombe élaborée dans le cadre d'un plan d'envergure nécessitant des semaines de préparation. Avec en prime ce message subliminal génial : n'importe qui peut tuer en masse. N'importe qui peut se pointer dans un restaurant ou dans une salle de rédaction et jeter la semaine d'après, des millions de gens dans la rue. C'était inespéré ! Une petite unité de combattants a réussi là où on ne les attendait pas. Les services de renseignement pensaient à un *remake* plus ou moins aussi élaboré du 11-Septembre ; ils ont obtenu en septembre 2013 une version belgo-marocaine de l'attaque du centre commercial de Westgate, à Nairobi, au Kenya, qui fit près de soixante-dix morts. Un avant-goût des attentats du futur. La norme, en somme, a déjà été fixée.

Daesh a, c'est vrai, deux laboratoires : l'un en Syrie, dans son fief de Raqqa, l'autre en Irak à Mossoul. En janvier 2016, la chaîne Sky News s'est beaucoup excitée. Dans une vidéo que la chaîne britannique s'était procurée, on voyait des ingénieurs bricoler un missile sol-air à guidage thermique, abandonné, comme plusieurs milliers d'autres, par les Occidentaux au cours de la dernière guerre d'Irak. Une prouesse technologique qui nécessite beaucoup de savoir-faire et de précision. Pendant des années, l'IRA a essayé de travailler sur de telles armes, en butant à chaque fois sur l'alimentation de la batterie. Dans cette séquence, façon plongée caméra au poing dans le laboratoire du désert de Q dans *James Bond*, on les voit également bricoler une voiture sans pilote destinée à être piégée. Propagande ou réalité ?

« Sans doute un peu des deux, remarque Mathieu Guidère. Ils ont des scientifiques. Est-ce que leur priorité est de perdre du temps à fabriquer des missiles thermoguidés et des voitures sans pilote ? Ça fait partie de la propagande de Daesh[1]. »

Il est en revanche plus probable que des petits ingénieurs spécialistes des explosifs aient été formés.

Gare à leur retour en France.

L'État islamique n'a pas encore son Wernher von Braun, n'en déplaise aux amateurs de Tom Clancy. Il y a bien, parfois, quelques sombres histoires de tentatives de vol de substances chimiques. Elles sont réelles. Il y a bien aussi quelques laborantins du dimanche (ou du vendredi, en l'occurrence) qui confectionnent du gaz moutarde. L'État islamique en a d'ailleurs fait

1 Entretien avec l'auteur.

usage à Marea, non loin d'Alep. Rien de génial. Aucune espèce de trouvaille scientifique. Le gaz moutarde ne requiert pas de compétences gigantesques et son rapport efficacité- production n'en fera pas l'arme de demain. Le Maroc a arrêté, en février 2016, une cellule islamiste, dont faisait partie un Français, en passe « d'utiliser des substances biologiques » dans un attentat, sans préciser de quelle substance il s'agissait, ni le degré d'avancement de ces Frederick Guthrie des kasbahs.

Daesh est en revanche très friand de fuites improbables destinées davantage à alimenter la peur que d'informer sur l'état réel de leurs connaissances scientifiques. C'est ainsi que le Califat a fait fuiter sur Internet une sorte de faux programme pour construire ses propres pistolets grâce à des imprimantes 3D – un procédé déjà utilisé et connu de certaines milices paramilitaires américaines libertaires ou d'extrême droite. Le résultat n'est pas terrible : le pistolet ne tire qu'un coup. Mais insuffler la crainte que quelqu'un puisse le passer dans un aéroport en déjouant les contrôles et l'utiliser dans un avion est suffisant pour Daesh.

La *pax islamica* est un fantasme. Elle est impossible. Un jour tout s'arrêtera. Comme en Ulster. Comme au Sri Lanka. Certains aimeraient y croire. Certains aimeraient imaginer qu'existe une solution consensuelle. Pourquoi pas ? On peut se mettre à table avec l'État islamique. On discutera entre mécréants et musulmans. On leur dira :

« Bon, que voulez-vous ? »

On l'a déjà fait avec les Talibans après des années de guerre. On a fait le tri. On a même trouvé des Talibans modérés pour négocier ! Pour la cause de la paix, on est prêts à trouver des modérés partout. Même les djihadistes d'al-Nosra sont d'une certaine façon nos alliés. Ce ne sont que les fantômes d'Al-Qaïda. Et alors ? Toujours mieux que Daesh !

On ferme les yeux. On oublie tout. *Tabula rasa* ! Les Espagnols, après les attaques de Madrid de mars 2014 ont, d'une certaine façon, signé la paix tout de suite en envoyant les socialistes au pouvoir, qui avaient promis un retrait d'Irak. Les attentats, *ya basta* ! Ils n'ont pas attendu de réfléchir. Les corps étaient encore à la morgue. Mais ils ont, par leur vote, en renvoyant Aznar le guerrier, très clairement signifié à Al-Qaïda leur volonté.

Demain, on aura le droit au même refrain. Combien d'attentats devra-t-on subir avant d'entendre :

« Vous voulez votre *charia* ? Prenez-la ! Vous voulez décapiter, lapider, trucider les Yézidis, convertir les chrétiens ? Faites-le ! Mais, par pitié, ne nous empêchez pas de prendre le métro, d'aller voir un match de foot ou de faire nos courses ! »

Peace on Earth !

Sauf que… Sauf qu'ils sont une *oumma*. Ils n'ont ni frontières ni envie de s'arrêter en si bon chemin. Les Talibans voulaient régner sur l'Afghanistan. Al-Qaïda remettait à plus tard les désirs d'un califat mondial.

L'État islamique, c'est du *hic et nunc*.

La *charia*, c'est maintenant !

L'islamisation du monde, c'est maintenant !

L'État islamique ne se contentera pas d'un vulgaire « terroristan » dans un État fédéral issu d'une Syrie épuisée par la guerre.

Et plus on pliera les genoux, plus ils auront compris à quel point l'Occident est faible.

Plus on sera à terre, plus on prendra des coups.

Rien n'est plus incompréhensible pour un djihadiste que ces signes de fragilité.

Rien ne ressemble davantage à une invitation à ce que le combat continue.

Les djihadistes et leurs admirateurs n'apprécient même pas les journalistes qui les plaignent, leur trouvent des excuses socio-pathologiques ou sociales. Comment pourraient-ils s'associer à tout ce qu'ils détestent, c'est-à-dire la faiblesse ?

« On aime la mort autant que vous aimez la vie. »

Écoutons-les, bon sang !

Ils aiment le rapport de force.

Et plus on changera de trottoir, plus ils viendront nous chercher.

L'État islamique n'est que ce rapport de force qu'on peut subir dans les banlieues, élevé à l'échelle globale.

« Peut-être que Daesh disparaîtra, note Charles Saint-Prot. Peut-être que les Russes le réduiront en poussière. Mais ça, les jeunes de banlieue s'en foutent complétement ! On fait fausse route en pensant que bombarder Raqqa réglera le problème. Ils trouveront un autre prétexte, une autre cause pour nous faire la guerre. »

Ce ne sont pas les causes qui manquent. Ni les sponsors du terrorisme. Le jour où Daesh disparaîtra, d'autres groupes islamiques prendront le relais de la haine contre l'Ouest. Ils auront appris de l'État islamique, autant que celui-ci a appris d'Al-Qaïda et autant qu'Al-Qaïda a appris de la Gamaa Islamya. Et les Abaaoud de demain combattront pour les nouveaux, sans le moindre état d'âme, puisque l'essentiel est de nous attaquer, à travers eux. Les Coulibaly du futur prêteront allégeance à d'autres groupes. Les djihadistes de Lunel n'iront plus en Syrie faire de l'humanitaire en tirant à la mitraillette. Ils iront s'entraîner au Nigéria, auprès de Boko Haram, ou au Mali sous les ordres de Mokhtar Belmokhtar ou de son successeur. Ils iront en Libye. En mars 2016, on en dénombrait déjà deux sur le sol de l'ex-État de Kadhafi. Seule l'étiquette *marketing* du *djihad* changera mais le produit sera le même : vomir l'Occident, lui faire payer son racisme, sa laïcité, ses codes républicains, ses flics, ses femmes habillées trop court, ses écoles où l'on enseigne encore la Shoah, ses prisons, ses juges... Seule la parole d'Allah compte. Allah est la maison-mère des causes du *djihad*. C'est Allah qui fournit les prétextes. Ne reste plus qu'à reprendre les versets du Coran, les *hadiths* et le *fiqh*[1]. L'État islamique n'est rien de plus qu'un mégaphone géant, c'est le *medium*. Quand il sera en panne, ils en changeront.

Quand le calife al-Baghdadi sera abattu par les services spéciaux américains, et balancé au fond de la Méditerranée, il en poussera un autre, au moins aussi épouvantable.

On peut bombarder Kobané autant qu'on veut ; ce n'est certes pas mauvais pour les Syriens. Mais pour nous ? Les métastases d'un cancer généralisé se moquent bien de la radiothérapie de choc.

Qui croirait encore que ces illuminés du Bataclan fusillaient pour se venger des bombardements au Sham ?

Ce n'est que l'excuse imbécile qu'ils ont choisie.

Ils venaient crever des *kouffar*, c'est aussi simple que cela.

L'État islamique sponsorisait leur envie d'en découdre avec un pays qu'ils détestent.

L'alibi suprême.

Aujourd'hui, tous les spécialistes du renseignement extérieur ont leurs yeux braqués vers l'Algérie.

« Un pétrole et un gaz dont les prix baissent. Les déficits vont se creuser. Ça va être intenable. C'est le prix du pain qui causera la prochaine révolution en Algérie. »

Et ce sera sanglant. Les islamistes n'attendent plus que ça. La mort de Bouteflika associée à une crise sociale grave ?

On aura un démembrement de l'État islamique à une heure d'avion de Marseille – c'est le point de vue partagé à la DGSI.

1 Recueil de jurisprudence islamique.

D'autant que l'expérience de la guerre civile algérienne a créé des flopées de futurs al-Baghdadi qui n'auront qu'une envie : exporter en France leur *djihad*[1].

Les vidéos de l'État islamique – il est vrai qu'ils se sont mis tardivement à récupérer cet argument – montrent déjà combien le colon français a été un salopard, barbare et tueur de musulmans en Algérie. Quand vous recevrez votre prochaine facture de gaz, pensez-y. Des milliers de martyrs attendent aux portes de l'Europe.

Le talion contre l'ex-colon. Ils nous ont avertis.

« « Faire payer le prix » doit être appliqué même après une longue période, même des années plus tard. Il faut le rappeler à l'ennemi en lui signifiant qu'il doit « payer le prix ». […] Il cherchera plutôt la conciliation […]. Cette dernière se traduira par un arrêt temporaire des combats, sans traités de quelque sorte, sans concessions. Nous ne croyons pas à l'armistice avec l'ennemi apostat[2]. »

L'islamisme, c'est toujours les djihadistes qui en parlent le mieux.

La solidarité de ses adeptes, pourvu qu'ils soient sunnites et sympathisants de la guerre sainte, est sans borne et sans limite dans le temps.

Le Reich devait durer mille ans ; il a duré douze ans. *Mein Kampf* n'est plus qu'un *best-seller* dans les pays arabes où il côtoie les recueils de *hadiths* commentés par les enfants terribles de l'islamisme. Le règne du terrorisme djihadiste n'a pas encore fixé de *deadline* à sa machine meurtrière.

Hitler a fini par se suicider.

Allah est éternel.

1 Voir « Règle XIV.

2 *Gestion de la barbarie*, p 78 et 79.

RÈGLE XIV

ESPÈRE LA GUERRE CIVILE.

« *Que la guerre ait lieu et que des personnes soient malheureusement tuées ne peut être qu'une exception temporaire due à des circonstances particulières et pour des objectifs bien déterminés.* »

Cheik Fayçal Mawlawi, *Fondements juridiques des relations entre musulmans et non-musulmans.*

La scène se déroule dans une librairie islamique de Lyon tenue par des salafistes se disant quiétistes, c'est-à-dire refusant – en principe – la violence. À une semaine des régionales, un jeune musulman me confie qu'il « aimerait beaucoup voir le Front national remporter les élections ». Parce que, m'explique-t-il, « il y aurait enfin un combat clair avec le diable ». Les vrais salafistes ne participent pas aux consultations, ni de loin, ni de près. Ils rejettent tellement l'infâme loi du *taghout* que voter reviendrait à s'associer aux mécréants.

Seul Allah peut commander. Même la gestion des cantines scolaires !

Ils peuvent toujours prier, en revanche, pour la victoire de tel ou tel parti.

« Ce n'est pas interdit », m'explique-t-on.

Et tant qu'à prier, autant que ça pète.

Une bonne fois pour toutes.

C'est le fantasme de beaucoup de radicaux.

Qu'enfin il soit possible de mesurer l'état des forces en présence. Obsédé par les signes de la fin des temps, l'islamiste souhaite l'anarchie, annonciatrice du Jour dernier.

« L'heure ne viendra pas jusqu'à ce que se multiplie l'anarchie. »

Ils demandèrent :

« Et qu'est-ce que l'anarchie, ô messager d'Allah ? »

Il répondit :

« Le meurtre, le meurtre[1]. »

La France est en guerre.

En guerre, c'est vrai, contre des musulmans. Au Mali et en Syrie. En guerre contre des frères. En guerre contre l'*oumma*. Les images d'enfants blessés lors de bombardements circulent sur Internet. Les « puisse Allah leur faire payer » – sous-entendu : « nous faire payer » – pleuvent comme autant d'avertissements, comme autant d'appels à la vengeance.

Le moment venu, Allah déléguera cette vengeance à ses fidèles qui rêvent d'en découdre.

C'est le scénario catastrophe. Celui d'une frange de la communauté musulmane prenant les armes, appelant à l'insurrection. Celle rêvée par Samy Amimour, l'un des assaillants du Bataclan qui, dans sa vidéo posthume[2], interpelle ses frères, en les regardant avec ses yeux trop rapprochés :

« Vous, les musulmans ? Qu'est-ce que vous faites ? Vous vivez, vous mangez, vous dormez avec les *kouffar*. Montrez au moins un peu de fierté ! Crachez-leur au visage ou cassez-leur la tête avec des pierres ou écrasez-les avec vos voitures ! »

Ça fait longtemps que le *babtou*[3] se fait cracher dessus dans les cités. Les pierres ? Une descente de police dans les quartiers difficiles implique pour les fonctionnaires de se munir de boucliers. Quant à écraser les mécréants avec des voitures, ça a déjà commencé : à Valence, le 1er janvier 2016, un homme de vingt-neuf ans

1 Hadith rapporté par Muslim ibn al-Hajjaj, tome XVIII, p. 13.

2 Vidéo du 24 janvier. Al-Hayat Media Center.

3 « Blanc », passé au filtre de l'argot et du verlan.

d'origine tunisienne a cherché à renverser des militaires[1] en fonçant sur eux avec sa voiture.

Mais écoutons Samy Amimour ! La fierté, bien sûr ! C'est celle de défendre ses frères où qu'ils se trouvent. La fierté, c'est, comme en Corse, dans le quartier de l'Empereur, à Ajaccio, de tendre un guet-apens aux pompiers, le jour de Noël, de les caillasser, puis d'attendre l'affrontement. D'espérer que des centaines de gens, épuisés par le racisme anti-blancs – car c'est bien de cela qu'il s'agit – descendent, en expédition punitive, pour se venger. Voilà un avant-goût de la guerre civile !

Imaginons maintenant que de telles scènes éclatent un peu partout en France. Que, de manière simultanée, des pompiers soient lapidés. Que la police soit débordée. Que l'épuisement des Français soit tel qu'ils sortent dans la rue se faire justice et qu'ils manifestent leur colère en investissant les mosquées, en criant des slogans contre l'islam. Bref, en alimentant involontairement le fonds de commerce de l'islamisme déjà bien pourvu par des groupes tels que les Indigènes de la République et par le Collectif contre l'islamophobie en France, spécialistes de la victimisation. Le djihadiste ne pourra que se frotter les mains et compter ses nouvelles recrues qui, comme pour la guerre sainte, voudront passer du stade de victimes à celui de justiciers. Parce que seul le *djihad* apporte une réponse physique et efficace au problème : quand on rejette la justice, la guerre est l'unique moyen d'effacer collectivement ce statut de victime.

1 Selon le procureur de Valence, il ne s'agissait pas d'un terroriste. « Des images de propagande djihadistes ont bien été retrouvées sur son ordinateur. Ce sont des images que l'on peut télécharger, ça date de quelques semaines. Mais ce ne sont pas les images les pires, plutôt des slogans belliqueux. » On appréciera le fait que le terme « belliqueux » semble être une circonstance atténuante. Le magistrat n'était peut-être pas latiniste.

Faut-il croire Daesh quand il dit que les rassemblements « d'idolâtres du Front national offrent des cibles de premier choix » ? Sans doute que leurs terroristes n'auront même pas besoin d'aller jusqu'à les mitrailler. Le climat de tension à lui seul suffira à faire exploser la violence dans des proportions jusqu'ici inconnues.

Le spectacle de militants de Pegida, rejoints par des anonymes non encartés, à Calais, en février 2015, cherchant sans doute pour quelques-uns la confrontation et le choc des civilisations, donne un avant-goût, sur une échelle réduite, d'affrontements durables, intenables, qui relève d'une bombe à retardement déjà enclenchée ou d'un volcan ne demandant plus qu'à cracher sa lave en continu. La présence à la manifestation, puis son arrestation par la gendarmerie, de l'ex-général Christian Piquemal, ancien commandant de la Légion étrangère, donne à cette atmosphère des allures de mutinerie, du genre de celles qui précèdent les putschs. Une haine séditieuse couve dans le pays. Une haine sécessionniste.

Une guerre entre Français, de différentes origines, sur fond religieux, est impossible, martèlent les experts du *vivre ensemble*. C'est oublier le Liban, c'est fermer les yeux sur le Kosovo, c'est croire qu'un déchirement de type nord-irlandais n'est pas concevable entre Français mécréants et Français musulmans. C'est oublier, aussi, que certains quartiers, en Europe, sont déjà à majorité musulmane. C'est oublier qu'il n'y a pas si longtemps, la France a connu une milice musulmane au cœur de la Loire-Atlantique. Rien que ça.

Jamais, en France, un groupuscule musulman ayant pignon sur rue, n'avait autant vomi sa haine de la République que celui des Cavaliers de la fierté, plus connu sous leur nom arabe de *Forsane Alizza*. Fondée à Nantes en août 2010, cette structure préfigurait l'émergence visible de partisans violents du Califat et de la *charia* en France. Leur héros : Oussama Ben Laden, dont ils dégustaient les vidéos comme de précieux nectars.

À la tête de ces partisans du *djihad*, Mohamed Achamlane, aussi connu sous sa *kunya*[1] de cheikh Abou Hamza ou sous son surnom de Cortex, émir autoproclamé, sorte de croisement physique entre Jacques Villeret dans *La Soupe aux choux* et le calife al-Baghdadi. Un petit bonhomme au regard ahuri et au collier de barbe brune tombant sur un chèche enrubanné autour de son crâne rond, qui dénonçait « ces imams Gillette portant la cravate » et cette « société faite de mécréants, de pornographie, d'alcool et de drogue » dans des vidéos désopilantes, entrecoupées de *nachids* et d'effets sonores, comme le bruit du tonnerre, toujours visibles sur YouTube.

« Nous n'avons pas le droit de laisser prospérer le mal. Il est temps de serrer les rangs »

Voter ?

« C'est pour les *kouffar* ! »

Les musulmanes ?

« Elles sont opprimées. Regardées avec condescendance. »

Allah ?

« Il vous garantira l'entrée au paradis et l'emploi ! »

Guéant, Sarkozy ?

« Mais quand on voit vos visages, vous nous écœurez… Mais d'une force… L'enfer vous est réservé. Vous allez entendre le crépitement du feu de l'enfer sous vos pieds. *Hamdoulilah* ! »

L'association – non déclarée – avait fait de la lutte contre l'islamophobie son fonds de commerce. Classique. La victimisation était le fuel de cette milice pour recruter.

1 La *kunya* est un surnom. En général il prend la forme « Abou + prénom ou qualificatif » pour un homme, ou « Oum + prénom ou qualificatif pour une femme ». Abou veut dire « père de », et Oum « mère de ».

« Les islamophobes, déclarait Mohamed Achamlane, ne cesseront jamais de nous harceler. Chaque jour qui passe est un jour où il y a un acte islamophobe. On est en posture défensive. On ne va pas vous attaquer, on se défend. On n'a pas le droit d'être opprimés. On n'a rien contre vous… Mangez vos porcs ! Qu'est-ce qu'on en a à secouer ? Mais ne nous imposez pas votre nourriture puante et dégueulasse et qui apporte des maladies. »

Phraséologie typique qu'on retrouve désormais dans les vidéos de Daesh. À peine moins ridicule.

« Alors, bien sûr, on est choquant pour certains. Mais on est chez nous, ici ! Mais que ça vous plaise ou non, on n'en veut pas, nous, de votre laïcité, c'est-à-dire l'athéisme militant ! Si ça ne vous plaît pas, déménagez ! Ne touchez pas à notre religion. Partez ailleurs, en Papouasie ou je ne sais pas. »

On aurait pu s'arrêter à la dimension humoristique de ce genre de sketch… Mais l'émir était du genre dangereux, malgré ses démentis. Ce qu'il disait était à prendre au premier degré. Autre erreur de notre temps : *prendre au second degré* les promesses de vengeance, de guerre civile et de terreur des fous d'Allah. Ils sont souvent rigolos à écouter. Mais ils sont, eux, très sérieux.

C'est chez Mohamed Achamlane que la police avait retrouvé une liste de commerces juifs d'Île-de-France. Liste dont l'intitulé, tout en sobriété islamique, était « Cibles ». Chez lui : trois kalachnikovs et des armes de poing. Sur son ordinateur, le cheikh nantais épuisait Google de ses recherches sans équivoque : Comment détenir une arme ? Comment fabriquer des explosifs ? Le tout, entre deux entraînements à la course à pied en forêt de Fontainebleau et des séances de *punching ball* en région lyonnaise.

La trentaine de membres de *Forsane Alizza* avaient fait du combat contre l'interdiction du port du voile le moteur de leur haine anti-Occident, en se préparant à des actions violentes, « si nécessaire », « contre les islamophobes et l'extrême droite », juraient-il.

Parmi eux, Willy Brigitte, djihadiste formé en Afghanistan. Ou encore Chafik Asri, la grande gueule, chef de la cellule lyonnaise, et accessoirement militant à BDS, l'association qui prône le boycott des produits israéliens.

Forsane Alizza condensait toutes les haines et frustrations de la djihadosphère mais aussi toute cette excitation et cette fierté identitaire que l'on retrouve chez les djihadistes. Tout chez eux exhalait le mauvais parfum du soulèvement ethnico-religieux.

Il aura tout de même fallu près de deux ans, au ministère de l'Intérieur, que dirigeait alors Claude Guéant, pour dissoudre cette troupe musulmane, le 29 février 2012. En avril 2015, Mohamed Amchalane, qui s'était présenté à la présidente du tribunal correctionnel de Paris comme « une sorte de Coluche » a été condamné à neuf ans de prison ferme pour association de malfaiteurs en relation avec une entreprise terroriste.

Les Cavaliers de la fierté peuvent s'enorgueillir de leurs enfants. Et notamment d'une jeune femme, Émilie König, fille de gendarme. Cette convertie de Lorient s'était fait connaître des médias, en allant à son procès, en 2012, revêtue du *niqab*, provoquant une altercation avec les gardiens. Aujourd'hui, Émilie se fait appeler Samra ou Ummu Tawwab. Elle est partie en Syrie, sans ses enfants, à qui elle poste des vidéos : « Salem waleykoum mes bebes jai guerrit mon coeur et jai rejoinds pour de bon le sentier dAllah in sha Allah je ne vous oublierais jamais a travers mes duas bi izni llah Ilyès Mohamed je vous Aime. » [*sic*]

Vidéos dans lesquelles on la voit, toujours en *niqab*, s'entraîner au fusil à pompe dans un champ planté d'oliviers. Une mère modèle. Qui pense à ses ouailles, perverties par la démocratie. Qu'il fallait abattre.

Dans le guide *Comment survivre en Occident*, une confrontation avec l'extrême droite est non seulement perçue sous un jour favorable au *djihad* mais détaillée point par point, encore une fois, sur un mode pratique.

« Quand les musulmans et les mosquées seront attaqués par des néo-nazis dans des manifestations, alors les musulmans rejoindront dans ces manifestations les groupes antifascistes. C'est là que votre rôle d'agent secret sera activé. Vous transporterez l'argent et les armes que vous avez collectées depuis des années dans des quartiers à majorité musulmane qui auront besoin de votre aide. [...] Les musulmans et les alliés [*sic*] porteront des masques et des bandanas et attaqueront avec des armes. L'immensité de la foule et l'instabilité rendront difficile pour la police de savoir qui est à l'origine des attaques. Pour des raisons de sécurité, les musulmans se mélangeront à la foule. Vous pourrez même passer vos armes à vos alliés. C'est ainsi que démarrera le futur djihad en Europe. »

On ne peut être plus clair que ça. Souffler sur les braises sera facile :

« Les deux parties chercheront à se venger dans d'autres attaques. C'est là que votre expertise en explosif sera importante. [...] D'autres musulmans chercheront protection et vengeance auprès de vous. Vous pourrez les entraîner en privé, partager vos armes que vous aurez entreposées en lieux sûrs... Utilisez également votre argent pour convaincre d'autres musulmans de vous rejoindre. En protégeant les quartiers, vous recueillerez ainsi de l'argent de ceux qui seront heureux d'être mis en sécurité. »

Le plan est décrit dans les moindres détails. Il ne s'agit pas seulement de faire éclater une guerre civile, il s'agit de profiter du chaos pour prendre de l'avance sur son adversaire. Ne pas lui laisser le moindre répit. Et ruiner ses forces de l'ordre :

« Des hommes, des armes et des camions, c'est tout ce dont vous aurez besoin pour prendre le contrôle de rues et de lieux stratégiques dans les quartiers. La police sera du côté des néo-nazis. Vous n'aurez qu'à détruire les commissariats et vous saisir de leurs armes. Si ces manifestations et batailles violentes se produisent à un niveau national, il n'y aura pas assez de forces de l'ordre pour contrôler les populations dans chaque ville et une guerre éclatera entre musulmans et leurs ennemis néo-nazis. [...] Vous pourrez nouer des alliances avec des non-musulmans amis qui partageront avec vous la lutte contre les gangs ennemis. »

La guerre civile à elle seule ne suffit pas. Les djihadistes la rythmeront par des attentats. Ce sont les émeutes qui généreront des attaques. Ce sont elles qui faciliteront la préparation de cellules en réseau : une pour la logistique, une pour le commandement, une pour les finances, une pour l'infiltration, la dernière, enfin, pour les attentats suicides.

Nous ne sommes qu'au début du processus. De façon sporadique, des émeutes à caractère islamiste éclatent en Occident... contre l'Occident.

Pour l'instant, elles sont contenues et n'attirent que peu l'attention. La diffusion, en 2012, sur Youtube, d'un petit film, *L'Innocence des musulmans, les crimes du prophète Mahomet*[1], a pourtant bien failli virer aux émeutes anti-américaines un peu partout dans le monde.

À Sydney, en Australie, en 2012, plusieurs centaines d'islamistes, enveloppés dans des drapeaux d'Al-Qaïda, appelaient à couper la tête de ceux qui osaient se moquer du messager d'Allah. La manifestation avait des allures de soulèvement. D'entraînement. D'échauffement sur le terrain. Attaqués par des jets de bouteilles, plusieurs policiers ont dû être hospitalisés.

1 Le film, pourtant d'une crétinerie extrême, avait valu la condamnation de l'ensemble des leaders politiques occidentaux qui ont craint, à ce moment-là, de voir leur communauté musulmane s'embraser.

À Paris, lors d'une manifestation improvisée de salafistes devant l'ambassade américaine, cent-cinquante personnes ont été interpellées.

« On demande un minimum de respect », racontait ainsi à l'AFP[1], Abdelnour Karzaï, l'un des participants à cette démonstration de force.

Il osait ajouter :

« On voulait marcher comme Gandhi. »

Taqiya banale sous forme de pirouette : une manifestation violente qui devient, par la force des références, souvent des poncifs utilisés par la gauche radicale, une simple protestation courtoise.

Tous des Nelson Mandela, en somme.

Jusqu'à ce qu'ils ouvrent le feu, comme à *Charlie Hebdo*.

Pacifiques jusqu'à un certain point.

Comme d'habitude, le président du Conseil français du culte musulman, le CFCM, Mohamed Moussaoui appelait à «ne pas associer l'ensemble des musulmans de France à des événements marginaux comme celui-ci ».

Il n'y a guère plus que lui pour y croire.

En juillet 2014, l'institut britannique ICM[2] réalisait un sondage ciblant trois pays de l'Union européenne, la France, le Royaume-Uni et l'Allemagne, et portant sur la sympathie ressentie à l'égard de l'État islamique. Il en ressortait que 16 % des Français avaient une opinion favorable de Daesh, et même très favorable pour 3 % d'entre eux. Plus du double qu'en Grande-Bretagne. Près de dix millions de Français ont plutôt une bonne image des barbares. Il est vrai que ce questionnaire a été effectué deux semaines après la

1 *AFP*, 15 septembre 2012.
2 *Clear thinking in a complex world.* Mille-une personnes interrogées.

proclamation du Califat, le 29 juin 2014, et avant les attentats de janvier et novembre 2015...

Camarade musulman, choisis ton camp ! Il faut reconnaître que les guerriers de l'État islamique ont fait leurs les propos de George W. Bush :

« Soit vous êtes avec nous, soit vous êtes contre nous. »

À chaque nouvelle attaque contre l'Irak ou la Syrie, de nouvelles recrues se manifestent. Et si ces attaques étaient dirigées sur le sol français ? Et si l'on fermait non pas deux ou trois mosquées salafistes mais la centaine que compte la France ? Les perquisitions avaient déjà été vécues comme autant de faits de guerre contre la religion musulmane. Quel camp les musulmans français choisiraient-ils ?

En Islam, le monde est *grosso modo* divisé en trois catégories : les musulmans, les mécréants et les mécréants avec qui il existe un pacte de paix. C'est la lecture islamique des relations entre les croyants et les non-croyants. Si vous agressez un musulman, vous rompez ce pacte de paix tacite.

Excités par l'idée qu'ils sont victimes d'islamophobie, la grande majorité des musulmans n'ont pas condamné de manière claire l'État islamique ou, en tout cas, estiment qu'ils n'ont pas à le faire. On n'est jamais trop prudents, il ne faut pas injurier l'avenir. C'est ce que les djihadistes appellent la « zone grise » et qui est l'objet de très nombreux et passionnants articles dans la presse du Califat[1]. Le monde musulman serait ainsi divisé entre ceux qui rejoignent l'État islamique et ceux qui continuent à accepter la loi des mécréants. Au milieu, la zone grise, c'est-à-dire l'ensemble des musulmans qui, sans condamner Daesh, n'ont pas encore prêté allégeance à l'État islamique, et encore moins émigré en Syrie.

1 Voir le numéro 11 de *Dabiq*, « The extinction of the Grayzone », pp. 54 à 65.

C'est à eux que les djihadistes pensent. C'est aussi pour cette raison qu'ils espèrent tant une guerre civile. Le musulman maltraité, victime de la loi laïque d'un infidèle, n'aura plus que le choix de se ranger sur la voie du *djihad*.

À en croire la revue *Dabiq*, le modèle du genre est un certain Amedy Coulibaly qui a prêté, « alors qu'il n'avait jamais été en Syrie ou en Irak », allégeance à l'État islamique, répondant à l'appel du porte-parole de Daesh, Abou Mohammed al-Adnani al-Shami :

« Organiser des attaques contre les croisés partout où ils se trouvent. »

Le magazine donne d'autres exemples. Figurent dans la zone grise les musulmans qui n'ont pas manifesté pour *Charlie Hebdo*, le 11 janvier 2015. Tous récupérables ! Les autres étant, de fait, des apostats. Parmi ces derniers, au premier plan, les imams qui ont participé à cette marche.

« Si un seul d'entre eux était tué, cela dissuaderait certains imams et leurs adeptes de participer à ces processions qui conduisent à l'enfer », note *Dabiq*.

C'est un fait : avant d'être en guerre contre l'Occident, l'islam était déjà en guerre contre l'islam. En lutte intestine. Fratricide. On ne s'en rendait pas compte parce que cela ne nous touchait pas encore. Et tant qu'ils se faisaient la guerre entre eux pour des motifs religieux qui dépassent le commun des mortels, ce n'était pas très grave. Mais cette haine entre vrais et faux musulmans, attisée par le génie idéologique des salafistes pour dénoncer les apostats[1], existe au moins depuis les attentats du 11-Septembre. Une guerre entre les véridiques et les hypocrites. Une lutte entre ceux qui veulent encore se ranger du côté des dirigeants et ceux qui veulent suivre l'islam pur et dur.

1 Les fameux *takfiri* ou, littéralement, « ceux qui jettent l'anathème », spécialité de Daesh.

En Allemagne, les salafistes font régulièrement la chasse aux Kurdes. Comme en octobre 2014, à Hambourg, lorsque des centaines de partisans du *djihad* ont tenté de chasser des Kurdes... à coups de machettes ! La guerre sainte importée en Europe. Plus besoin d'aller la chercher en Syrie.

En France, dans un autre genre, les réfugiés yézidis n'osent plus aller manifester contre Daesh. Une famille que j'avais interviewée à Montpellier avait presque raillé ma naïveté lorsque je lui avais demandé pourquoi elle ne manifestait pas contre Daesh.

« On a bien essayé. Mais quand on sort notre drapeau, les jeunes Maghrébins passent leur pouce à l'horizontale, sous leur menton, pour nous signifier qu'ils vont nous égorger. »

Bel accueil dans la patrie des droits de l'Homme !

Quant aux musulmans qui oseraient se lever contre la barbarie islamiste, malheur à eux : apostats, hypocrites, associateurs[1] !

Pour l'islamologue et spécialiste du terrorisme islamiste Mathieu Guidère[2], « il y a aura un attentat dans une mosquée tenue par un modéré, c'est une certitude. C'est la suite logique des choses ». Et c'est ce qui se produit, presque quotidiennement dans les zones contrôlées en Irak et en Syrie, par Daesh.

Farid Darrouf, imam à Strasbourg, le sait bien : il a reçu un certain nombre de menaces de mort pour avoir dit « Je suis Charlie », face caméra. Des lettres contre sa famille, des photos de lui le représentant avec une tête de porc, des messages sur sa page Facebook, etc.

Pire, Ghaleb Bencheikh, président de la conférence mondiale des religions pour la paix et fils du cheikh Abbas, l'illustre ancien recteur de la mosquée de Paris, a dû mettre en sommeil

1 Concept coranique au sens obscur, laissé sans définition. Mais il semblerait qu'il soit plus péjoratif que celui de mécréant.

2 Entretien avec l'auteur.

la fondation Al Kawakibi, qui réunissait des intellectuels musulmans prévoyant un forum mondial pour la réforme islamique, aussi ambitieux que risqué.

« Notre structure a été la cible de menaces claires de l'organe central de Daesh. Nous sommes aujourd'hui au point mort. Certains ont dû quitter notre organisation[1]. »

Touche pas à mon islam, salaud !

La guerre que se mènent les musulmans entre eux, au Moyen-Orient, est tout à fait importable en France, dans un contexte religieux tendu entre partisans déclarés d'un salafisme pur et dur, à la sauce wahhabite, et ceux qui continuent – au moins publiquement – de prêcher un islam républicain. En France, nombreuses sont déjà les mosquées en pleine guerre froide : lutte d'influences, certes, spécialement entre les diverses communautés nationales qui la composent, conflit d'intérêts financiers, mais aussi et surtout rivalité idéologique. L'islam est morcelé. Les musulmans plus divisés que jamais. Le seul espoir d'unité étant de se trouver un ennemi commun. Le mécréant, le salaud qui rit aux caricatures de *Charlie Hebdo*, l'ordure qui vote à droite, le « néo-nazi » qui soutient le Front national. Sans adversaire désigné, pas d'unité.

Au milieu, donc, cette zone grise, celle qui sent également sa communauté magnifiée par l'existence d'un Califat où seule la loi d'Allah compte mais qui, pour l'instant, n'a pas encore franchi le Rubicon daeshien, et qui attend, avec plus ou moins de bienveillance, l'avènement d'un califat mondial.

Classons dans la zone grise le très médiatique patron de Baraka City, Idriss Sihamedi, à la tête d'une organisation islamique, proche des salafistes, décrite par les services de renseignements français comme « la vitrine légale de l'État islamique en France », et qui, lors d'une interview sur le plateau de Canal+, a refusé de

1 Entretien avec l'auteur.

condamner l'État islamique en présence d'une ministre de la République peu réactive[1]. Il y a sans doute des dizaines de milliers de musulmans comme Idriss Sihamedi en France. Des Français qui entretiennent l'ambiguïté. Des musulmans qui se cament à un islam de dur, ne tolérant rien d'autre que leur *sunna*.

Je me souviens d'une conversation que j'ai eue avec un salafiste *light*[2] de Montpellier. Nasser s'était spontanément proposé pour présenter des parents de djihadistes. On avait sympathisé. Et il m'arrivait de prendre le café avec lui. J'aurais juré qu'il était républicain. Parce qu'à l'époque j'y croyais. Il me glisse :

« Tu sais, si un jour la France fait la guerre à mon pays d'origine, si elle tue des musulmans, je ne sais pas dans quel camp j'irai me battre. C'est dur de choisir quand on te fait sentir que t'es un étranger depuis ton enfance. »

Mais, bon sang, c'est lui qui m'expliquait qu'il se sentait étranger ! Et son pays d'origine, l'Algérie, pourrait bien un jour s'écrouler et devenir, à force de pétrole pas cher et d'augmentation des prix, la nouvelle Libye de la Méditerranée, un paradis pour recruter sur un autre morceau de Califat.

Il faudra expliquer alors aux millions de descendants d'Algériens que leurs frères islamistes n'ont rien à voir avec l'islam, qu'ils n'ont rien à voir avec l'Algérie et que si d'aventure nous étions amenés à les bombarder, ce serait par amitié pour eux.

Il faudra leur expliquer, à tous ceux qui sifflent *La Marseillaise* dans les stades, à tous ceux qui défilent en voiture en klaxonnant et en hurlant « *one, two, three, viva l'Algérie !* » les soirs de match de l'équipe algérienne de football, à cette population métissée qui, en réalité, n'a jamais coupé les ponts avec ses terres familiales, qu'il faut soutenir la France et rien que la France. Ils ont déjà du mal à s'y appliquer dans les stades...

1 Le Supplément, Canal+, 24 janvier 2016.
2 C'est ainsi que ses coreligionnaires l'appellent car il n'a pas de barbe et qu'il ne boit que du Coca *light*.

Notre pays ne se remettrait pas d'une nouvelle guerre contre un Califat implanté en Algérie. C'est déjà dur, dans les mosquées, de démontrer l'utilité du conflit en Syrie contre Daesh. Soyons réalistes et craignons le pire. Tant que le vieux Bouteflika respire, tant que les politiques français se pressent au palais d'El Mouradia pour parler à un mort-vivant que les hôpitaux de notre pays ressuscitent en cachette tous les trois mois, tout va bien. Mais le jour viendra où on ne pourra plus simuler. Le jour où il sera officiellement déclaré mort, l'ancienne puissance coloniale que nous sommes va en baver.

On dit l'Algérie immunisée contre le terrorisme car elle a souffert, sans doute plus que n'importe quel autre pays au monde, d'attaques sanglantes quotidiennes faites de faux barrages routiers, de massacres de villageois à la hache, de mitraillages. On la décrit également comme un pays fort, disposant d'une armée puissante qui maintient l'État. C'est vrai. L'Algérie n'est pas la Tunisie. Mais sa proximité avec le Sahel et la Libye la désigne comme une cible de choix, une cible de contagion. Quand le jeune beur d'origine algérienne aura à choisir entre son compatriote Mokhtar Belmokhtar, l'émir d'al-Mourabitoune, groupe affilié à Al-Qaïda au Maghreb islamique, et le président d'une République qui finira par lâcher des tonnes de bombes, tous aux abris ! Ça ne sent pas bon, tout ça.

Pour le bon sens populaire, tout peut partir en vrille très rapidement. Les Français ont été attentifs aux événements de Noël 2015 en Corse. Ils ont suivi ce qui se passe de l'autre côté du Rhin : les hordes de migrants, la réponse musclée d'organismes d'extrême droite, tels que Pegida, qu'on n'avait pas connus aussi puissants, populaires et organisés depuis la fin de la Seconde Guerre mondiale.

Les Français sentent que la transition démographique ne leur est pas favorable, que des quartiers entiers – des villes entières, parfois, comme Roubaix ou Saint-Denis – leur ont échappé. Ils devinent, enfin, que le moindre prétexte pourrait mettre le feu.

En face, ils perçoivent cette peur.

Et ils exultent.

Car les djihadistes n'aiment rien plus que la trouille ressentie par le *kafir*.

Dans un document intitulé « Les bénéfices des attaques contre *Charlie Hebdo* et la France », Daesh jubile en listant les affaiblissements de notre pays.

Les mécréants ont peur de s'en prendre à nouveau au Messager d'Allah.

La société française s'est affaiblie psychologiquement.

La société française est plus divisée que jamais.

Le texte, de plusieurs pages, alterne passages vengeurs et morceaux lyriques comme celui-ci :

« La France, l'une des plus vieilles ennemies de l'islam se réveillait de la profonde léthargie dans laquelle elle était plongée depuis quelques siècles [*sic*], et qui entretenait en elle le sentiment erroné que l'islam était mort, que l'islam ne possédait plus d'hommes dont l'honneur du Messager d'Allah était plus cher que leur propre existence. »

Et toujours cet espoir du chaos :

« Une dizaine d'attaques à l'instar des frères Kouachi, Coulibaly et Mohamed Merah, qu'Allah leur fasse miséricorde et tu verras la France à genoux, agonisante, et tomber dans l'anarchie. »

Et si on attaquait l'Élysée ? Le rêve absolu. Il est exprimé en ces termes – ponctuation et orthographe comprises – par un certain Zeitoun Bartakal sur Facebook :

« Bon, les frères, on attend quoi pour faire le siège de l'Elysée !? Si nous rassemblons 15 000 frères ou moins c'est pas grave, nous sommes en mesure de prendre l'Elysée et quand je dis prendre l'Elysée, c'est pas faire les Zemel qui crient Israël assassin, sortir la belle tenue de manifestant comme ça les go elles se disent (Ouah, c'est mon Jack Sparrow lui) non ! Prenez vos battes, votre arsenal, ne craignez plus la prison, ne craignez plus les mécréants ! Vous êtes pour la Palestine ? Soyez pour l'islam et levons-nous ici afin d'être bien plus qu'une épine qui gêne ces États qui attaquent nos frères en Irak qui sont notre seul espoir contre Israël ! Arrêtons d'être faibles ! On est si nombreux qu'on peut faire de l'Europe islamique et on baisses les yeux devant les mécréants ? Quand ça va s'arrêter ? »

Ça ressemble à de la vantardise.

« Orgueil de mytho, typique du ressentiment des banlieues », dit-on dans les renseignements.

Mais véritable thermomètre du climat de haine qui s'est installé en France.

RÈGLE XV

REMERCIE LES AVEUGLES.

« Sinon, la seule préoccupation qu'on aurait, aujourd'hui, pour imaginer un futur différent, ce serait – puisque tous les dirigeants sont là, discutons : quand et comment ferme-t-on les usines d'armement ? Quand et comment en finit-on avec votre merde de masculinité, qui ne se définit que sur la terreur que vous répandez ? »

Virginie Despentes, dans *Les Inrocks*, après l'attentat contre *Charlie Hebdo*.

J'ai cru qu'on allait me fusiller dans cette MJC[1]. J'ai pensé bien faire. Automatisme de journaliste. J'apprends qu'à une trentaine de kilomètres de Lyon, à L'Arbresle, un patelin d'à peine six-mille habitants, une mosquée salafiste vient d'être fermée après une perquisition. La ville n'a pas l'air très au fait des activités de ce petit lieu de culte, si mal indiqué que je l'ai d'abord confondu avec un vieux garage, sur la même route.

J'ai adopté ce réflexe depuis Lunel : dis-moi qui va à la MJC, je te dirai quelle est ta mosquée.

Je débarque à l'improviste, c'est vrai. Dans les couloirs, les mots « tolérance », « fraternité », « islam », « respect », « paix » ont été découpés puis scotchés sur les murs.

Nous sommes trois semaines après les attentats du 13 novembre. Je demande à voir un responsable. Avec quelques questions – ont-ils observé, dans ce village, des jeunes qui se seraient radicalisés ? Y a-t-il un malaise à l'Arbresle ? –, débarque une femme, moyennement ravie d'avoir affaire à un journaliste.

« On a mis des définitions du Larousse pour combattre les préjugés. Vous voyez.

– Oui, je vois ça.

– Ici, on est ouvert aux étrangers, à tout le monde. On donne des cours d'arabe dans le cadre d'ateliers sociolinguistiques.

1 MJC : Maison des jeunes et de la culture.

– Il vaut mieux que les cours se tiennent ici que dans l'arrière-cour d'une mosquée salafiste. Au fait, vous n'avez jamais entendu parler de prêches de haine à la mosquée du coin ? Des jeunes d'origine musulmane qui vous en auraient parlé ?

– Comment osez-vous parler de gens « d'origine musulmane » ? C'est une religion, pas une race. Je n'aime pas du tout votre façon de poser des questions sur les musulmans ! Je n'ai pas à juger des gens sur leur *look* de salafistes. Ca me fait penser à la guerre où il fallait dénoncer ses voisins juifs.

– Je suis d'accord, madame. Moi aussi, Ça me fait penser à la guerre. »

Malaise et fin de la conversation, cependant qu'une employée découpe d'autres mots à placarder :

« Refus des amalgames ! »

J'étais le nazi à la recherche des jeunes salafistes. Et elle, une sorte de Schindler, une résistante, tenant tête aux questions pressantes et suspectes d'un journaliste, probablement islamophobe.

Renversement des situations, inversion maligne, relativisation de l'histoire.

Je représente les forces du mal. Et elle, les forces du bien.

Sur le chemin du retour, sur les routes de cette vallée abandonnée à la grisaille et à la crise, où les restaurants turcs ont supprimé du paysage rural les dernières auberges, je me pose quelques questions. Leur aplomb ferait douter n'importe quel honnête homme.

Ai-je été maladroit ? Est-ce du déni ? C'est quoi ? De la compassion ? Et si demain, les salafistes prenaient le pouvoir ? Que dirait-on ? Qu'on l'a bien cherché ?

Lunel m'a vacciné contre toute forme d'autoflagellation. S'il y a bien une chose que détestent les radicaux, c'est qu'on les prenne pour des faibles, des victimes. Ils se gaussent de nos bons sentiments. À choisir, je pense qu'ils décapiteraient plus volontiers une responsable de MJC qu'un journaliste de droite. En tout cas, ils la décapiteraient en premier. Au moins pour me montrer de quoi ils sont capables.

J'ai vécu ce genre de petites leçons de tolérance tout le long de mon enquête.

Pas touche au *vivre ensemble* !

Le djihadiste est d'abord une victime qu'il faut comprendre puis, le cas échéant, soigner. Surtout pas un guerrier.

Un soir, je me suis rendu à un « café-citoyen » à Béziers. Je reproduis ici le texte du *flyer* qu'on y trouvait :

> Les attentats islamistes sont au cœur de l'actualité.
> Les médias nous en tambourinent les tympans.
> Le terrorisme est-il vraiment l'ennemi public N°1 ?
> Le tabac, l'alcool, la drogue, le chômage de masse, la violence routière, les pollutions industrielles ne font-ils pas beaucoup plus de victimes que les attentats terroristes ?
> Mais admettons que ces derniers soient le danger principal. Comment s'en délivrer ?
> On ne peut supprimer un effet qu'en supprimant sa cause. Or les lois antiterroristes, les dispositifs sécuritaires, le déploiement policier s'en prennent aux conséquences, jamais aux causes du mal.

Je viens en avance. S'installent autour de moi des gens que je reconnais, ceux des manifs contre Robert Ménard, quand ce dernier virait *manu militari* des réfugiés qui squattaient des immeubles de Béziers. La discussion a lieu dans les cales d'une petite péniche ancrée sur l'Orb. Ambiance thé bio et tapas solidaires. Le maître de cérémonie commence par nous faire un cours sur l'Islam, la grandeur de sa civilisation. Une participante à côté de moi entre en transe chaque fois qu'elle entend le nom d'une ville andalouse fondée par les Arabes.

« Ah oui, alors ! Formidable ! »

Ou lorsqu'elle entend combien les Juifs étaient contents de vivre parmi les musulmans.

« Oh, là là... Quelle tolérance ! On a beaucoup à apprendre ! »

Extatique, elle prend des notes. Glousse, même. Elle croit savoir qu'Arte a expliqué pourquoi Daesh est né.

« Pour le pétrole. Pour les Américains. Comme toujours. On leur pille leurs richesses, et puis voilà. On n'a qu'à arrêter de les voler ! »

Dans la salle, deux salafistes écoutent. Deux jeunes qui avaient gardé une église biterroise le soir de Noël. Ils se réjouissent de voir cette grand-mère flatter leur religion « de paix ».

J'essaye d'en placer une.

Impossible.

Un homme d'une soixantaine d'années, avec une queue de cheval, qui se donne des allures de Cavanna, m'interrompt :

« Mais non, vous, vous n'êtes pas inscrit au débat ! Vous ne pouvez pas parler. »

Les islamophiles d'abord ! Café-débat entre *dhimmis*. Pour une autre participante, enseignante à la retraite, « on parle davantage de terrorisme que d'accidents de voiture : c'est que la France est devenue un pays islamophobe ».

Je réessaye de les taquiner, gentiment :

« Est-ce qu'on traitait pendant la guerre les antinazis de germanophobes ? »

Le sosie biterrois de Cavanna prend la parole en serrant le poing, sans me regarder :

« Mais taisez-vous ! Vous n'êtes pas inscrit ! »
Fin du débat.

Les deux jeunes salafistes sont venus avec de la documentation et quelques bouquins sur la Palestine. Une mamie est ravie. Elle veut tous les lire. On n'aura pas évoqué une seule fois les djihadistes. La soirée s'est résumée à un long monologue avec fiches sur l'histoire de l'islam et à quelques gloussements de partisans du *vivre ensemble*.

On ne peut pas leur en vouloir. Leur discours n'est que l'ingestion de ceux des politiques. Quand François Hollande, au lendemain des attentats contre *Charlie Hebdo* et l'Hyper Cacher déclare que « ceux qui ont commis ces actes, ces terroristes, ces illuminés, ces fanatiques n'ont rien à voir avec la religion musulmane[1] », il se pose en grand *mufti* de France. Le propre de l'islam est l'immense difficulté à tracer les contours de « l'islamité ». Du fait de sa complexité normative et de son absence d'autorité centrale. Personne n'a réellement autorité pour dire qui est bon musulman et qui ne l'est pas. Surtout pas le personnel politique français.

C'est un peu, pour paraphraser Goering, la République qui s'octroie la compétence de décider qui est musulman et qui ne l'est pas[2].

Les islamistes, eux, ricanent et se frottent les mains.

Un président athée, qui a autorisé le mariage des homosexuels et qui décrète ce qui est l'islam ou pas ? Il n'y avait bien qu'un *kafir* socialiste pour inventer pareille provocation !

1 Adresse à la Nation du 9 janvier 2015.
2 La phrase est attribuée à Hermann Goering alors que se posait la question d'incorporer dans la Wehrmacht des soldats d'origine juive. « Ici, c'est moi qui décide qui est juif et qui ne l'est pas. »

Jack Lang, le président de l'Institut du monde arabe, homme de culture épris du Maroc jusqu'à la passion puérile, en remettait une couche, une semaine après le chef de l'État :

« L'islam est une religion de paix et de lumière », alors qu'il inaugurait un forum consacré au renouveau du monde arabe.

À l'occasion de ce même événement, pressé de faire un geste en direction des musulmans par l'Union des organisations islamiques de France, l'UIOF, proche des Frères musulmans[1], François Hollande se couchait à nouveau :

« Ce sont les musulmans qui sont les premières victimes du fanatisme, du fondamentalisme, de l'intolérance. »

Une phrase répétée depuis des années, jusqu'à l'ivresse, une incantation de derviches tourneurs. Il faut la répéter en tournant sur soi-même, jusqu'à l'extase, et, qui-sait, la lévitation...

Redescendons sur terre : du « fanatisme » et de l'« intolérance » ? De qui, au juste ? On aurait apprécié une syntaxe plus élaborée, un complément de nom. Le fanatisme « des » musulmans, ou « de » musulmans ?

On pourrait croire que le fondamentalisme ne trouve sa source nulle part.

Qu'il est.

Incréé, flottant dans l'éther.

Ex nihilo.

Mais surtout pas dans l'islam, la religion des damnés de la terre. Comme si le Califat et Al-Qaïda avaient inventé des religions pour l'occasion.

Ne pas nommer, ne pas stigmatiser, c'est s'acheter la paix sociale à vil prix. Et c'est devenu une vieille habitude des Occidentaux.

Après l'égorgement, en pleine rue, du soldat Lee Rigby, en 2013, à Woolwich, près de Londres, le Premier ministre, David Cameron,

1 *Le Parisien*, 15 janvier 2015.

avait tout de suite jugé que cet acte était une « trahison des valeurs de l'islam et des musulmans qui ont tant donné au pays ».

Voilà le chef du gouvernement britannique en train d'édicter lui-même ses *fatwas.*

Désormais, tout attentat commis en Europe ne sera plus le fait de l'islam.

Ce sera le fait de déséquilibrés, de cas sociaux, de paumés, et – disons-le franchement – d'apostats, puisque par leurs attaques, ils trahissent leur religion, à présent normée par les médias et le bien trop couard personnel politique occidental.

Dans son délire habituel, le Syndicat de la magistrature, jamais en retard d'une petite compromission, se dressait dès le début de l'état d'urgence déclaré et condamnait les mesures prises après les attentats du 13 novembre :

« Déjà, près de deux mille perquisitions de domiciles, de restaurants, de mosquées et des centaines d'assignations à résidence, où le principe de précaution éclipse le principe de nécessité, et le fantasme de l'efficacité, l'examen de proportionnalité. »

Le 30 janvier 2016, partout en France, tout ce que la France compte de *dhimmis* partait manifester contre l'état d'urgence et la déchéance de nationalité. Anarchistes en veste de cuir, crêtes iroquoises délavées plantées sur les crânes, main dans la main avec le monde syndical, en particulier celui des enseignants. Dans la foule, quelques étudiants de l'Unef venus réclamer que l'état d'urgence soit « décrété pour la finance ». En queue de cortège, les militants de *Boycott Désinvestissement Sanctions*, BDS, accrochés à des drapeaux palestiniens géants. Un militant du parti communiste me tend un tract. Il est question de protéger « un peuple riche de sa diversité ethnique, culturelle, religieuse et politique ». Sous forme de boutade, je lui dis :

« Les pays communistes n'étaient pas très riches en matière de diversité religieuse. C'est une bonne nouvelle. Vous avez changé ! »

Le manifestant, barbe grisonnante garnie de quelques miettes de pain, me lâche :

« C'est bon, j'ai compris... »

Déçu.

Une représentante de la Ligue des droits de l'homme que je connais bien me recommande d'aller à une conférence, quelques jours après, tenue par Christine Lazerges, présidente de la Commission nationale consultative des droits de l'homme, vent debout contre l'état d'urgence. Ancienne figure du parti socialiste, ex-vice-présidente de l'Assemblée nationale, cette juriste, amie de Christiane Taubira, est à la tête de cette autorité administrative indépendante, dont le premier président fut le gaulliste René Cassin.

Les temps ont changé.

Sont invités au débat : ATTAC, le Réseau éducation sans frontières, le MRAP, ou encore le Parti de gauche.

La horde des leçons de tolérance.

Le clan du déni.

Je croise un confrère qui me dit être hostile à l'état d'urgence. Il essaye de me convaincre.

« T'imagines si on venait casser ta porte à deux heures du matin. On met tout à sac chez toi. On regarde ton ordinateur... T'en as pour mille-cinq-cents euros de réparation »

Je m'étonne :

« Je n'ai rien à me reprocher.

– Mais, relève-t-il, imagine qu'on ait quelque chose à te reprocher... »

Plusieurs manifestants relèvent d'ailleurs qu'« aucun membre de Daesh n'a été arrêté depuis l'instauration de l'état d'urgence ». Tant que la police n'aura pas coffré al-Baghdadi se planquant dans un taxiphone de Sartrouville, les mesures exceptionnelles décrétées après les attentats ne seront qu'autant « de justifications pour enfermer les militants écologistes ».

Et c'est réellement ce que j'entends de la bouche d'un membre d'EELV.

Finalement, ceux qui ont vraiment quelque chose à se reprocher sont absents de la manifestation. Peu de gens le notent mais on ne croise pas un seul des assignés à résidence qui, en dehors des pointages obligatoires à la police ou à la gendarmerie, sont libres de leurs mouvements. Un policier de la sous-direction de l'Information générale de la DGSI, ceux qui étaient autrefois les fameux Renseignements généraux, me dit :

« Il n'y aucun intégriste. Pas l'ombre d'un islamiste. »

Je lui demande :

« C'est étonnant ? »

Il en déduit que ce jour-là, « ils ont préféré déléguer et rester chez eux. »

Le mot est fort : *délégation*.

Pourquoi s'emmerder à aller manifester quand d'autres, porteurs de drapeaux frappés de la faucille et du marteau, disciples d'une laïcité qu'ils ont massacrée à l'école à force de promotion irréfléchie de la diversité, le font à leur place, et si bien ?

Le lendemain des attentats du 13 novembre, un membre de la Cimade[1] se pointe à la mosquée Aïcha de Montpellier pour soutenir les musulmans, et dénoncer le racisme et la discrimination.

1 La Cimade – Service œcuménique d'entraide, pour Comité inter-mouvements auprès des évacués, est une association protestante de solidarité avec les étrangers.

Il a ôté ses petites chaussures et s'est mis à prier avec eux. Manque de chance : il avait choisi le mauvais endroit. Quelques jours plus tard, l'imam Khattabi était assigné à résidence.

Peu importe, finalement.

L'essentiel, c'est d'avoir l'impression d'être entré en résistance.

Aujourd'hui, aller se déchausser dans une mosquée salafiste, étreindre le barbu djihadiste – quand vous êtes un homme – c'est planquer des Juifs pendant la guerre.

C'est avoir l'impression d'être une sorte de Raymond Aubrac des temps modernes.

Les blogs des droits-de-l'hommistes sont les maquis des pauvres d'esprit.

Désirer tendre la main à ceux qui veulent vous la clouer sur une planche ou vous l'amputer, c'est le passe-temps de la gauche moderne. Pourquoi s'en priver ?

C'est la suite de la pensée politique des années 1980 : les victimes sont des alliées. S'ils sont maintenant nos bourreaux, c'est que nous avons été les leurs.

Suite logique : nous avons des choses à nous reprocher. Il serait peut-être temps de nous remettre en question.

La force n'est pas dans la force. Elle est dans la farce de cette communion entre les bons et les méchants.

Dans le relativisme. *Nihil novi*...

J'ai rencontré une femme pasteure persuadée que des chansons interreligieuses pouvaient prévenir les départs au *djihad*. À Lunel, un éducateur sportif, à qui je demandais s'il n'y avait pas eu des erreurs commises par la mairie, m'expliquait, sans rire :

« Il faudrait, par exemple, organiser des soirées de *babyfoot*. »

On retrouve ce genre de conditionnement dans toutes les professions dites intellectuelles.

Les services de renseignements ont toutes les difficultés du monde à obtenir des informations des enseignants. Ceux-ci sont encore rétifs à l'idée de dénoncer des comportements de radicalisation chez leurs élèves. Peur de passer pour des collabos, crainte des représailles chez certains profs des banlieues mais aussi inertie doctrinale face à un environnement devenu banal.

L'ordinaire du métier : voir des jeunes lycéens contester l'enseignement de la Shoah, se payer les colères de gamines voulant porter le voile, accepter que des adolescentes musulmanes multiplient comme des petits pains les certificats médicaux de complaisance car telle ou telle discipline n'est pas conforme à la pudeur islamique.

Comme les parents de jeunes radicalisés, les maîtres sont devenus aveugles. Le basculement vers l'islamisme n'est plus visible : il est la norme et il faut s'en accommoder.

Chez les journalistes aussi, on a pris l'habitude de fermer les yeux. Dans une profession où le narcissisme littéraire consiste à penser plus à gauche que la gauche, et où les rares gens de droite suivent le mouvement de peur d'être saqués, la défense acharnée du multiculturalisme pousse à minimiser l'emprise salafiste dans les banlieues.

Normal : la plupart n'y mettent jamais les pieds.

L'exemple de Lunel est frappant. Il fallait lire la presse étrangère pour être à peu près au courant – et sans fard – des événements. Dans la foulée des révélations des départs au *djihad* d'une vingtaine de jeunes, le journal local, *Midi Libre*, se fendait d'une enquête de plusieurs pages sur le plaisir que les habitants avaient à *vivre ensemble*. Quant à l'artère du centre-ville, la rue du Capitaine-Ménard, véritable nid à djihadistes, farcie de taudis où l'on entend, par les fenêtres défoncées, gueuler les récitations du Coran aux heures de prières, le quotidien de Jean-Michel Baylet a mené sa propre enquête :

« Ces trésors que cachent les façades du centre-ville... »

Exemple de clichés à avaler :

« En entrant réellement dans ce quartier, on le découvre terre de contrastes... »

Contraste entre les boutiques islamiques et les marchands de kebabs.

Contraste entre les islamistes déjà coffrés et ceux qui allaient l'être !

Contraste entre ceux qui avaient les moyens financiers de fuir ce petit Bal-el-Oued et ceux qui sont restés à subir.

Bref...

Comme dans bon nombre de journaux régionaux, où il faut se plier au laborieux exercice de conciliation d'exigence de vérité et de maintien de l'amitié et l'argent des publicités des politiques locaux, la schizophrénie des journalistes est souvent un signe de professionnalisme très apprécié des rédactions en chef.

Alors qu'il fallait montrer aux lecteurs que Lunel était un modèle d'assimilation, dans le même temps, le jour des attentats contre *Charlie Hebdo*, la rédaction lunelloise de *Midi Libre* était rapatriée au siège, en catimini.

De peur d'un attentat.

L'islamophobie dans les colonnes du journal, non !

En secret, oui !

Quelques jours plus tard, ces mêmes journalistes soulignaient – odieux mensonge – l'esprit de concorde qui régnait à Lunel lors de la marche du 11 janvier.

Ce syndrome idéologique qui consiste à minimiser la vérité pour ne tirer, ici et là, que les quelques miettes d'optimisme qu'offrent les faits, agit comme un puissant analgésique sur les consciences.

Je me souviens d'une journaliste qui, lors d'une soirée, me soutenait, un verre à la main, que ces jeunes djihadistes étaient des aventuriers tout autant que ces Français qui partaient rejoindre les républicains espagnols ! Voilà : Daesh, c'est la guerre d'Espagne de nos déshérités, pleins de vitalité et d'idéalisme. La guerre, une aventure accélératrice de vie.

Mince !

On ignorait en fait que derrière un Abdelhamid Abaaoud se cachait un Ernest Hemingway !

Un Samy Amimour se faisant exploser les tripes après avoir mitraillé une salle de concert aurait pu être le nouvel André Malraux !

Excuse bien commode pour une journaliste dont la spécialité est de défendre tout ce qu'elle ne trouve pas dans son quartier huppé, c'est-à-dire loin de la crasse sociale qu'elle croit connaître quand elle écrit :

« Les Roms, tous victimes, les musulmans, tous victimes. »

Jusqu'au jour où elle a appris que ses enfants ne pouvaient décemment fréquenter le collège qu'une carte scolaire cruelle leur avait assigné.

« Je vais aller voir le député, ça ne se passera pas comme ça ! »

Les musulmans, c'est bon pour les gosses des autres, c'est bon pour pleurer avec eux – et encore de loin – dans les reportages. Mais il ne faut pas exagérer : vivre avec, quand on a des gosses « surdoués », ce n'est plus acceptable.

Le *vivre ensemble*, c'est pour les autres. En l'occurrence, ceux qui se le coltinent à l'année.

Dans la même veine, le journaliste Pierre-Alexandre Bouclay, de *Valeurs actuelles*, avait eu la très mauvaise idée de mener une enquête à Roubaix, la ville aux six mosquées. Il dépeignait cette cité laissée à l'abandon, rongée à la fois par la délinquance et l'islamisme. On lui est évidemment tombé dessus. *La Voix du Nord* devait rectifier le tir quelques jours après. Roubaix était une ville agréable à vivre, et le journaliste indélicat, lui, avait eu des visions. C'était lui, l'idéologue, et certainement pas ceux qui revenaient, tels des gardes rouges de l'écriture, sur son reportage.

En matière de collaboration, on n'a jamais rien inventé de mieux que le déni.

Quand on vient à répondre « fraternité » à ceux qui veulent bousiller votre vie, vous imposer la *charia*, jusqu'au fin fond des quartiers les plus islamisés de France et de Belgique, c'est qu'en plus d'avoir baissé la garde, on a baissé les bras.

C'est qu'on a déjà perdu la guerre.

Molenbeek compte des dizaines d'apprentis-djihadistes ? Pas grave.

La ville entière – pensait-on – allait démontrer l'inverse.

Les commerçants placardaient sur leurs vitrines des signe *Peace and Love*.

Mohamed Abdeslam, frère de Brahim et Salah, participait à un rassemblement en hommage aux victimes.

La presse commençait à célébrer ce jeune homme qui condamnait les attentats commis par sa fratrie, lavait l'honneur des musulmans, et avait posé une petite bougie à sa fenêtre. Bon, on fermait les yeux sur le fait qu'il avait été condamné pour sa participation au gang des charognards, une équipe d'ambulanciers qui avaient détroussé une trentaine de cadavres. Rien d'important, en somme. Il fallait prier ensemble.

Quand Marielle Timme, rescapée du Bataclan, prend la parole[1], elle n'imagine sans doute pas qu'elle manifeste un syndrome de Stockholm, pathologie mêlant crainte de passer pour islamophobe et solidarité avec une communauté étrangement taiseuse sur le massacre.

1 Europe 1, le 29 décembre 2015.

« Du fond de ma cachette, j'avais une pensée pour tous mes amis musulmans. Je me suis dit : « Ils vont encore s'en prendre plein la tête, les pauvres. » Je ne veux pas vivre dans la peur. Je ne veux pas que tous mes actes soient gouvernés par ce que j'ai vécu au Bataclan, sinon, ça veut dire que Daesh a gagné. »

Et la survivante de poursuivre sur ce même ton lénifiant, ce ton accusateur qui ressemble déjà en soi à une revendication :

« Il y a cette dissension que Daesh a voulu créer dans le peuple français, et Robert Ménard fait la même chose en recréant, pareillement, une dissension dans le peuple. Il me semble, en associant les musulmans à Daesh, qu'il fait leur jeu. Il fait le jeu de Daesh, c'est ça qui est révoltant pour moi. »

Ce que Marielle Timme ne comprend pas, c'est que sa bien-pensance, *du fond de sa cachette*, ses sentiments – les premiers qu'elle ait nourris – à l'égard de ses amis musulmans, sont exactement ceux que souhaite exciter l'État islamique en tirant au hasard sur une foule de bobos. Décimer les victimes par les balles mais aussi par la haine de soi – car c'est de cela qu'il s'agit –, qui est d'autant plus victorieuse pour les terroristes qu'elle émerge déjà pendant l'attaque même.

Ainsi, ce jour-là, ce n'était pas l'islam qui devait se remettre en question, et chasser ses fidèles les plus embarrassants ; c'était au FN, c'était à Robert Ménard, au fin fond de Béziers, de nettoyer son arrière-boutique. C'était lui qui faisait le jeu de Daesh ! À égalité avec les assaillants. Lui aussi était un terroriste. Nous sommes tous, en fait, des terroristes. Nous avons ouvert le feu. C'est comme si Pierre Desproges avait été sérieux en prononçant cette phrase de l'un de ses plus célèbres numéros :

« On ne m'ôtera pas de l'idée que, pendant la dernière guerre mondiale de nombreux Juifs ont eu une attitude carrément hostile à l'égard du régime nazi. »

Marielle Timme a dû s'étrangler en lisant Jesse Hugues, le chanteur des Eagles of Death Metal, qui, trois mois après les attentats du 13 novembre déclarait :

« Est-ce que vos lois sur les armes à feu en France ont empêché cette attaque ? Non. »

Pas de coupables chez eux. Nous sommes les coupables. Ne cherchez pas plus loin.

Alors que je faisais le tour des mosquées radicales de Molenbeek, ne sachant plus où donner de la tête, je suis tombé sur une équipe de télé flamande en plein tournage dans une boucherie *halal*. Non loin d'une épicerie où Abaaoud achetait de quoi se confectionner ses sandwiches entre deux joints. Je demande aux journalistes :

« Il se passe quoi ? »

Un reporter néerlandophone m'explique être en train de réaliser un long format pour expliquer « que la vie est agréable à Molenbeek, contre les idées reçues, contre les clichés, contre le racisme ».

Pendant quatre heures, ils sont restés plantés face à la devanture, caméra et perche en main, avec pour unique objectif de prouver qu'aucun islamiste ne se pointait pour acheter des côtelettes d'agneau.

Tout allait bien, donc.

« Ridicule ! » me soufflait l'ex-épicier d'Abaaoud, qui, lui aussi, avait l'air d'éprouver une certaine peine à la vue de cette scène surréaliste, superbe manifestation d'à-plat-ventrisme. Il fallait vraiment être dingue ou raciste – et plus vraisemblablement les deux – pour s'intéresser aux salafistes.

Dingues, justement. C'est comme ça qu'on désigne les terroristes.

Des cinglés, des psychopathes qui se vengent d'une enfance difficile, des portes claquées sous leur nez dans les boites de nuit, des cantines non *halal*, des HLM cradingues, en passant leurs nerfs sur les *kouffar*, quitte à les décapiter. Ce ne sont pas des guerriers, qui ne font qu'appliquer rationnellement les prescriptions du Coran, mais des paumés qui vident leur surmoi en même temps que leur chargeur. Allah est grand. Mais Freud l'est davantage.

Les rafales de kalachnikov ? Sans doute des troubles obsessionnels compulsifs.

Lors d'une conversation sur Messenger avec un djihadiste, ce dernier à qui j'exposais que l'Occident percevait ses semblables comme de jeunes névrosés, m'a répondu :

« Ils pensent qu'on est fous, ils auront des surprises, ces cons. »

Bien résumé.

On voit pousser dans les officines de la psychanalyse, tout un tas d'apprentis sorciers qui, prétendant appliquer leur « science » à un phénomène politique, se font fort de tout expliquer, de prévenir la radicalisation.

L'association niçoise Entr'autres fait partie de ces structures de bric et de broc, réunissant des psychologues, tous psychanalystes et un seul psychiatre, un Marocain, et un imam ! Le cofondateur d'Entr'autres, Patrick Amoyel, affirme ainsi avoir, à l'origine, en 2004, créé cette association, pour tisser du lien social interculturel[1].

« Au départ, il y avait des Tchétchènes, des Arabo-musulmans, des Vietnamiens, des Africains... Petit à petit, on s'est retrouvés entre nous, à cause du repli identitaire. Et récemment est intervenue la radicalisation politique de l'islam. »

Vous reprendrez bien une pilule de *vivre ensemble* ?

Viendra un moment où on obligera les électeurs du FN à suivre des thérapies de lien « interculturel » avec des candidats au *djihad*.

1 *Metronews*, 8 février 2015.

Rares sont les psys à critiquer publiquement ce genre de pratique. J'ai malgré tout reçu une lettre d'un psychiatre qui tient à rester anonyme[1]. Un praticien qui en a assez de cette supercherie. Morceaux choisis de ce coup de gueule :

« Pour ce qui est de soigner les djihadistes, il faudrait d'abord que ce soit une maladie. Nos amis soviétiques et communistes chinois ont sûrement le plus d'expérience en matière de rééducation et de traitement, avec les succès qu'on leur connaît. [...]

La psychanalyse a l'avantage de tout expliquer en termes obscurs, de clouer le bec à vos détracteurs en les méprisant, et d'avoir payé de nombreuses piscines en cash de la Région, pour les plus habiles. Comme les chansons pour les grandes causes humanitaires sauvent les artistes en perte de notoriété, ces groupes sauvent de l'ombre ces illustres inconnus. [...]

Toutefois, c'est une idéologie assez proche de celle des djihadistes. C'est-à-dire un système qui répond à peu près à toutes les questions, désigne les ennemis et la cause de notre souffrance, assez libérée des contraintes de la raison et de la réalité. »

Par habitude, quand j'entends un expert en djihadologie commencer ses phrases par « le malaise est plus profond que ça », bref, quand, dans le vocabulaire s'immiscent des mots comme « traumatisme », « blessure », « affection », je sais désormais que je vais subir une série de banalités sans rapport avec la réalité.

Si l'islamophobie est une pathologie, que signifie le fait de désigner le djihadisme comme une maladie ?

Le rapport – hilarant malgré lui – intitulé *Génération radicale*, rédigé par le député socialiste et ancien président de SOS

1 Même si sa lettre est signée, il ne souhaite pas être embêté par ses vindicatifs confrères.

Racisme, Malek Boutih, est truffé de ce genre de considérations psychologisantes.

Extraits :

« Les psychologues qui ont suivi des jeunes radicalisés soulignent que beaucoup ont en commun des questionnements identitaires et des structures familiales défaillantes. Ils décrivent des jeunes « sans père ni repère », en quête de sens et d'identité, ne se sentant pas appartenir à la communauté nationale, ayant connu des enfances difficiles, liées à l'absence de père, à la maltraitance parfois. »

Ou encore :

« Les services psychiatriques existent pour prendre en charge les cas pathologiques graves, mais qu'en est-il de l'accompagnement des jeunes en souffrance dans leur quotidien ? *A priori*, comme pour ceux dont la tentative de suicide est passée inaperçue, ils n'ont pas accès à un soutien psychologique. La psychologie et la psychothérapie se sont peut-être banalisées dans une frange intellectuelle et urbaine de la société, mais c'est loin d'être le cas partout. La récente grève des personnels du secteur de pédopsychiatrie en Seine-Saint-Denis qui ne peuvent plus assurer leur mission de service public (plusieurs mois de délais sont nécessaires avant d'obtenir un rendez-vous) illustre bien cette situation. »

Tous à l'hôpital psychiatrique et la guerre sera gagnée !

Dénier à son adversaire qu'il est en conflit, que son projet est politique, en l'assignant à une pathologie mentale, c'est lui donner bien des longueurs d'avance, et c'est surtout se priver des moyens de combattre, en gaspillant du temps et de l'argent.

Dans la niche « perte d'argent organisée », les bonnes œuvres facturées de Dounia Bouzar, l'experte ès fous de l'islam, l'ubiquiste de la conférence rémunérée, l'ex-copine des salafistes, se pose en grande prêtresse.

Pas un lieu où elle n'ait posé le talon ni recyclé sa science.

Au quartier des Moulins, à quelques pas d'une mosquée salafiste qui a poussé au pied de la tour 41, des animateurs rient jaune.

« Y a un problème ici. Et qu'est-ce que la mairie de Nice a décidé ? Envoyer Dounia Bouzar, pour une conférence ! Dounia Bouzar, j'ai rien contre. Mais c'est un peu le McDonald de l'anti-djihadisme. Vous avez le même produit partout mais vous restez sur votre faim. »

La grande prêtresse est bien aidée par la petite entreprise familiale qu'elle a créée.

Le népotisme plutôt que le djihadisme.

Vous l'appelez et vous obtenez sa fille Lylia – de son vrai nom Aurélie – qui gère la société établie à Noisy-le-Sec, en Seine-Saint-Denis. Une autre de ses filles, Laura, âgée de vingt-six ans, s'occupe d'une cellule mobile de prévention de la radicalisation intervenant auprès des préfectures. Il faut dire que la *Bouzar Corporation* était aussi la seule société à avoir répondu à l'appel d'offres lancé par le ministère de l'Intérieur. Bientôt, elles conduiront des ambulances à travers la France pour ramener les djihadistes à la raison !

Pressé par ses administrés de trouver une solution, le maire de Lunel a fait appel pour quelques milliers d'euros à Dominique – alias Dounia, ça fait tout de suite plus experte des banlieues – Bouzar, mélange d'exorciste et de *superwoman*.

Piiiiin-poooon Piiiiin-poooon !

Comme le note le site intégriste *Al-Kanz*, « dès que l'actualité sent un peu la merguez, cette dame est interrogée sur l'islam et les musulmans de France ».

Sa société commerciale *Cultes & Cultures consulting*, qui selon ses statuts a pour objet « de prodiguer aux entreprises françaises et étrangères, institutions publiques, organisations internationales, collectivités territoriales (ou tout autre organisme), son analyse, son savoir-faire et ses propositions d'actions sur les questions de la gestion de la diversité au sens large, et plus précisément sur la gestion de la diversité culturelle, ethnique et religieuse », est une affaire qui tourne.

En dix-huit mois, depuis 2014, date à laquelle son action a été reconnue par le ministère de l'Intérieur, les Bouzar, mère et filles, ont récolté pas moins de neuf-cent-mille euros de subventions.

Budget annuel : six-cent-mille euros ! Pour raconter, *grosso modo*, que le djihadisme est une dérive sectaire ! À en croire son cabinet, en l'espace d'un an, deux-cent-trente-quatre personnes ont été désembrigadées.

Mieux que *Ghostbusters*, et avec moins de personnel ! Sans compter les nombreuses approximations qui font beaucoup rire les islamologues. Comme celle qui consiste à affirmer, toute honte bue, que « 50 à 60 % des jeunes djihadistes sont athées ou n'ont rien à voir avec l'islam ». Joli tour de passe-passe de la part de Dounia Bouzar, digne des meilleurs morceaux de la *taqiya* salafiste. Car la *businesswoman* du désenvoûtement oublie de dire une chose : ces 50 à 60 % correspondent aux signalements effectués auprès du « numéro vert » mis en place par le ministère de l'Intérieur. Ils sont en effet le fait de foyers qui ne sont pas de tradition islamique. Or, si Dounia Bouzar était un tant soit peu honnête, elle dirait ce que les renseignements reconnaissent eux-mêmes : à savoir que les familles musulmanes hésitent encore à utiliser ce numéro de peur de dénoncer un enfant à la police ou de passer pour des balances dans le quartier !

Elle oublie de dire, surtout, que ces jeunes sont musulmans : peu importe qu'ils aient grandi dans un environnement catholique, bouddhiste ou juif. Ils sont musulmans pour leur mosquée, musulmans pour l'*oumma*, musulmans pour le Califat. Il n'y a que Dounia Bouzar finalement qui leur conteste cette appartenance. Curieux oubli de la part de « l'anthropologue des religions », comme la présentent les médias, qui ne parle pas l'arabe et s'improvise pourtant ouléma.

« Elle était nulle à l'époque où elle nous fréquentait. Elle l'est encore davantage désormais », rigole le propriétaire d'une librairie islamique du XIe arrondissement de Lyon.

Personne ne questionne l'efficacité de ses conférences *PowerPoint* dans les quartiers et dans les salons dorés des préfectures, mais son quasi-monopole commence à en agacer plus d'un, notamment chez les parents de djihadistes. Le père d'un Toulousain parti en Syrie m'a raconté ainsi avoir été contacté par la chamane de la République.

« Elle m'a tout de suite parlé de droits d'auteur. Ça l'obsédait. Le *deal*, c'était 70 % pour elle, 30 % pour moi. J'ai dit non. Je me souviens qu'après notre rencontre, mon refus l'avait travaillée. Elle m'a appelé plusieurs fois dans le train du retour pour me proposer finalement de faire cinquante-cinquante. »

Refus du père agacé par ces « gens qui se font de l'argent et de la notoriété sur le dos du *djihad* ».

« Je n'ose pas dire ce que j'ai sur le cœur. Mais Dounia Bouzar, franchement, ça me rend triste. Que fait-elle ? Rien, elle fait du fric. Le jour où la Cour des comptes se penchera sur son cas, ça risque de lui faire mal », souffle une maman qui vient de fonder sa propre association « avec le minimum d'argent public et sans embaucher des gens de sa famille ».

Bouzar & Cie présente au moins un intérêt, diront certains : Elle déradicalise sans heurter les bonnes consciences, et sans piper mot des versets les plus violents du Coran. Promettre qu'on puisse régler un problème sans s'y attaquer, en échange de l'argent de gens crédules – en l'occurrence, celui de l'État –, ça ressemble déjà au comportement d'une secte. Dounia Bouzar devra-t-elle désenvoûter Dounia Bouzar ?

Au Parlement, certains ont déjà commencé à tousser fort. Comme Nathalie Goulet, sénatrice UDI et présidente de la commission d'enquête sur les réseaux djihadistes.

« Cette structure n'a pas de bureau et un très faible effectif, explique-t-elle dans les colonnes du *JDD*[1], je souhaite juste comprendre comment on « déradicalise » dans de telles conditions ».

Le *JDD* poursuit :

« Au ministère de l'Intérieur, on lui a conseillé la surexposition médiatique. »

Gare au *burn out* !

Le *burn out* n'aura pas lieu. Son centre de prévention contre les dérives sectaires a préféré rompre les liens avec l'État qui nourrissait sa famille. En cause, la déchéance de la nationalité.

« Va-t-on recommencer à relier l'origine ethnique des individus au processus de radicalisation ? » se demande la Bouzar Company. Puisqu'on vous dit que le djihadisme n'a rien à voir avec l'immigration, rien à voir avec l'islam...

La démission de Dounia Bouzar est intervenue quelques jours après le placement en détention de l'une de ses « patientes », une adolescente de dix-sept ans, déjà interpellée en août 2014 pour avoir planifié un attentat contre une synagogue de la région lyonnaise.

Alors qu'elle venait de suivre plusieurs semaines d'entretien avec la chamane de la déradicalisation, la jeune fille, qui s'était félicitée des attentats du 13 novembre, continuait à correspondre avec un recruteur à l'autre bout de la France, et se préparait à partir en Syrie.

« Tout le monde la voyait sur la bonne voie. »

Mais voilà, l'anthropologue star n'a rien vu venir. En janvier 2016, c'est grâce à des écoutes téléphoniques, menées par la police, que l'adolescente « en bonne voie », a pu être interrompue dans son voyage vers le Califat. La dissimulation, a-t-elle avoué

1 *Le Journal du Dimanche*, 20 décembre 2015.

aux enquêteurs, faisait partie de son plan pour « tromper son entourage ».

Taqiya 1 – Bouzar 0.

Cela aurait pu durer des mois encore, les deux protagonistes se cachant chacune sous son propre rideau de fumée ; l'une, derrière sa pseudo-science, et l'autre, derrière sa pseudo-repentance.

Dounia Bouzar a en fait d'autres projets, tout aussi délirants, comme ouvrir « une école de déradicalisation, afin que le plus de citoyens possible puissent se former et se perfectionner sur le sujet ».

Suite *marketing* logique de sa carrière.

Il y en a une autre qui a le don d'énerver certains parents de djihadistes, c'est Latifa Ibn Ziaten, la mère d'Imad, le soldat abattu par Mohamed Merah. Sa notoriété subite, ses conférences dans les lycées, et sa présence dans tous les médias ont fait d'elle une véritable star. Tous les parents de djihadistes ne passent pas aussi bien à la télé que Latifa, voyageuse de la paix, flanquée d'une attachée de presse et d'un voile.

« Un jour, elle m'a contacté. Elle m'a dit : « Faut que tu rentres dans mon association. Tu verras, on a des moyens, et puis je dispose du réseau de Chalgoumi », me raconte encore le père du djihadiste toulousain, en écho à ce que pensent aussi d'autres parents. Latifa donne de la tête partout. Son espèce de *World Tour* du *vivre ensemble* a même fait escale dans un grand hôtel de Doha à l'invitation du Qatar, haut lieu du wahhabisme, pour les journées « Paix et sports », organisés par l'Émirat. Plutôt le confort que la décence.

Latifa est sur la même longueur d'ondes que Dounia Bouzar : prévenir le *djihad*, c'est bien, mais si en prime, on peut absoudre l'islam, c'est encore mieux !

Au site internet auféminin.com[1], elle raconte :

« J'ai peur que les Français fassent des amalgames. Tout cela n'a rien à voir avec l'Islam, rien à voir avec la religion. Moi, j'appelle cela une secte, un virus qui se propage dans toute l'Europe et qu'il faut absolument soigner le plus vite possible. »

Après les attentats du 13 novembre, elle dit au journal *La Croix* :

« Regarde ce qui s'est passé à Paris, c'est grave, c'est horrible, c'est une tragédie. Ce ne sont pas des musulmans qui ont fait ça, ce sont des assassins[2]. »

> « Et combattez dans le sentier de Dieu ceux qui vous combattent, et ne transgressez pas. Vraiment, Dieu n'aime pas les transgresseurs !
> Et tuez ceux-là, où que vous les rencontriez ; et chassez-les d'où ils vous ont chassés : la persécution est plus grave que le meurtre. Mais ne les combattez pas près de la sainte Mosquée avant qu'ils ne vous aient combattus. Donc, s'ils vous combattent, tuez-les. Telle est la récompense des mécréants. »

Le Coran, sourate 2, « La Vache », versets 190 et 191.

Mais Madame Latifa Ibn Ziaten va sans doute expliquer, comme bon nombre d'imams dits modérés, qu'il s'agit d'une mauvaise traduction ou qu'il faut replacer ces versets dans le contexte de l'époque. Comment se fait-il qu'il n'y ait que ces versets qu'il faille réinterpréter et triturer à la lumière du contexte historique ? A-t-on jamais entendu un islamologue débattre des lignes interdisant, par exemple, la consommation de viande de porc ? Qu'y

1 Voir *aufeminin.com*, le 19 février 2015. Notons qu'il n'y a guère plus que sur Radio Trafic qu'on n'a pas encore entendu Latifa Ibn Ziaten.

2 *La Croix*, 27 novembre 2015.

a-t-il là à réinterpréter ? Faut-il tout réinterpréter ? Faut-il réécrire le Coran ? Et si oui, avec qui ? Dounia Bouzar ? En faisant 50-50 sur les droits d'auteurs avec Allah ?

C'est tout le problème de la déradicalisation, elle trempe sa plume dans l'encre des bons sentiments, tout en tenant éloigné les vrais problèmes religieux que pose l'islam, afin de l'expurger de sa responsabilité.

Mais aucun musulman pratiquant ne voudra apostasier sa religion sur injonction d'apprentis-sorciers persuadés que les djihadistes sont simplement des victimes possédées par un mauvais esprit. Ils ne suivent pas les apôtres vivre-ensemblistes partant de l'idée fort contestable que les terroristes et leurs soutiens ne seraient que de faibles esprits manipulés qu'il suffirait de manipuler en retour, pour les délester de pathologiques postures sectaires.

Ce discours est malheureusement repris par l'État. Que dit le préfet Pierre N'Gahane, directeur délégué du Comité interministériel pour la prévention de la délinquance ?

« Le phénomène de radicalisation n'a rien à voir avec la religion. »

Et surtout, qu'« il ne s'agit pas de conversions à l'islam, mais au radicalisme, même pour les musulmans ». Il n'y a donc pas de musulmans radicaux, il n'y a que des radicaux qui s'islamisent. Imparable.

Le député socialiste des Hauts-de-Seine, Sébastien Pietrasanta, rapporteur du projet de loi relatif à la lutte contre le terrorisme, est un bon élève de ce *vivre ensemble*, puisque dès l'avant-propos des conclusions remises à Manuel Valls en juin 2015, il écrit :

« Le double défi pour la France aujourd'hui est de ne pas se couper de la communauté musulmane et d'intégrer l'islam dans la République[1]. »

1 *La Déradicalisation, outil de lutte contre le terrorisme*, page 9.

Parmi les propositions du député, on retrouve tout le b.a.-ba d'usage et l'amitié des peuples à sens unique. Il y a évidemment la création d'un réseau de psychologues formés et spécialisés en radicalisation.

On imagine déjà les tests de Rorschach, ces fameux dessins de taches symétriques à interpréter :

« Et là, vous voyez quoi ?

– Une kalach'.

– Et sur ce monochrome ?

– Un *niqab* ! »

Le député suggère également la « création d'une *task force* de *community managers* pour identifier et combattre le discours djihadiste sur le Web ». Un classique, désormais, qui s'accompagnera de la création « d'une fondation pour diffuser le contre-discours ». On pense aux haut-parleurs diffusant de part et d'autre de la frontière entre la Corée du Nord et du sud des messages des gouvernements respectifs, entrecoupés de musique de propagande[1]. Autre proposition :

« La constitution d'un patrimoine immobilier cultuel adapté aux besoins. »

Soit davantage de mosquées.

Rien de neuf.

Un peu de pipeau, un peu de République et un peu de vieilles recettes de la diversité.

Quelques mois après la révélation des départs des djihadistes lunellois vers la Syrie, le député socialiste du coin, Patrick Vignal, avait invité le recteur de la mosquée de Paris, Dalil Boubakeur, pour annoncer une série de mesures visant à prévenir la radicalisation dans le secteur. Tous les journalistes étaient évidemment

1 Les deux Corée se sont finalement mises d'accord pour couper les haut-parleurs. Non seulement, c'était inefficace mais ça épuisait mentalement les soldats.

conviés à cette grand-messe. Dalil Boubakeur a fait son *speech* habituel sur les valeurs de l'islam bafouées, puis l'attaché parlementaire de Patrick Vignal a distribué les petits dossiers de presse relatifs à son annonce coup de fouet pour mettre un terme à la radicalisation. Les médias s'attendaient à quelque chose de fort.

« J'ai décidé de créer des parlements d'enfants ! »

Voilà l'annonce spectaculaire !

J'ai même senti, ce jour-là, Dalil Boubakeur au moins autant embarrassé que la plupart des journalistes devant un tel tissu d'âneries. Voilà qui va régler sur le long terme le problème des départs vers le Califat ! Il est certain que les jeunes de vingt à trente ans vont être effrayés par l'idée de partir !

Cessons de prendre les djihadistes pour des benêts. Quarante ans d'erreurs des gouvernements successifs. Ce serait tout de même incroyable qu'un député ne persistât pas à reprendre les solutions du passé. Son attaché parlementaire n'a pas apprécié ma boutade :

« Je pense que le calife al-Baghdadi va renoncer aux menaces qui pèsent sur la France ! »

Pour sa défense, c'était avant les attentats du 13 novembre. La France était encore intoxiquée par la marche des *#Charlie*, par les bons sentiments et l'idée qu'en allumant des bougies, on vaincrait le Diable. Celle de l'après-13-Novembre a commencé à repenser son discours. Et à le muscler. Quitte à faire fuir Christiane Taubira, et malgré les promesses de paix sociale, souvent inspirées des méthodes scandinaves.

C'est vers les pays du Nord, en effet, que la France puise avec enthousiasme les quelques concepts de règlement pacifique du djihadisme de l'intérieur. Deux idées sont souvent évoquées : la promotion de mentors pour les jeunes et même la professionnalisation de repentis de l'islamisme… pardon… de la secte-djihadiste-qui-n'a-rien-à-voir-avec-les-musulmans.

Le Danemark fait figure de modèle. On se demande bien pourquoi d'ailleurs, puisqu'en termes de nombre d'islamistes partis combattre en Syrie, le petit royaume social-démocrate fait pire que la France : cent-cinquante départs pour 5,6 millions d'habitants et une population musulmane moins importante que la nôtre. Qu'importe ! Copions-les ! C'est la ville d'Aarhus qui sert de laboratoire géant de la déradicalisation. Les maîtres-mots sont « prévention », « dialogue », « réhabilitation ».

À son origine, ce programme visait les militants d'extrême droite. Au pays des éoliennes, il était logique qu'on le recyclât. Les *infohouses* sont des centres rattachés aux commissariats, « où les jeunes radicaux sont invités librement à se présenter, soit sur la base du volontariat, soit après signalement ». La ville d'Aarhus insiste bien sur l'absence de contrainte. Le djihadiste est venu librement vers l'islamisme, il viendra librement à la police. Logique implacable.

Si la personne est réellement radicalisée, on lui propose un accompagnement psychiatrique et social. Un mentor peut être désigné. Sorte de *coach* qui le suit dans son parcours de déradicalisation islamiste. On trouve ainsi « des enseignants, des travailleurs sociaux, un professeur de tennis, un gardien du stade de foot[1]... »

Les guides chargés de suivre des islamistes radicalisés les aident à faire leurs devoirs, prennent le café avec eux, parlent philosophie et religion.

En matière de novlangue, les pays du Nord font très fort. Le Danemark refuse de parler de terroristes pour ce qui est de djihadistes opérant au Califat. Il s'agit de « rebelles ».

En Grande-Bretagne, il suffit d'écouter la BBC ou SkyNews. Sur ces chaînes d'infos, État islamique se dit « The so-called Islamic State ».

1 Rapport de l'Assemblée nationale fait au nom de la commission d'enquête sur la surveillance des filières et des individus djihadistes, juin 2015.

Le soi-disant État islamique.

Car tout cela ne saurait être l'islam.

Et ceux qui le rejoignent ne sauraient être des terroristes.

Aux Pays-Bas, la conception du contre-terrorisme « encourage les mesures de lutte contre les discriminations et contre l'islamophobie[1] ».

Au menu, notamment, « des initiatives pour accroitre le niveau de connaissance de l'ensemble de la population sur l'islam ainsi que pour renforcer le dialogue interculturel ».

On n'arrive pas à les intégrer à l'Occident ? C'est à nous de nous intégrer à eux. C'est une première étape, c'est la première pierre à l'édification du monde islamique. À la différence des chrétiens d'Orient qui avaient le choix entre payer la *djizîa*, la fuite ou la mort, nous nous soumettons librement, contraints par notre propre culture, affaiblis par notre peur, paralysés par le déni.

« Nous sommes en guerre. »

François Hollande n'a pas précisé contre qui. C'était dur de dire que nous ne menons pas la guerre contre l'islamisme. Nous menons la guerre contre nous-mêmes, contre ce que nous sommes.

Nous le faisons de bon cœur.

Nous ne nous soignons plus.

Nous sommes des malades.

Nous sommes condamnés.

1 *Radicalisation islamiste et filières djihadistes : prévenir, détecter et traiter.* Rapport du Groupe de diagnostic stratégique n°3 – 26e session nationale « Sécurité et Justice » – 2014/2015.

REMERCIEMENTS

J'adresse ici mes remerciements les plus sincères aux imams, y compris à ceux qui m'ont bousculé. Merci à ceux qui parlent. Merci à ceux qui pratiquent la *taqiya*. Merci aux indics qui sauvent leurs fesses en balançant.

Merci aux salafistes qui m'ont souvent fait rire, malgré eux.

Merci à tous les *dhimmis*. Sans eux, pas de miroir possible de notre société.

Merci aux policiers et aux militaires qui ont accepté de parler, sous couvert d'anonymat. Qui en ont marre et font avec les moyens du bord.

Merci aux Belges qui en ont assez.

Merci à mes correspondants sur les réseaux sociaux, S. et K. Et je les prie de m'excuser, au fin fond de leur Califat, pour m'être adressé à eux sous un faux nom et en me faisant passer pour un enseignant. Je remercie notamment K. d'avoir souvent demandé des nouvelles de mon grand-père, hospitalisé. Et de m'avoir prouvé qu'après tout, certains djihadistes pouvaient être des types normaux.

Merci à Mathieu Guidère d'avoir si souvent éclairé ma lanterne sur l'islam. Merci à Charles Saint-Prot de ne pas m'avoir pris de haut et de m'avoir inondé de ses excellents livres. Merci à Yves Trottignon pour ses explications.

Merci au maire de Lunel de m'avoir permis d'ouvrir les yeux tout en gardant le silence. Merci, enfin, à l' « islam de France », la plus grande farce, triste et veule.

Merci à Ludivine B., ma muse.

Merci à David Serra, chef de la cause, à Laura Magné, soutien de la cause et à David Martínez Vázquez, logisticien de la cause.

Enfin, ce livre n'aurait pas été possible sans le soutien d'Alexandre Farhat et de « K ».

Achevé d'imprimer sur rotative
PAR L'IMPRIMERIE CPI BUSSIÈRE
en MARS 2016

–

Dépot légal : MARS 2016
Numéro d'édition : 001
Imprimé en France

–

Direction artistique
Jany Bassey

–

ISBN : 979-10-91447-40-9
N° d'impression : 2020791